Chants de la Mère

Chants dévotionnels de Sri Mata Amritanandamayi

Volume 7

2013-2019

Mata Amritanandamayi Center, San Ramon
Californie, États Unis

Chants de la Mère, Volume 7

Publié par :
Mata Amritanandamayi Center
P.O. Box 613
San Ramon, CA 94583
États Unis

——————— *Bhajanamritam Volume 7 (French)* ————————

En France :
Ferme du Plessis
28190 Pontgouin
www.amma-france.org

International :
www.amma.org
inform@amritapuri.org

L'importance du chant dévotionnel

Mes enfants, en ce *kali yuga* (âge sombre du matérialisme), pour obtenir la concentration, les *bhajans* (chants dévotionnels) sont plus abordables que la méditation. Si nous chantons à voix haute, nous oublions les bruits environnants, sources de distraction, et nous parvenons ainsi à nous concentrer. Les bhajans, la concentration et la méditation, tel est l'ordre de la progression. Mes enfants, garder le souvenir constant de Dieu, c'est la méditation.

Si les bhajans sont chantés avec concentration, ils seront bénéfiques pour le chanteur, pour l'auditoire et pour la Nature. À force d'écouter de tels chants, un réveil intérieur se produira.

Les bhajans sont une discipline spirituelle dont le but est de concentrer notre esprit sur notre divinité d'élection. Grâce à cette concentration, on peut se fondre dans le Divin et faire l'expérience de la béatitude de son véritable Soi.

Il importe peu que l'on croie en Krishna ou au Christ, en Kali ou en Marie, ou encore en un Dieu sans forme; on peut aussi méditer sur une flamme, une montagne ou sur la paix dans le monde, tout en chantant.

Chacun peut savourer la paix venant du Divin qui est en lui en laissant son esprit se fondre dans le son des chants divins.

Sri Mata Amritanandamayi

Guide de la prononciation

NB : Ces indications sont générales et imparfaites. Elles concernent surtout le sanskrit et le malayalam. Il est donc essentiel d'écouter attentivement la cassette ou le CD pour chanter correctement. Les chants en tamoul et en hindi se prononcent un peu différemment. Par exemple en tamoul, le c de la transcription se prononce comme celui de Céline en français et non tch :

Voyelles

A	comme	**a**	dans	**Amérique**
AI	comme	**aï**	dans	**aïe**
AU	comme	**ao**	dans	**cacao**
E	comme	**é**	dans	**école**
I	comme	**i**	dans	**Italie**
O	comme	**o**	dans	**or**
U	comme	**ou**	dans	**choux**

Consonnes

KH	comme	**kh**	dans	**Eckhart** en allemand
G	comme	**g**	dans	**garage**
H	comme	**h**	dans	**harvest** en anglais
GH	comme	**gh**	dans	**loghouse** en anglais
PH	comme	**ph**	dans	**shepherd** en anglais
BH	comme	**bh**	dans	**clubhouse** en anglais
TH	comme	**th**	dans	**lighthouse** en anglais
DH	comme	**dh**	dans	**redhead** en anglais
C	comme	**tch**	dans	**Tchernobyl**
CH	comme	**ch-h**	dans	**staunch-heart** en anglais
J	comme	**dj**	dans	**Djibouti**
JH	comme	**dge**	dans	**hedgehog** en anglais
Ñ	comme	**ny**	dans	**canyon**
Ś	comme	**sh**	dans	**shine** en anglais mais plus sifflé
Ṣ	comme	**ch**	dans	**cher**

Ṅ	comme	**ng**	dans	**si<u>ng</u>**, (nasal) en anglais
V	comme	**v**	dans	**<u>v</u>allée**
ZH	comme	**rh**	dans	**<u>rh</u>ythm** en anglais
Ṛ	comme	**r**	dans	**<u>r</u>'bouteux** (semi-voyelle)

Les voyelles surmontées d'un trait sont longues, elles se prononcent comme celles indiquées plus haut mais durent deux fois plus longtemps.

Les consonnes qui ont un point en-dessous (ṭ, ṭh, ḍ, ḍh, ṇ, l, ṣ) sont des consonnes palatales, qui se prononcent avec le bout de la langue contre le palais.

Ces mêmes lettres sans le point sont des consonnes dentales, qui se prononcent avec la langue à la base des dents.

Les doubles consonnes sont fréquentes, elles se prononcent et on doit les entendre.

Le ṭ sonne souvent un peu comme un ḍ ce qui n'est pas du tout le cas de ṭṭ qui sonne très dur. Si la personne qui chante est une femme il est parfois nécessaire de changer le genre des mots, par exemple *putran* (fils) devient *putri* (fille), *dasan* (serviteur) devient *dasi* (servante) et *makan* (fils) devient *makal* (fille). Il n'est pas possible de mentionner toutes ces variantes dans ce livre et le public francophone ne s'en apercevra pas. Si vous voulez chanter devant un public indien, vérifiez d'abord que le texte est correct.

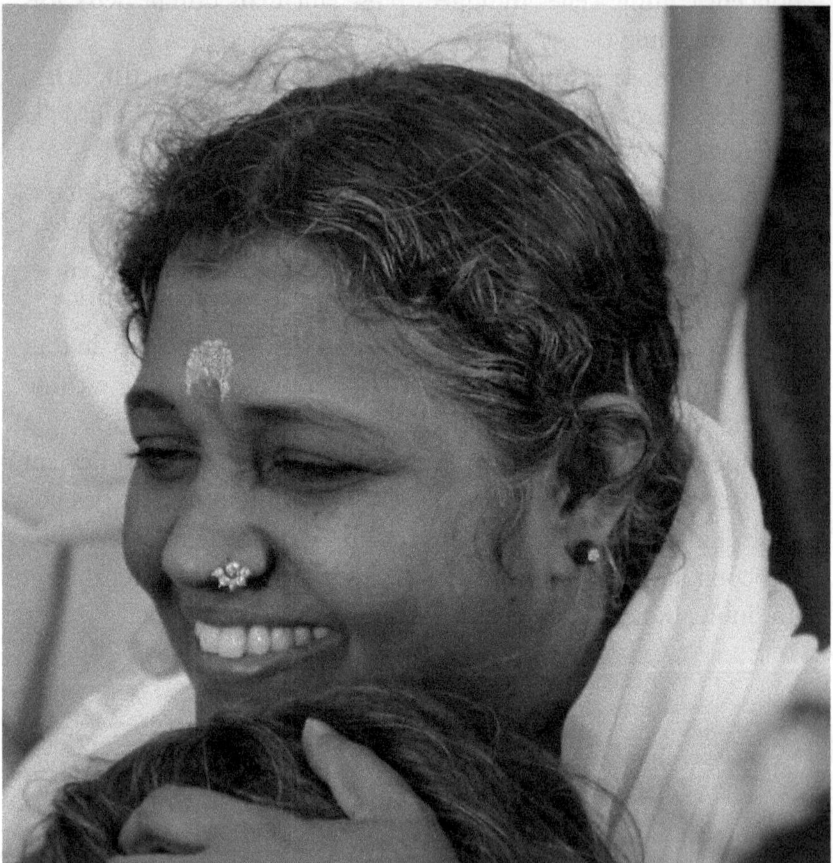

Abhīṣṭavaradāyikē (version en kannada)

**abhīṣṭavaradāyikē jñānasukhadāyikē
janmaphaladāyikē bandū
hṛdayadi nelesammā kamalāmbikē**

**nenappugaḷ udayisida dinadinda nā ninna
ārādhanāpuṣpa vā gihēnu
sāvirāru bhā va gītegaḷinda ninna
nannanta rangadalli huḍukuttidde - mana
ārdravāgī pari tapissuttidde**

**hṛdayava hiṇḍuva bhaktibhā vēśa
pathadalli ēkānta pathikeyāgi nā
ondondu hūvinallū ondondu meghadallū
araḷuva ninmukha nōḍinintē - ammā
nannanē marēttunā nōḍi nintē**

Ādhyātmata (kannada)

**ādhyātmata anantāgasata munte
tantu nilisite nanna ō tante
ādarāgadalla ī puṭṭa hakkige
ākāśadalli rekke biccalu
sūryaneḍege lagge hākalu**
O Seigneur, Tu m'as amenée devant le Ciel infini de la spiritualité.

**huṭṭinontigide ī kalbaṇṭe dēvi
puṭṭa hakkiya koraḷalli bhārā
prārabdha bhāra jaggutiralintu
svacchanda bānāṭi hēgāgali?
sūryaneḍege lagge hākali?**

Dès l'instant de ma naissance, l'énorme caillou du prarabdha karma a été attaché à mes petites pattes et j'en porte le fardeau. Comment puis-je devenir un oiseau libre, comment puis-je voler vers le Soleil ?

sūryaneḍege lagge hākuvē - āka
sūryaneḍege lagge hākkuvē - nā
sūryaneḍege lagge hākuvē
sūryaneḍege lagge hākuvē

Je volerai vers le Soleil, c'est certain.

puṭṭadontu hejje nā iṭaballenammā
uḷita ombattu ninnadāgatē?
ettaradintali bīḷadantiralu ettikō
ninnettarakkenna parāśakti
ninnettarakkenna parāśakti

Je ferai un petit pas d'enfant, Amma...ne feras-Tu pas les neuf autres pas vers moi ? Je t'en prie, tiens-moi fermement pour que je ne tombe pas, je T'en prie garde-moi près de Toi, Parasakthi.

Ādidaivamā (telugu)

ādidaivamā jēṣṭa rājmā
vighnanāśakā śrī vināyakā
tāpatrayam tolagimpa
kadalirā kadalirā kadalirāvayyā

O Ganesha, premier de tous les dieux ! Tu es le roi des dieux ! O Destructeur de tous les obstacles ! Victoire à toi, O Seigneur Vinayaka ! Daigne venir et me bénir en éliminant les trois sortes de souffrances qui me hantent.

sūrppakarṇṇāya vakratuṇḍāya
prasannavadanāya mahābalāya namaḥ om

Om ! Dieu aux grandes oreilles, dont le nez est une trompe d'éléphant recourbée ! Dieu au visage d'éléphant ! Dieu à la force infinie !

āddhyātmika tāpamulu
nā asura pravṛttulu
buddhi balamumiñci vāṭini
jayimpa kadalirāvayyā

« Adhyatmika – tapas », ce sont mes tendances démoniaques, les problèmes dont la source est à l'intérieur de moi. Aie la bonté de venir et de m'accorder la capacité intellectuelle et le discernement nécessaires pour les surmonter.

ādi bhautika tāpamulu
nanu cuṭṭina vighnamulu
kārya siddhi iñcci vāṭini
dāṭimpa kadalirāvayyā

« Adi-bhautika-tapas », ce sont les obstacles matériels générés par le monde extérieur qui m'entoure. Daigne venir et me bénir, afin que je sois victorieux dans toutes mes actions et mes efforts pour surmonter ces obstacles.

ādi daivika tāpamulu
prakṛti samkṣōbhamulu
daiva kṛpaniñcci mamu
rakṣimpa kadalirāvayyā

« Adi daivika tapas », ce sont les calamités naturelles qui nous accablent assez souvent. Daigne venir, nous accorder la grâce divine et nous protéger de ces maux que nous ne maîtrisons pas.

Ādiśaktī (marathi)

ādiśaktī āyī bhavānī
he ambe śaktidāyinī, bhaktidāyinī
premadāyinī, viśvās dāyinī
ādimāye jagatkāriṇī
he ambe śaktidāyinī, bhaktidāyinī
premadāyinī, viśvās dāyinī

O Energie primordiale, Mère Bhavani, Tu nous donnes l'énergie, la dévotion, l'amour pur et la foi, Tu crées ce monde d'illusion, O Mère, Tu donnes l'énergie, la dévotion, l'amour pur et la foi,

ajāṇa lekare tujhī āmhi
vyākuḷ jhālo yā samsārī
śaraṇ ālo tav caraṇī
śaktidāyinī, bhaktidāyinī
premadāyinī, viśvās dāyinī

Plongés dans l'ignorance et la souffrance, nous cherchons maintenant refuge à Tes pieds. O Mère, Tu donnes l'énergie, la dévotion, l'amour pur et la foi.

māgato tuj āmhī... śakti de jagadambe
māgato tuj āmhī... bhakti de jagadambe
māgato tuj āmhī... prem de jagadambe
māgato tuj āmhī... viśvās devūn
rakṣaṇ kar jagadambe

Nous T'implorons aujourd'hui, donne-nous la force, O Mère de l'univers. Nous T'implorons aujourd'hui, donne-nous la dévotion, O Mère de l'univers. Nous T'implorons aujourd'hui, donne-nous l'amour pur, O Mère de l'univers. Nous T'implorons aujourd'hui, Donne-nous l'amour pur, O Mère de l'univers

Ādisivan (tamoul)

ādisivan tōḷamarntu ātupāmbē - manam
ānavattāl ātum kūttai pāṭupāmbē
vēdamōtum tattuvattai kēḷupāmbē - manam
vēruvazhi ōtuvatēn kūrupāmbē

O Serpent qui danse sur les épaules du Seigneur Shiva, daigne nous raconter l'histoire du mental qui danse avec l'ego. Ecoute les enseignements des Vedas. Dis-nous pourquoi le mental se laisse distraire et court en tous sens ?

uṭamaiyilē ānavattāl ātukirārē - ellām
uṭayavanin uṭamaiyanṭrō kūrupāmbē
uravinilē ānavattāl ātukirārē - uyir
uṭalai viṭṭāl uravumuṇḍō kūrupāmbē

Les gens s'enorgueillissent de leurs biens. Mais tout n'appartient-il pas au Seigneur ? Les gens s'enorgueillissent de leurs relations. Mais une fois que la vie a déserté le corps, subsiste -t-il la moindre relation ?

bhaktiyilē ānavattāl ātukirārē - ōṭṭai
pānaiyatu niraintiṭumō kūrupāmbē
jñānattilē ānavattāl ātukirārē - nañcu
kalantapinnē viruntumuṇḍō kūrupāmbē

Les gens s'enorgueillissent de leur dévotion. Mais un pot troué sera-t-il jamais plein ? Les gens s'enorgueillissent de leur savoir. Mais comment festoyer, si la nourriture est empoisonnée ?

hara hara hara hara hara - ena haranai nāṭuvōm
śiva śiva śiva śiva ena solli śiva padam aṭaivōm

Prenons refuge en Hara, appelons à notre aide Hara. Appelons à notre aide Shiva, et nous atteindrons Ses pieds.

Adi sṛṣṭi lōpamā (telugu)

ammā ī māyā sṛṣṭiki mōhitu ḍaitini, ī sṛṣṭini vīḍi
nā dṛṣṭi, ninnu cūḍakunnadi ninnu cērakunnadi

O Mère, captivée par Ta création si belle, charmante et illusoire, je suis incapable de l'oublier pour Te voir, je ne parviens pas à Te voir.

adi sṛṣṭi lōpamā nā dṛṣṭi lōpamā
telapavamma īśvari bhuvanēśvari

Est-ce la faute de Ta création? Est-ce un défaut de ma vue ? O Mère de l'univers, éclaire-moi.

tāḍu pāmugā nāku gōcariñcitē
adi tāḍu lōpamā nā dṛṣṭi lōpamā
līlā vinōdini nī triguṇamāyaku nē vasuḍaitē
adi māyā mōsamā nā vāsana dōṣamā
telapavamma īśvari bhuvanēśvari

Si la corde m'apparaît comme un serpent, est-ce la faute de la corde ou un défaut de ma vision? O Mère aux jeux infinis, si je succombe à l'illusion des trois gunas, est-ce la faute de maya (l'illusion cosmique) ou celle de mes vasanas (tendances mentales latentes) ?

kanakam kānaka naganu mechitē
kamsālilōpamā adi erukalōpamā
śilpa saundaryamunu mechi ā śilpini vismariñcitē
adi śilpi dōṣamā nā samskāradōṣamā
telapavamma īśvari bhuvanēśvari

Charmée par la beauté des bijoux ciselés, je ne vois pas l'or qui en est le substrat. Est-ce la faute de l'orfèvre ou une erreur de mon jugement ? Si la beauté de la sculpture me ravit au point que j'en oublie la grandeur du sculpteur, est-ce la faute de l'artiste ou un défaut de mon caractère ?

antā unnadi nīvē ani telisēdeppuḍu?
ninnē sṛṣṭigā cūsē dṛṣṭi kaligēdeppuḍu?
telapavamma īśvari bhuvanēśvari

Quand comprendrai-je que Tu es la Mère omniprésente ? Quand aurai-je la bénédiction de voir la création comme Ta manifestation ? O Mère de l'univers, daigne m'éclairer.

Ā... ē... ō... (malayalam)

ā... ē... ō...
ā... ē... ō...
attinantam tintaka tārā
tinantinantam tintaka tārā
teytārā teytārā tintaka tāraka tārō
teytārā teytārā tintaka tintaka tārō
teytārā teytārā tintaka tintaka tārō

Joie et bonheur partout ! Écoutez le rythme de la percussion !

tāḷattil cuvaṭu veccē cuvaṭatinottini
meyyumuzhiññē
kāśipurādhīśanavan ini narttanamāṭu hṛttil
kāśipurādhīśanavan ini narttanamāṭu hṛttil

Avec des pas et des mouvements rythmés, danse dans mon cœur. Seigneur Shiva, Dieu de Kashi (Varanasi), Seigneur Shiva, Dieu de Kashi, danse dans mon cœur.

ceñciṭayil gangayoḷiccē gangayoṭottaṇiyambiḷikkīr
kāśipurādhīśanavan ini narttanamāṭu hṛttil
kāśipurādhīśanavan ini narttanamāṭu hṛttil

Toi qui portes dans Ta chevelure le Gange sacré et le croissant de Lune, Danse dans mon cœur, Seigneur Shiva, Dieu de Kashi, Seigneur Shiva, Dieu de Kashi, danse dans mon cœur.

veṇṇīrāl mēniminukki mēniyilāke pāmbu puḷaññē
kāśipurādhīśanavan ini narttanamāṭu hṛttil
kāśipurādhīśanavan ini narttanamāṭu hṛttil

Le corps entièrement enduit de cendres, décoré de serpents ondulants. Danse dans mon cœur, Seigneur Shiva, Dieu de Kashi, Seigneur Shiva, Dieu de Kashi, danse dans mon cœur.

ānattōl meniputaccē mēniyilāyoru villumaṇiññē
kāśipurādhiśanavan ini narttanamāṭu hṛttil
kāśipurādhiśanavan ini narttanamāṭu hṛttil

Tu portes une peau d'éléphant en guise de vêtement, Tu tiens un arc. Danse dans mon cœur, Seigneur Shiva, Dieu de Kashi, Seigneur Shiva, Dieu de Kashi, danse dans mon cœur.

nantuṇitan tāḷamuraññē tāḷamuraññatu mēḷamiyannē
kāśipurādhiśanavan ini narttanamāṭu hṛttil
kāśipurādhiśanavan ini narttanamāṭu hṛttil

Les tambours Nanthuni battent plus fort. Danse dans mon cœur, Seigneur Shiva, Dieu de Kashi, Seigneur Shiva, Dieu de Kashi, danse dans mon cœur.

mukkaṇṇil tīyumericcu tīyatilonnāyi tṛpuramericcu
kāśipurādhiśanavan ini narttanamāṭu hṛttil
kāśipurādhiśanavan ini narttanamāṭu hṛttil

Danse dans mon cœur, Seigneur Shiva, Dieu de Kashi, Seigneur Shiva, Dieu de Kashi, danse dans mon cœur.

gaurīśā tiruvaṭiyē tiruvaṭivārnnoru nānmaraye
kāśipurādhiśanavan ini narttanamāṭu hṛttil
kāśipurādhiśanavan ini narttanamāṭu hṛttil

Seigneur de Gauri Devi, les quatre Vedas ont assumé une forme. Danse dans mon cœur, Seigneur Shiva, Dieu de Kashi, Seigneur Shiva, Dieu de Kashi, danse dans mon cœur.

Agragaṇya agrapūjya (telugu)

agragaṇya agrapūjya ēkadantasvāmī
vakratuṇḍa mahākāya gaṇapati śubhanāma

Parmi les dieux, Tu occupes la première place, Tu es Celui que l'on vénère toujours en premier ! Tu possèdes une seule défense, Tu as la tête d'un éléphant et une trompe recourbée. Ton corps est imposant et Ton nom est propice, O Ganapati.

śaraṇam gaṇēśā śaraṇam gaṇēśā
śaraṇam gaṇēśā śaraṇam śaraṇam

O Ganesha, nous prenons refuge en Toi !

modaṭipūja nī mūrtikē cēsēmu nāthā
ābālagōpālam cēturu nī gānam
karivadanā kamalanētrā karuṇasvarūpā

A Toi nous offrons nos prières en premier. Tous, jeunes et vieux, riches ou pauvres, chantent pour Toi. Tu as le visage d'un éléphant et Tes yeux ont la forme des pétales de lotus. Tu es l'Incarnation de la compassion.

mōdamutō mōdakālu arpintumu svāmi
lambōdara nīnāmam nityam namāmi
karivadanā kamalanētrā karuṇasvarūpā

O Seigneur, avec joie nous T'offrons un *modaka* (une sucrerie). Dieu au gros ventre, nous chantons sans cesse Ton nom. Tu as le visage d'un éléphant et Tes yeux ont la forme des pétales de lotus. Tu es l'Incarnation de la compassion.

Aik manujā (marathi)

aik manujā tulā miḷāli hī durlabha narakāyā
dharuni viṣayāncā sanga nakō ghālavū hī vāyā
dēvānē dilī hī kāyā āpulēci svarūp ōḷakhāyā
guru māūlīcā upadeś ghēī satvar bhavanadī utarāyā

Ô homme, écoute ! Tu as obtenu cette naissance humaine difficile à atteindre. Ne la gâche pas en t'attachant aux sens. Le Tout-Puissant t'a donné ce corps pour que tu réalises ta vraie nature. Accepte l'enseignement de la Mère-Guru : la rivière du samsara (cycle des naissances et des morts) a dissimulé cette realité.

sōdōniyā viṣayāñci gōḍī ghēūni tava antarangi buḍī
lāvī satsangāci gōḍī yēṇē tū viṣayānanda tōḍī
rāhūni sāvadhān harghaḍī dēkhijē manācyā tū uḍī
āḷavī pāṇḍuranga āvaḍī tēṇē lāgēla brahmarasācī gōḍī

Détache-toi des plaisirs des sens. Plonge dans les profondeurs de ton Soi intérieur. Délecte-toi de satsangs (la compagnie des saints) et renonce ainsi aux plaisirs des sens. Reste éveillé et vigilant à chaque instant et sois ainsi le témoin des distractions du mental. Vénère sans cesse Panduranga (manifestation du Seigneur Vishnu) et réalise l'essence de Brahman, le Suprême.

bhajare manujā pāṇḍuranga
jay hari viṭṭhalā pāṇḍuranga

Ô homme, contemple les gloires de Panduranga! Victoire au Seigneur Vithala!

gurupadī śaraṇ jāūn dē manālā bhaktīcā ranga
bhavatāraka gurudēv karatīla jīvadaśā ajñānācā bhanga

bodhabhānu uday pāūnī prakaṭēl antarī pāṇḍuranga
janma maraṇācā cukēla fērā hōīl jīvan abhanga

Abandonne-toi aux pieds du Guru. Plonge ton esprit dans les couleurs de la dévotion. Le maître spirituel nous sauve du samsara en détruisant notre ignorance du Soi. Lorsque naît le soleil de la sagesse, Panduranga se manifeste en nous, mettant ainsi fin au cycle des naissances et des morts et nous aidant à réaliser l'esprit dans sa plénitude.

Aintezhuttu (tamoul)

aintezhuttu vittakan anpar manatai āḷbavan
allaltanai tīrttiṭum ayyanviṭai vāganan

Seigneur du mantra à cinq syllabes (Na-ma-shi-va-ya), souverain du cœur des dévots, Tu chevauches le taureau et Tu mets fin aux souffrances !

malaiyarasan makaḷtanakku mēnipāti tantavan
maṇṇavarum viṇṇavarum vaṇankum marai poruḷavan

La moitié de son corps est Pārvatī, la fille du roi des montagnes. Il est l'essence des Vedas, et Il est adoré par les humains comme par les êtres célestes.

ayyamtannai nīkkinam meytanai uṇarttiyē
jñāna oḷi tantiṭum jñāla mūlamānavan

Cause de la création, Il dissipe nos doutes et révèle la vérité, notre nature réelle. Il répand sur nous la lumière de la sagesse.

nañcatanai pōkkiyē nalamanaittum aruḷiṭum
nānilamē pōttri vaṇankum nāyanmārin nāyakan

Il écarte le poison et donne tout ce qui est bon. Seigneur des nayanmars, il est vénéré par le monde entier.

nāḷumkōḷum ennaseyyum nāṭa nīlakaṇṭhanai
innalilā irumaiyilā irainilai unarntezhum

Celui qui a pris refuge en ce Seigneur à la gorge bleue, comment un jour ou une planète défavorable pourraient-ils lui nuire ? Le Divin s'éveillera en nous, libre de toute souffrance, sans dualité.

hara hara hara mahādēva, śiva śiva śiva sadāśiva
gangādhara gaurīnātha, mṛtyunjaya sarvēśa

O Dieu resplendissant, éternel et propice, Tu soutiens le Gange sacré (en le recueillant dans Ta chevelure), Seigneur de Gauri, Vainqueur de la mort, Seigneur de tout !

Akatārilennennum (malayalam)

akatārilennennum aṇayāte nilkkumō
amṛtaprabhādīpamāyi?
akalāyka orunālumivanil ninnambikē
avalambamārammayenyē?
ammē hṛdayēśvarī ammē hṛdayēśvarī

Demeureras-Tu en moi, Lumière constante qui ne tremble pas ? Je T'en prie, ne Te sépare pas de moi, O Mère. Hormis Ta compassion, qu'ai-je donc ? Mère, Reine de mon cœur.

mada matsarāsura samarāgni jvālakaḷ
aṭarāṭiyurayumī mannil
tava sāntvanaśīta madhumāriyillenkil
gatiyentu gatiyentu munnil?
ammē hṛdayēśvarī ammē hṛdayēśvarī

Les traits négatifs tels que l'orgueil et la jalousie brûlent en moi comme un feu. Quel refuge ai-je donc, hormis Tes tendres et apaisantes paroles de consolation ? Mère, Reine de mon cœur.

tava tankanūpuradhvani tēṭiyalayunna
tuṇayatta nissāranām ñān
oru mātra nin tūmizhittellil nizhalikkil
atilēre vērentu bhāgyam?
ammē hṛdayēśvarī ammē hṛdayēśvarī

Je suis seul, créature insignifiante en quête du doux bruit de Tes bracelets de cheville en or. Si je pouvais devenir ne serait-ce qu'une ombre sur laquelle tu poses ton regard, quel bonheur plus grand pourrais-je espérer ? Mère, Reine de mon cœur.

Akatāril oru nēram (malayalam)

akatāril oru nēram ōrttāl - amma
amṛtūṭṭi arikiliruttum
arikilēkkyoru kātam aṭuttāl - amma
śaravēgam arikil-āyaṇayum
kanivōṭen nerukayil mukarum - amma
kaṭalōḷam karuṇayatēkum

Il suffit que notre cœur pense une fois à Mère pour qu'Elle nous rapproche d'Elle et nous donne à boire le nectar divin. Si nous faisons un pas vers Elle, Elle arrive comme une flèche à nos côtés. Elle nous embrasse sur le front avec compassion et répand sur nous un océan de grâce.

viravilāy ā mantramōrttāl - amma
iruḷatu nīkki udikkum
mizhiyiṇa nirayunnatariññāl - amma
amṛtattin niravatu nalkum
kanivōṭe arivatu nalkum - uḷḷil
kārttika dīpam teḷiyum

Si nous répétons le mantra « Amma » en aspirant intensément à Sa présence, Elle dissipe les ténèbres et se lève en nous comme le Soleil. En voyant nos larmes, Elle nous accorde la plénitude de l'immortalité. Dans Sa compassion, Elle nous bénit en nous donnant la connaissance ; la lumière de la lampe Kartika brille alors dans notre cœur.

ulakattil ariyunnoraṛivil - 'amma'
yennuḷḷorarivalle nityam?
anputtoraṛivinde niravām - 'amma'
yennuḷḷa satyamē nityam
trippāda patmaṅgaḷallē
bhavarōga duḥkhattin-abhayam

Toute connaissance est périssable, « Amma » seule est impérissable. « Amma, » la plénitude de la connaissance remplie d'amour, est la seule vérité éternelle. Ses pieds de lotus divins sont le seul refuge pour échapper à la maladie de la transmigration.

Ālā bhāgyāca kṣaṇ (marathi)

ālā bhāgyāca kṣaṇ ālā
ayī tava svāgatācha kṣaṇ ālā

Le moment béni de notre vie est arrivé : l'heure est venue de T'accueillir O Mère!

rāngōḷyā rangavū premācyā
patākā lāvū ānandācyā
bhāvbhaktī ne naṭavū jīvan
gharō gharī tujhē guṇ gān

Décorons tout aux alentours avec les dessins (rangoli) de l'amour et les bannières du bonheur. Vivons chaque instant avec la plus grande dévotion et chantons Tes louanges dans chaque foyer !

bhavāni jai jai bhuvaneśvari jai
jagadodhāriṇi jai jai jai

Gloire à Mère Bhavani qui gouverne le monde, qui soutient et nourrit l'univers !

nānā prakār goḍ dhoḍ
kele tujhā naivedyāla
soḍunī rāg lobh cintā
calā calā re ānand lūṭṭā

En témoignage de notre dévotion, nous T'avons offert une grande variété de dhodas sucrés. Mettant de côté tous les sentiments d'avidité, de colère et de peur, réunissons-nous pour célébrer ce joyeux moment !

Alaimōdum (tamoul 2015)

alaimōdum kaṭalinilē
turumbāy nān tavikkayilē

Particule insignifiante, je suis ballotté dans l'océan infini de la transmigration.

nilaiyāna padam sēra
nīyē en tuṇaiyammā

O Mère, je T'en prie, accepte-moi, donne-moi refuge à Tes pieds divins.

vizhi kiṭaikkumā
kaṭaikkaṇ vizhi kiṭaikkumā
vāzhkaiyyil munnera
vazhi pirakkumā - tāyē

Obtiendrai-je de Toi un regard divin qui m'accordera le progrès spirituel ?

iṭam kiṭaikkumā, enakkōr iṭam kiṭaikkumā
unmanam tanilentrum iṭam kiṭaikkumā
enakkōr iṭam kiṭaikkumā

Aurai-je une place dans Ton cœur ?

karam kiṭaikkumā abhaya karam kiṭaikkumā
tuyarattil tuṇaiyāga karam kiṭaikkumā
undan karam kiṭaikkumā

Me donneras-Tu le support de Ta main, le seul refuge ?

padam kiṭaikkumā malarppadam kiṭaikkumā
vāzhvinil karaisēra padam kiṭaikkumā
undan padam kiṭaikkumā

M'accorderas-Tu refuge à Tes pieds de lotus, afin que j'échappe à cet océan de la transmigration ?

ōm śakti ōm śakti
ōm śakti ōm
ādiparāśakti śivaśakti ōm
ōm śakti ōm śakti
parāśakti ōm
śiva śaktyaikya svarūpiṇi ōm

Ambapaluku (telugu)

ambapaluku jagadambā paluku
jaganmātā paluku amṛtavāṇi paluku
palukammā paluku nanu karuṇiñci paluku
palukammā paluku kāḷikāmba paluku

Parle, O Mère ! Révèle-Toi, Mère de l'univers ! Révèle-Toi, voix éternelle ! Mère, révèle-Toi en répandant sur moi Ta compassion ! Révèle-Toi, O Mère, Révèle-Toi, Mère Kali !

advaitamai paluku nirdvandvamai paluku
antaṭā paluku anniṭā paluku
andarilō paluku andaritō paluku
nā māṭalalō paluku nā cēṣṭalalō paluku
nēnanu ahamunu tumci nīvē paluku paluku

Révèle-Toi à moi en tant que Vérité non-duelle ! Révèle-Toi à moi à mesure que je transcende la dualité. Révèle-Toi à moi partout et en toute chose ! Révèle-Toi à chacun, en chacun. Révèle-Toi toujours dans mes paroles et dans mes actions ! Écrase mon ego, que j'appelle « moi » et révèle-Toi en moi.

satyamai paluku priyamai paluku
hitamai paluku amṛtamai paluku
celimigā paluku aṇdhagā paluku
nā hṛdayamai paluku nā prāṇamai paluku
nēnanu ahamunu tumci nīvē paluku paluku

Révèle-Toi en tant que Vérité, comme ce que tous chérissent. Révèle-Toi sous la forme de bon conseil, sous la forme de nectar ! Révèle-Toi comme amie, comme protectrice ! Révèle-Toi comme mon cœur ! Révèle-Toi comme mon souffle vital ! Écrase mon ego, que j'appelle « moi » et révèle-Toi en moi.

Ambā śāmbhavī (Namavali)

ambā śāmbhavī śankarī
mṛtyuṇ-jaya hara priyakarī
sankaṭa hāriṇi śūbhakarī
tribhūvana mōcini sundarī

O Mère bienveillante ! Tu apportes la paix et triomphes de la mort, O Bien-aimée de Shiva ! Tu détruis les obstacles, Tu accordes ce qui est favorable et nous libères des trois mondes, O belle Déesse !

jaya śankarī
jaya śrīkarī
jaya śūbhakarī
jaya sundarī

Victoire à Celle qui apporte la paix, les auspices favorables et le bien ! Victoire à la belle Déesse !

ādi nāda svarūpiṇī
(jaya jaya jaya jaya śāradē)
ādi śakti mahā-rūpiṇī
(jaya jaya jaya jaya kāḷikē)
sanmati dāyini cinmaya rūpiṇi
śaraṇam śaraṇam caraṇayugaḷam ambē

Victoire à la Déesse Sarasvati, personnification du son primordial ! Victoire à la Déesse Kali, personnification de la force primordiale ! O Mère, Toi qui accordes la sagesse, personnification du mental pur, daigne me donner refuge à Tes pieds de lotus !

tāṇḍava nāṭya manōharī
(jaya jaya jaya jaya bhairavī)
ānanda rāga priyakarī
(jaya jaya jaya jaya bhāratī)
sṛṣṭi sthitilaya kāraṇipūraṇi
śaraṇam śaraṇam caraṇayugaḷam ambē

Tu captives les cœurs par Ta danse de dissolution, Tu transcendes la peur de la mort ! Victoire à Toi, Déesse de béatitude, Tu chéris toutes les notes de musique, O Déesse bien-aimée ! Tu crées, soutiens et détruis l'univers. O Déesse ancienne, Mère, accorde-moi refuge !

Ammā ammā enum (tamoul)

ammā ammā enum mandiram – adu
anaivarukkum sondamāna mandiram
summā adai colli colli pārunka
sorggam pōla vāzhvamaiyum kēḷunka

Le mantra "Amma" appartient à tous. Il suffit de répéter ce mantra pour que la vie devienne un paradis.

aḷḷa aḷḷa kuraiyāda anbu tān
anaittuyirum sondamenum paṇbu tān
kaḷḷamellām pōkkukindhra kanivu tān
kāṇpavarkku makizhvu tarum kaḷippu tān

Son amour ne diminue jamais. Sa nature est de traiter tous les êtres comme Ses enfants. Sa compassion fait disparaître l'envie. Sa présence rend tous les cœurs joyeux.

mella mella nammaiyavaḷ māttruvāḷ
mēnmai tarum pādayinau kāṭṭuvāḷ
solla solla inikkumavaḷ nāmam tān
solli pārttāl nāṭi varum kṣemam tān

Elle nous transforme peu à peu et nous montre la voie du progrès spirituel. La répétition de Son nom est pleine de douceur et apporte la prospérité.

āṭuvōm pāṭuvōm
āṭi pāṭi anudinam koṇḍāṭuvōm
tudittāṭi pāṭi anudinam koṇḍāṭuvōm

Dansons et chantons ! Faisons de chaque jour une fête ! Faisons de chaque jour une fête à Sa gloire !

Ammā dēvī tanidantānā (kannada 2015)

ammā dēvī tāni-tandānā
dēvī dēvī tandana nīnā

O Mère, Devi !

ninna mogada munkarulāṭṭā
miñcu tiruvā mandahāsā

O Kali Devi, j'ai vu Tes boucles dansantes et le sourire resplendissant sur Ton visage, et mon cœur s'est épris de Toi.

kaṇḍu nānū sotuhōde
kāḷī dēvī

O Kali Devi, j'ai vu Tes boucles dansantes et le sourire resplendissant sur Ton visage, et mon cœur s'est épris de Toi.

tattva śāstra ontu ariyē
sādhane sankalpa ariye

J'ignore tout des Écritures et de leurs enseignements, des pratiques spirituelles ou des résolutions divines

ninna mātra bayasi
bandē nā durgē dēvī

J'ai désiré Ta compagnie, et Tu es partie, O Durga Devi

puṭṭa magu nānammā
keṭṭa ammā nīnallā

Je suis un petit enfant, après tout, Tu n'es pas une mauvaise mère.

taḍayāke ettikkoḷḷalu caṇḍī dēvī

Pourquoi tardes-Tu à venir et à m'emmener vers Toi ? O Chandi Devi !

Ammā dēvi (version tulu)

ammā dēvi tānitantānā
dēvi dēvi tantana nīnā

irnā mukhada munkuruḷāṭṭā
miñcōntuppuna mandahāsa
irentūdu mātta madēttē - kāḷī dēvī

tattvaśāstra enku gottijji
sādhana sankalpa gottijji
iranmātra tūdu batteyān - durgē dēvi

iranā bālē yānammā
īratte ēnkḷēgu māttalā
taṭadāne yenan tūvarē - caṇḍī dēvī

Ammā hāsattu (Konkani)

ammā hāsattu yō ammā dhāvattu yō
hāsattu yō dhāvattu yō

Mère, je T'en prie, souris. Viens avec un sourire, O Mère, accours vers moi !

kōṇājhsō ādhār nāgē mākā
tugēlya caraṇāku khētū mākā

Je n'ai absolument personne. Tes pieds de lotus sont mon unique refuge.

dukhyāca samsārā paṭlō gē mā
raṭatu raṭatu jagtāgē mā
mujha māy mujha māy dhāvatu yō
mujha māy mujha māy hāsattu yō

Dans ce monde de souffrance, je souffre et je pleure. O Mère, accours me consoler, viens !

māgēlē māgēlē maṇuttāgē mā
māgēlē kōṇājhsā nāgē mā
tujhsā ādhārē āsāgē mā
tyājhsā āṣecīr jagtāgē mā

Les gens disent : « Ceci m'appartient, c'est à moi, » mais à la fin il ne reste rien que je puisse appeler mien. Je ne désire que Ta protection, Tu es mon seul espoir en ce monde.

Ammā nāpai aligindi (telugu)

ammā nāpai aligindi
jaganmātā nāpai aligindi
nīvainā ceppavayya śivayya
mā manci tanḍrivi nīvayya

La Mère de l'univers est fâchée contre moi. O mon bon Père Shiva, je T'en prie, dis à Mère.

tappēmiṭṭō ceppadu
nātō asalē palukadu
palukamani ceppavayya śivayya
mā manci tanḍrivi nīvayya

Elle ne me dit pas quelle erreur j'ai commise, Elle ne me parle même pas. O mon bon Père Shiva, je T'en prie, dis à Mère de me parler.

nē palikina māṭṭālu vinadu
nāvaipasalē cūḍadu
cūḍamani ceppavayya śivayya
mā manci tanḍrivi nīvayya

Elle ne fait pas attention à ce que je voudrais dire, Elle ne me regarde même pas. O mon bon Père Shiva, je T'en prie, dis à Mère de me regarder.

gaṇēśa kumārulu cālēmō
kānī nākamma lālana kāvāli
lālimpamani ceppavayya śivayya
mā manci tanḍrivi nīvayya

Ganesha et Kumara Lui suffisent peut-être. Mais j'ai aussi besoin du réconfort de Mère. O mon bon Père Shiva, je T'en prie, dis à Mère de me prendre dans Ses bras avec amour.

nīvu ceppinā vinadēmō
lōkālanēlē mahārāṇi

mazhī vērē gati lēdu nāku
amma mātramē śaraṇu
nākamma mātramē śaraṇu

Elle est l'Impératrice de tous les mondes, il se peut qu'elle ne T'écoute même pas. Vers qui d'autre pourrais-je me tourner ? Mère est mon refuge, Mère seule est mon refuge!

Ammā nī baruvēyā (kannada)

ammā nī baruvēyā
karuṇāmṛta harisuvēyā
mana tumbi nā karēdaru
taḍa vēkē nī baralu

O Mère, viendras-Tu répandre sur moi le nectar de Ta compassion ? Je T'appelle avec ferveur, pourquoi tardes-Tu à venir ?

jñānada dīpava beḷagisalu
nānemba bhāvava hōgisalu
ninnapāda padmagaḷē ēkāśraya
ninna maḍilallē kāṇuvē abhaya

Tes pieds de lotus sont mon seul espoir d'allumer la lampe de la Connaissance et d'éliminer la notion du « moi », ils sont le refuge de mon âme. Je cherche dans Ton giron l'état d'où la peur est absente.

ninna divyanāma smaraṇeyalli
mañjinantē enmana karagali
śaraṇu bandihēnu ninna pādakkē
appikoḷḷalu taḍa ētakē

Puisse mon cœur fondre tel un flocon de neige, absorbé dans la répétition de Ton nom divin. Je suis venu chercher refuge à Tes pieds, pourquoi ne me prends-Tu pas dans Tes bras ?

sṛṣṭiyu nīnē sṛṣṭāvu nīnē
śivanu nīnē śaktiyu nīnē
ādiyu nīnē antyavu nīnē
kaṇakaṇadallu nīnē nīnē

Tu es Shiva, Tu es Shakti, Tu es la création et le créateur. Tu es le début et la fin. Tu es présente en chaque atome.

Amma ninna karagaḷalli (kannada)

amma ninna karagaḷalli kanda nānu
ninna prēmakkē ōḍōḍi bande nānu
amma nī kṛpe tōreyā
amma nī kṛpe tōreyā

O Mère, je suis un enfant blotti dans Tes bras. J'ai couru vers Toi pour baigner dans Ton amour. Je T'en prie, répands Ta grâce sur moi !

dūrāseya sereyinda nannanu biḍisu
ari ṣaḍvargadinda enna mukti goḷisu
dveṣa svārtthagaḷinda nanna muktanāgisu
sad buddhiya koṭṭu śaraṇāgati nīḍu

Libère-moi de centaines de désirs et des six ennemis (la luxure, la colère, l'illusion, l'avidité, l'orgueil et la jalousie). Délivre-moi de l'emprise de la haine et de l'égoïsme. Accorde-moi l'intelligence et bénis-moi, afin que je m'abandonne à Toi.

amma nī kṛpe tōreyā
amma nī kṛpe tōreyā

Je T'en prie, répands sur moi Ta grâce !

jaganmāteya arivukoṭṭu samśaya tolagisu
ellarallu ninnane kāṇuva dṛṣṭi nīḍu
samsāra bandhadinda nannanu biḍisu
mōkṣava nīḍi nammanu harasu

Accorde-moi de savoir par expérience que Tu es la Mère de l'univers. Dissipe mes doutes. Aide-moi à Te voir en tout. Libère-moi des griffes du samsara (cycle des morts et des renaissances), et accorde-moi la libération.

Ammā ninna prēmakāgi (kannada 2015)

ammā ninna prēmakāgi kāttarisitē
ammā ninna prēmakāgi hāttoredihe
Amma, je me languis de Ton amour ; c'est avec ce désir poignant

kāttarisi hāttoradu
āttūradi nā hāḍitē
Que je chante. Amma

ammā ō ammā
O Mère

jagada āgūhōgū gaḷali
enna mareteyā?
Es-Tu si occupée par l'univers que Tu m'as oublié ?

kālacakra sariyitendu
enna toredeyā?
Le temps a passé, m'as-Tu abandonné ?

āṭṭa pāṭṭa gaḷali nā
muḷugi keṭṭe nendu
enna toredu hōgē biṭṭēyā
Ou bien as-Tu choisi de T'absorber dans un autre jeu et de me quitter ?

nannabiṭṭu hōgabēḍa ammā
nanna dūra māḍabēḍa ammā
Ne me quitte pas, Amma, ne m'éloigne pas de Toi

nanna anāthē yāgisabēḍā
nanna kai biḍabēḍā ammā
Ne fais pas de moi un orphelin, ne lâche pas ma main !

Ammā nī (tamoul)

ammā nī ennai marantatēnō?
marantu viṭṭāl enna seyivēnō?
Amma, m'as-Tu oublié ? Si Tu m'oubliais, que ferais-je ?

un vazhi pātaiyil kāttiruntēnē
en vizhi mūṭāmal pārttiruntēnē
kaṇṇai maraittatu kaṇṇīr tirai
kaṇṇīr tuṭaikkum un karankaḷenkē?
Amma, je guettais sur Ton chemin. De toute mon âme, je Te cherchais, sans même ciller. Les larmes me sont montées aux yeux. Amma, où sont Tes mains pour essuyer mes larmes ?

ammā ammā ammā
uḷḷattil vēdanai sērttu vaittēnē
unniṭam solla nān kāttiruntēnē
unnai kaṇḍatum pēccizhantēnē
ūmayin uḷḷattai arivāyō?
O Amma, dans mon cœur, les chagrins se sont accumulés. J'attendais de Te les confier, mais quand je T'ai vue, je suis devenu muet. Amma, malgré mon silence, Tu sais ce que mon cœur veut Te dire, n'est-ce pas ?

Amma nīvē sākṣi (telugu)

amma nīvē sākṣi! amma nīvē sākṣi!
nā manassunu pratikṣaṇam vīkṣiṁcu sākṣi

ātmasākṣi karmasākṣi sarvasākṣi
kāmākṣi mīnākṣi nā manaḥsākṣi

A chaque instant Tu es le Soi, témoin universel, témoin de toutes les actions et de tout. Tu es la Déesse aux yeux éternellement ouverts, témoins constants de chaque pensée

sarvvamunnu kāñcesākṣi
sarvatra niṇṭṭina sākṣi
sarvamu tānai vunna sākṣi
sarvakāla mandunna sākṣi

Tu es le témoin qui perçoit tout. Tu es le témoin présent en tout. Tu es le témoin qui est devenu tout. Tu es le témoin de tous les temps.

annī āṭagā darśiñcu sākṣi
dvandvātītamai vunna sākṣi
buddhini epputu yerugu sākṣi
ahamu māyayani telupu sākṣi

Tu es le témoin qui perçoit tout comme un jeu. Tu es le témoin au-delà de la dualité. Tu es le témoin de mon intellect. Tu es le témoin qui révèle que l'ego n'est qu'une illusion.

Ammē enuḷḷu (malayalam)

ammē enuḷḷu turannu viḷikkumbōḷ
anpōṭe arikil nī ettiṭunnu
māyāmarubhūvil vīṇu piṭaññīṭum
manassil nī maññāyi peytiṭunnu
ammē peytiṭunnu

Lorsque nous appelons « Amma » de tout notre cœur, Tu t'approches affectueusement. Tu te manifestes comme des gouttes de rosée dans le cœur aride de l'illusion.

ende daivamāṇamma amma tannende amma
ennennum uyirēkum nitya satyamāṇamma

O Amma, Tu es mon Dieu, mon véritable bien, O Vérité éternelle, c'est Toi qui nous insuffles la vie.

vātsalyamazhayil nanaññu nanaññuḷḷil
ñānenna bhāvam aliññupōke
hṛdayaviśuddhikkāy kēzhunnu makkaḷ
hṛdinilayē mātē kaṇturakkū
ammē kaṇturakkū

La pluie de Ta compassion a dissout mon ego. Amma, Tes enfants prient pour que leur cœur soit purifié. Amma, le cœur est Ta demeure, daigne ouvrir les yeux, O Amma, daigne ouvrir les yeux !

nin kṛpa prāṇanāyi nirayunna tanuvitil
ninniccha vazhipōl naṭanniṭaṭṭe
nin kazhal pulkiya pūjāmalarivaḷ
nityavum vāṭāte kākkukammē
ammē kākkukammē

Puisse ce corps, dans lequel Tu as insufflé la force vitale de Ta grâce, être un pur instrument de Ta volonté. Je suis une fleur offerte en adoration à Tes pieds que j'étreins. O Amma, protège-moi, afin que jamais je ne me fane, O Mère, protège-moi !

Amme kaṇṇu turakūle (version en kannada)

ammā kaṇṇu teraye amma
andhatē nīgisē bārammā
ādaradinda akhaṇḍa nāmava
ā pādadī nā arppisuvē

ajñānigaḷā lōkavidammā
ajñatē nīgalu yāriharu

vijñānada mahā mukuṭamaṇi nī
viśvamahāmayi dayamāḍu

bhaktapriyē nī bhuvanēśvari nī
bhaktara mēle dayētōru
karajōḍisuta namisuva makkaḷa
kaṭākṣa bīri kāppāḍu

saptarṣigaḷu ninnanu stutiparu
sūktava hāḍi naliyuvaru
taptamanassina manujaru nāvu
śaktimahāmayi kāppāḍu

Ammē manassiloru (malayalam)

ammē manassiloru pūkkaḷam tīrkkunnu
nī vannirikkumō ennumennum
ammē vāḍāmalar māla korukkunnu
nīyaṇaññīṭumō ennumennum

Amma, Tu as gravé dans mon cœur un *pukkalam* (magnifique motif floral). Viendras-Tu demeurer éternellement dans ce sanctuaire, ce *pukkalam* ? Amma, je tresse pour Toi une guirlande de fleurs fraîches. Daigneras-Tu T'en parer pour l'éternité ?

ennumī kaṇṇīru vattātozhukunnu
nin pāda padmatteyācamikkān
ennum śirassu kuniññukoṇḍē nilpu
nin pādarēṇuveḍuttu tūvān

Mes larmes ne cessent de couler pour laver Tes pieds de lotus. Je me prosterne éternellement devant Toi, afin d'être béni par la poussière de Tes pieds.

sarva duḥkhaṅgaḷum sarva mōhaṅgaḷum
sarva sambattum ñān naivēdyamākkiyō
nityavum nēdippū, nī vanneṭukkilō
jīvannuruḷitan klāvum tiḷaṅgiṭum

Je T'offre tous mes chagrins, tous mes désirs, tous mes biens. Je fais cela depuis toujours. Viendras-Tu accepter mes offrandes, balayer mes souffrances et illuminer ma vie ?

ennile vākkum satkarmavum cintayum
ennumē ninnekkuriccuḷḷatākaṇē
sarvavum vismariccuṇmaye tēṭuvān
nī kaniññēkumō nin stanyamādhuryam

Puissent mes paroles, mes actions et mes pensées T'appartenir à jamais. J'ai renoncé à tout pour partir en quête de Toi, Amma. M'accorderas-Tu la douceur du lait maternel ?

Amṛtalayam ānandalayam

(malayalam)

amṛtalayam ānandalayam
en ātmāvu śruticērum madhuralayam
pūvum prakṛtiyum pōle
ponnalakaḷum kaṭalum pōle
śruti cērumī laya bhangiyil
śruti cērumī laya bhangiyil

Plongée dans le nectar et la béatitude, mon âme vibre en harmonie avec ces douces cordes. Comme une fleur dans la nature, comme de petites vagues dans l'océan, mon âme s'est fondue dans la beauté de cette musique.

pramada mānasavaniyil viriyum
saugandhikaṅgaḷil
nī viral toṭumbōḷ praṇavamantra

dhvanikaḷuṇarum oru tamburuvāy mārum
praṇava tamburuvāy mārum
divya tamburuvāy mārum

Les fleurs magnifiques et parfumées de saugandhika fleurissent dans le jardin de mon cœur. Au contact de Tes doigts, elles se transforment en tamboura qui joue le pranava mantra, en tamboura divine.

ātma harṣam tuḷumbi nilkkum
indīvaradaḷa śobha pōlum
nin nayanaṅgaḷil manassinde cippiyil
muttukaḷ tīrkkum oru māya mantramuṇḍō?
divya māya mantramuṇḍō?
dēvī māya mantramuṇḍō?

Quand Tes yeux de lotus qui rayonnent de béatitude posent leur regard sur moi, n'ont-ils pas le pouvoir de créer, dans le coquillage de mon cœur, une perle ? Existe-t-il un mantra magique et divin, capable de créer dans mon cœur une perle ? Dis-moi, O Déesse !

Ānandam paramānandam (telugu)

ānandam paramānandam
saccidānandam niratiśayānandam

Béatitude, Béatitude suprême, pure Conscience, Béatitude, Béatitude incomparable.

rāmarasamidi migula tīyani
pānamu sēyaga ānandam
rāmamayamī jagamani teliyaga
bhaktajanulaku ānandam
rāmanāmamidi tārakamantramu
japamu sēya nityānandam

Ceci est *ramara*, ce qu'il existe de plus doux ; quiconque en boit goûte la béatitude. Les dévots connaissent la béatitude, sachant qu'en ce monde Rama seul existe. Le nom de Rama nous permet de traverser l'océan du *samsara* (transmigration) ; la répétition de ce nom procure la béatitude.

navarasabharitamu rāmacaritamu
ālakiñcaga ānandam
rāgarañjita punitagānamu
ālapiñcaga ānandam
rāmarūpamu antarangamuna
niṇḍukonaga ātmānandam

L'histoire de Rama contient les neuf *rasas* (émotions) ; en l'écoutant, on savoure la béatitude. La psalmodie mélodieuse du récit sacré (le Ramayana) procure la béatitude. Quand le cœur est rempli de la forme de Rama, on goûte la béatitude.

śrī rām jaya jaya rām
śrī rām rām rām rām
rām jay jay rām

Gloire au Seigneur Rama !

Anbumigu endan tāyē (tamoul)

anbumigu endan tāyē
ādarippāy enḍrum nīyē
aruḷamudai anaittilum pozhindu
allalkaḷai kaḷaindiḍuvāyē

O ma Mère si aimante, protège-nous toujours. Répands Ta grâce sur tous, éloignant ainsi toute souffrance.

enkaḷ uḷḷam unayē ninaindu
ēttramura nalvazhi kāṭṭu

uyirkaḷellām un vaḍivena nānkaḷ
uṇarndiḍa madimayakkam nīkku

Puisse notre esprit demeurer constamment absorbé en Toi. Montre-nous le droit chemin. Eveille en nous la compréhension que tous les êtres sont Tes différentes formes, et dissipe ainsi notre ignorance.

nittiyamē! nirmalamē! teḷḷamudē! tīñcuvayē!

O Toi l'Eternelle, Toi l'Immaculée ! Tu es pleine de nectar, l'Essence même de la douceur !

uttam suttrum ūrum pērum
sottu sukham pattrukaḷ palavum
viṭṭakala vinaikaḷ kaḷaivāy
viraindemmai malaraḍi sērppāy

Renonçant à la famille et aux amis, aux titres et à la gloire, à la fortune et aux plaisirs, puissions-nous rapidement ne plus faire qu'Un avec Tes pieds sacrés.

nittam nī em ninaivinil ninḍru
nittiya porpadankaḷai padittu
sattiya tattuva pada nizhalil
śaraṇāgata nargati aruḷvāy

Puissent nos pensées être fixées sur Toi. Puisse l'empreinte de Tes pieds être gravée dans nos cœurs. Bénis-nous, afin que nous prenions refuge à l'ombre de la Vérité.

Annay maḍiyil (tamoul)

annay maḍiyil ōr kuzhandaiyāgalām
tāy maḍiyil sella piḷḷaiyāgalām
kuzhandai pōlavē uḷḷam punidamāgavē
manidan enbavan uyarndu daivamāgalām

Devenons pareil à un bébé dans le giron de Mère. Quand le cœur devient aussi pur et immaculé que celui d'un tout-petit, l'être humain peut devenir divin.

annai nīṭṭum kaippiḍittu kūḍappōgalām
annay kāṭṭum pādai pintuḍarndu sellalām
piravu iravu taḍai kaḍandu uṇmai aḍayalām

Tenons la main de Mère et marchons auprès d'Elle. Suivons la voie qu'Elle nous montre. Nous pourrons alors transcender la naissance et la mort et atteindre la Vérité.

uṇmai ariyavē inda manida janmamē
daivam tanda parisu tān embaduṇmayē
vēdamunivar yōginarum sonnadum iduvē

Quand nous atteindrons la Vérité, nous saurons que la vie humaine est un don de Dieu. C'est ce qu'ont proclamé les *rishis* (sages) et les yogis.

bandhu enḍru solla ingu yārumillaiyē
sondam enḍru solli namba evarum illayē
sondam enḍrumē namakku annai oruvaḷē

Nul ici-bas ne nous appartient. Personne au monde ne mérite notre confiance au point que nous disions qu'il est nôtre. Seule Mère nous appartient.

Antardarśanattinuḷḷa (malayalam)

antardarśanattinuḷḷa cintayum prayatnavum
varttamāna hṛttilum pravṛddhamānamākki nī
antarangatantriyil prapañcasāramantramāy
sañcariccituṇnu nī svatantrabhāvadhārayāy

Même à notre époque, Tu inspires aux humains le désir de réaliser le Soi. Tu es le mantra Omkara dans l'âme de tout être humain. Comme le disent les Écritures, Tu es l'Absolu.

āgamiccezhiccuninnulaññazhiññupōvatin
āgamōktiyōrkkilō nidānabinduvāṇu nī
āgamam vidhiccatokke ācariccupōkilum
ākulaṁ śamikkuvān bhavāni, nin kṛpāśrayaṁ

Nous ne réaliserons le Soi que si notre effort personnel est béni par la grâce du guru. Dans le cœur qui s'épanouit, rempli d'amour innocent, Tu es l'essence de la poésie.

bhaktiyāluṇarnnularnna niṣkkaḷanka cētasil
śuddhabhāvavaikharī nisargakāvyadhāra nī
maṇṇilēkkurannolicca veṇṇilāvupōle yenn-
-uḷḷil nin madhusmitābha sāndrasaukumāryamāy

Quand des vagues agitent le mental, Tu agis en tant que force créatrice. Quand le mental est tranquille, Tu brilles en tant que Puissance divine.

cittatārcalikkavē kriyātmakatvaśaktī nī
niścalam vasikkavē śivatvamennariññiṭām
śaktiyum śivatvavum parasparānupūrakam
buddhiyekkaviñña, vēda tattvasāramē, tozhām

La créativité et l'immobilité sont complémentaires. Je me prosterne devant Toi, qui demeures au-delà de l'intellect et qui incarnes l'essence des Vedas.

Anudinamum (tamoul)

anudinamum unai ninaindu urugudamma neñjam
- adu
arukil nindru ezhil mukhattai kaṇḍu rasikka
keñjum
tiruvaruḷai tēḍivandun tiruvaḍiyil tañjam - guru
vaḍivām tāy umayē unai aravaṇaittu koñjum

Chaque jour je pense à Toi, et mon cœur fond. Je languis d'être proche de Toi et de contempler Ton beau visage. Je cherchais la grâce divine, je T'ai trouvée et j'ai pris refuge à Tes pieds. O déesse Uma, Tu as pris la forme du guru et de la Mère, Ton étreinte est notre réconfort.

piñju manam unnaruḷāl parugum anbu vellam
neñjuruki unnizhalil nilai marandu tuḷḷum
añjukinḍra tīvinaikaḷ allal yāvum akalum - anku
pañjupōla manamiḷaki paramānandam koḷḷum

Par Ta grâce, les eaux de l'amour ont adouci mon mental et fait fondre mon cœur ; j'ai sauté joyeusement dans la rivière de l'amour et me suis laissé porter par son courant. Toutes les peurs et les souffrances qui m'affectaient ont disparu. Mon tendre cœur a atteint la béatitude suprême.

aruḷamudē! ānandamē!
anbin vaḍivē! aḍaikkalam nīyē!

O Mère pleine de grâce ! O Béatitude ! O Incarnation de l'amour ! Tu es mon refuge !

māyaiyadin piḍiyinilē matiyizhandu uzhalum
makkaḷ manam amaidipera nin kazhalinai nizhalum
sēykaḷ nilai uyara un tiruvizhi malarndaruḷum - anbu
tāyundan sannidhikku taraṇi ellām tiraḷum

Pris dans les filets de maya (l'illusion cosmique), les humains agissent sans discernement. Pour trouver la paix intérieure, ils cherchent le réconfort à Tes pieds. Ton regard divin élève les âmes. Les gens accourent donc en masse vers Ta présence divine, O Mère si aimante.

unadu padam dinamum manam paṇindiḍa manankanivāy

ninadaruḷāl paramapada nilai aḍaindiḍa aruḷvāy
guruvaḍivē tiruvaruḷē parivuḍan emai kāppāy - nān
maraimuḍiyinil maruvum nindan padamalaraḍi sērppāy

O Mère, bénis-nous afin que nous puissions chaque jour adorer Tes pieds. Par Ta grâce, puissions-nous atteindre la demeure du Suprême. O Être divin qui a pris la forme du guru, protège-nous avec amour et affection. Aide-nous à atteindre Tes pieds, reposoir secret des pierres précieuses que sont les quatre Vedas.

Anupama nina (kannada)

anupama nina bālalīle
gaṇapa ninage kai mugive
dēvagaṇagaḷa adhipane nīnu
bālagaṇapa kai mugive

O Seigneur Ganesh, les prouesses que Tu as accomplies, enfant, sont incomparables. Je joins les mains en adoration devant Toi. Je m'incline devant le petit Ganesh, le chef des *devas* (êtres célestes, dieux).

śaktiputrane yuktipūrṇṇane
jāṇa gaṇapa kai mugive
śivana dvāradi śivana taḍeda
dhīra gaṇapa kai mugive

Je me prosterne devant Ganesh, intelligent et habile, le Fils de la déesse Pārvatī (Shakti). Je me prosterne devant Ganesh, qui fut assez hardi pour empêcher Shiva d'entrer dans sa propre maison.

jagada mātā pitara sutti
jagava suttida phalava paḍede
jagada mātā pitara nīnu
jagaku migilu entu karede
dhīra gaṇapa kai mugive

En décrivant un cercle autour de la Mère et du Père du monde, Tu as acquis le même mérite qu'en faisant le tour de l'univers entier. Tu as démontré que la Mère et le Père du monde sont supérieurs au monde. O brave Ganapati, je joins les mains en adoration devant Toi !

āne mukhada doḍḍa gaṇapa
puṭṭa iliya mēle kuḷittu
aṇuvu dēvane mahattu dēvane
brahmatattva sārutiruve
dhīra gaṇapa kai mugive

O Ganesh, Tu as un visage d'éléphant et un corps imposant (qui symbolisent la force, l'intelligence et l'écoute permanente de nos appels). Ton véhicule est une petite souris. Tu es le plus petit des atomes ; Tu es aussi ce qu'il y a de plus grand et de plus vaste. Je me prosterne devant le vaillant Ganesh qui nous montre toujours la Vérité absolue.

Aparādham-endētu (malayalam)

aparādham-endētu mātram, nītanna-
tanuyōjyajīvita pātram
klāviccu prabhamāññu-pōyenkil-atinuḷḷor-
aparādhamendētu mātram – nītanna-
tanuyōjya jīvita pātram
daivīka sthānattahantaye vāzhiccor-
aparādhamendētu mātram
anyayajanam dōṣam-āriyāteyācari-

ccaparādham-endētu mātram, nītanna-
tanuyōjya jīvita pātram

Pardonne mes fautes, pardonne mes erreurs. La faute est uniquement mienne. Tu es l'idéal parfait de ma vie. Si mon éclat s'est terni, j'en suis le seul responsable. Tu es l'idéal parfait de ma vie. C'est moi qui ai commis l'erreur de laisser l'ego régner à la place du Divin. L'erreur inconsciente de croire que j'ai besoin des autres est mienne aussi. Tu es l'idéal parfait de ma vie. Tu es la vie qui brille dans le corps.

azhivallahantaykkoratirillateppozhum
nizhalennapōleṅgum-anugamikkum
cerumaṇtariyilum tāzheyāṇennu ñān
karutumbozhum tāne ahamezhikkum

L'ego grandit sans aucune limite. Il nous suit comme une ombre. Mais quand je m'estime plus petit qu'un grain de sable, l'ego disparaît.

arppaṇam ceytāl-aham tezhikkum, svayam
arppitamāyāl-aham dahikkum
arppitamākunna śunya hṛttil svayam
nirbharamakunnu daivīkata

Quand je m'abandonne, l'ego se dissout. Quand mon abandon de moi-même est accepté, l'ego est réduit en cendres. Le Divin remplit le cœur devenu vide par abandon de soi, jusqu'à le faire déborder.

aparādhamellām kṣamikkū aparādhamellām
porukkū
aparādhamellām kṣamikkū aparādhamellām
porukkū

Pardonne mes fautes, pardonne mes erreurs.

Apārakṛpāḷō (kannada)

apārakṛpāḷō baḷigenna bārō
avanīśvarā kṛṣṇā varavondu tāro
arivina hūnage araḷali manadali
anutāpavagali ennātmakinde

karuṇāpūrita sundara nayanadā
kāntiyu hṛnmana beḷagali bā
dahisuva hṛdayāntarāḷadi ondīsu
karuṇe maḷe hanise bēgane bā, kṛṣṇā

maṇimuraḷikeyā nūduta bā
manamandiradi nī nalidāḍu bā
śrutilaya sangīta rasadhāre yondigē
matilaya sukhalābha gati nīḍu bā, kṛṣṇā

Apāra kṛpālō (telugu)

apāra kṛpālō nā dariki rāvā
avanīśvarā kṛṣṇā varamulu osagavā
virajāji navvu nā śōka tapta madilōna
cirujallu kuripiñci vikasimpavā kṛṣṇā

karuṇanu kuripiñcu nayanāla kāntitō
nā antarangamunu sparśiñcavā
tapiyiñcu hṛdayāntarāḷalō – svalpam
prēmarasāmṛtam varṣimpavā kṛṣṇā

mṛdumuraḷī gāna paravaśamaina nā
manamandiramulō nāṭyamāḍa rā
śrutilaya sangīta rasa dhāratō nā
manassunu nīlō layam cēyyavā kṛṣṇā

Ārārum kāṇāte (malayalam)

ārārum kāṇāte ārārum kēḷkkāte
karayukayāyirunnennum - karaḷviṅgi
karayukayāyirunnennum
karuṇatan niravē, nin ninavennil kuḷiriḷam
himarēṇudhāra pōlutirū - atilōla
hṛdayattil puḷakaccārttaṇiyū

Chaque jour, je pleurais. Personne ne me voyait, personne ne m'entendait, mais du tréfonds de mon cœur, je pleurais chaque jour. O, abondance de compassion, Ton souvenir coule sans cesse en moi, tel un fleuve qui cascade du haut des montagnes. Je T'en prie, daigne venir dans mon cœur douloureux et m'accorder le bonheur.

arimullappū-viṭarttīṭuvān-ettumī
ariya-nilāvilūṭaṇayū - sarasamī
saraḷa-nilāvilūṭaṇayū
karaḷin kiṭārattil urukunna duḥkhattin
lāvāpravāhamī mizhinīr - aṇayātta
lāvāpravāhamī mizhinīr

Est-ce Toi qui es venue briller sous la forme de la Lune et faire éclore, la nuit, les boutons de jasmin ? Mes larmes coulent comme de la lave en fusion. Elles jaillissent du tréfonds de mon cœur, là où fondent tous mes chagrins.

oru-tiri-mizhiveṭṭam oru-tari kāruṇyam
coriyān-itentēyamāntam - hṛdayattil
utirān-itentēyamāntam
janimṛtikk-uttaram tēṭunna yōgikaḷkk-
ātmānubhūti tan lahari - aviṭunnu
amṛtānubhūti tan lahari

Pourquoi faut-il si longtemps pour que Tu m'accordes la grâce d'un regard, pour que Tu répandes sur moi un peu de Ta compassion ? Pourquoi tout ce temps avant que Tu viennes dans mon cœur ? Les sages qui ont cherché la réponse à la question de la naissance et de la mort disent qu'ils ont fait l'expérience de Ton enivrante Présence. Tu es l'extase grisante de la béatitude immortelle.

Ārati ambaku (telugu)

ārati ambaku hārati
ātma samarpaṇa hārati

O Déesse, en accomplissant cet *arati* (offrande de la flamme) propice, nous nous abandonnons entièrement à Toi.

ahamu karpūramai karigē hārati
jñānamu jyōtigā veligē hārati
ammanu cūpē erukē hārati
jagamu ammagā kāñcē hārati

Quand le camphre de notre ego brûle pendant l'*arati*, il ne laisse aucun résidu. La lumière de la sagesse brille alors de tout son éclat. Cette lumière révèle la Mère divine et nous percevons alors l'univers entier comme une manifestation de la Mère divine.

manalō nityamu veligē hārati
vāsanakṣayamu onarccē hārati
cittaśuddhiniccē prajñayē hārati
muktipathamuna diviṭi hārati

L'*arati* brille éternellement en nous sous la forme de la lumière spirituelle intérieure, qui dissipe les ténèbres de nos *vasanas* (tendances qui nous lient au monde). Cette lumière se manifeste en tant que notre conscience suprême, qui purifie le mental et illumine la voie vers la Libération.

maṅgaḷam bhuvanēśvarī
maṅgaḷam jagadīśvarī
maṅgaḷam hṛdayēśvarī
maṅgaḷam sarvēśvarī

J'offre cet *arati* propice à la Déesse de la Terre, Déesse de l'Univers, Déesse de mon cœur, Déesse de Tout.

Āreyāṇāreyaṇiṣṭam (malayalam)

āreyāṇāreyaṇiṣṭam
uṇṇiykkālila kṛṣṇaneyāṇō?
uṇṇiykkālila kṛṣṇanettanne
iṣṭam ālila kṛṣṇanettanne

Qui aimes-tu le plus ? Qui aimes-tu le plus, Unni ? Est-ce Krishna sur la feuille de banyan ? Unni aime son frère aîné Krishna, assis sur la feuille de banyan.

veṇṇayum pālum kavarum kaḷḷa
kaṇṇanāmuṇṇiyeyāṇō?
kōlakkuzhalu viḷikkum bāla
gōpālakṛṣṇaneyāṇō?
gōkkaḷe mēyccu naṭakkum hari
gōvinda kṛṣṇaneyāṇō?

Aimes-tu le petit enfant Krishna qui vole du lait et du beurre ? Aimes-tu Gopala Krishna qui joue de la flûte de bambou ? Ou bien le petit pâtre Govinda Krishna qui folâtre dans la prairie avec ses vaches ?

gōvarddhanam uyarttīṭān vanna
gōpakumāraneyāṇō
vṛndāvanattilalayum cāru
nandakiśōraneyāṇō
rādhāhṛdayam kavarnna
muraḷīdhara kṛṣṇaneyāṇō?

Ou préfères-tu Gopakumara, venu soulever la montagne Govardhana ? Ou bien Nanda Kishora de Vrindavan, si enchanteur ? Ou encore Muralidhara Krishna, qui déroba le cœur de Radha ?

śrīvatsa kaustubham cārttum sākṣāl
śrīkṛṣṇanettanneyāṇō?
dēvaki dēvitan puṇyam pūtta
śrīvāsudēvaneyāṇō ?
nāradarennum vāzhttum śrīman
nārāyaṇamūrttiyeyāṇō ?

Aimes-tu ton aîné Krishna portant le joyau srivatsa kausthubham ? Ou bien Sri Vasudeva, fruit des mérites de Dévaki Devi ? Ou bien encore Narayana Murthi, la forme dont Narada chante éternellement les louanges ?

Aridu aridu (tamoul)

aridu aridu māniṭarāy pirappadu aridu
adanin aridu muktiyilē nāṭṭamum aridu
mikavum aridu guruvin vaṭivil daivattin uravu –
inda
mūnḍrum peṭṭrum vīṇaṭittāl kūriruḷ iravu

Il est très rare d'obtenir une vie humaine. Il est plus rare encore d'être intéressé par la Libération, et extrêmement rare d'avoir une relation avec Dieu sous la forme du guru. Après avoir obtenu ces trois privilèges, si nous gaspillons encore notre vie, c'est comme si nous étions enveloppés de ténèbres opaques.

ulakapporuḷil inbam tēṭi alaindavar - yārum
nirai manadil amaidiyōṭu vāzhndadum illai
ānmanāṭṭam koṇḍu sukhattai turandavar yārum
vīṇarāgapaśiyil vāṭi irandadum illai

Ceux qui recherchent les plaisirs du monde ne connaissent jamais la paix, le contentement. Ceux qui renoncent aux plaisirs du monde pour suivre la voie de la spiritualité ne meurent jamais de faim.

sondabandham vēṇḍi vāzhndadu ettanai kālam?
sottu sukham tēṭi alaindattenai kālam?
pirandu vanda nōkkamtanai ninaippadekkālam?
piravippiṇi tīrkkum aruḷaipperuvatekkālam?

Combien de temps avons-nous vécu pour notre famille ? Combien de temps avons-nous erré en quête des richesses et des plaisirs ? Quand atteindrons-nous le but de notre naissance ? Quand recevrons-nous la grâce qui met fin aux souffrances du cycle des naissances et des morts ?

indanāḷaippōla nallanāḷum vērillai
indanēram pōla nalla nēram vērillai
guruvin vākkai kēṭṭu manatil cindippadālē
uṇmaiyinai uṇarvvadu pōl tavamum vērillai

Il n'y a pas de meilleur jour qu'aujourd'hui, pas de meilleur moment que maintenant. Écouter les paroles du guru, méditer sur elles et ainsi réaliser la vérité éternelle, aucune austérité n'équivaut à cela.

Arikiluṇḍenkilum (version tamoul)

arugilirundum arindiṭa iyalāmal
alaiginṭrēn ammā
kaṇgaḷirundum kāṇaviyalāmal
tēṭuginṭrēn ammā... unnai
tēṭuginṭrēn ammā

mārgazhi iravil nīlavānil pūtta
veṇmadi nītānō...
vānattai sēra muṭiyāmal karaiyil
talaimōdum alaiyāga nān – ammā
talaimōdum alaiyāga nān

ulagattin sukhamellām nilaikkādenṭruḷḷa
uṇmaiyai uṇarndadinālē...
iravum pagalum kaṇṇīr perugi
ariyattuṭittēn ammā – unnai
ariyattuṭittēn ammā

tuyarattin sumaiyāl tuvaṇḍiṭum enniṭam
ārudal aḷittiṭa vārāy
varuvāy enḍruḷḷa āsaiyuṭan nān
nittamum kāttirukkinḍrēn – ammā
nittamum kāttirukkinḍrēn

Arivenum akakkaṇ (tamoul)

arivenum akakkaṇ tirandiṭumō – endan
iruḷenum maṭamai akandriṭumō
aruvamāy anaittilum viḷankiṭum annaiyin
anumati atarkkāy kiṭaittiṭumō

L'œil de la sagesse s'ouvrira-t-il jamais en moi ? Les ténèbres de mon ignorance s'évanouiront-elles jamais ? Obtiendrai-je la bénédiction de la Mère divine qui demeure en tout en tant que Soi, pur et sans forme ?

arivāy ātavan aruḷ purindiṭinum
māyaiyām mēgham maraikkiratē
manatinil avaḷuru oḷiyena viḷankiṭa
taṭaikaḷum māyamāy maraindiṭumē

Le soleil de la sagesse darde ses rayons en abondance mais les sombres nuages de l'illusion éclipsent la grâce divine. Pourtant, quand la splendeur de la Mère divine se manifeste dans mon cœur, tous les obstacles s'évanouissent instantanément.

pēruṇarvenappaṭum perumpātaiyilē
pētaiyām nānum naṭandiṭavē
bētamaiyillā tāyāmavaḷum
kaippiṭittennai naṭattiṭuvāḷ

Ignorant, je m'efforce de marcher sur la voie de l'éveil intérieur. La Mère divine, dont l'amour envers tous est inconditionnel, ne manquera pas de me tenir la main et de me guider vers le but.

Ariyāte ceytoraparādham (malayalam)

ariyāte ceytor-aparādham-ākilum
anivāryamō śikṣa kaṇṇā

Faut-il que nous soyons punis pour des erreurs commises par ignorance, Krishna ?

āśikṣa satyattil-itrayum
dussahamāvēṇam-ennuṇḍō kaṇṇā?

Et faut-il que la punition soit aussi douloureuse, Kanna ?

ārūṇd-enikk-ende kaṇṇā?

Qui donc ai-je d'autre, Kanna ?

pala-pala-tettukāl kuttaṅgaḷ ñān ninnōṭu paraññu

J'avais pour habitude de Te confier mes erreurs et mes problèmes.

pala nāḷum ninmunnil kaṇṇīrozhukki ñān nilaviḷikkārille kaṇṇā?

Combien de fois ai-je sangloté devant Toi ?

nī sāntvanam coriyāruṇḍallo?

Tu Te montrais alors compatissant, n'est-ce pas ?

niravadhi aparādham ceytālum munpokke nī porukkārille kaṇṇā?

J'ai eu beau commettre bien des fautes dans le passé, ne m'as-Tu pas toujours pardonné, O Kanna ?

svaramezhum pāṭe pizhaccālum nī mugddha svaramākkiṭarille kaṇṇā?

Quand ma voix perdait son timbre, ne lui redonnais-Tu pas sa douceur, Kanna ?

nī sāramillennu paraññu

Tu m'as dit que ce n'était pas un problème.

orunōkku kaṇān koticcum kitaccum ā tirunaṭayil ñān ōṭivannāl

Si je me précipite vers Toi, avec le désir brûlant de Te voir, ne fût-ce qu'une fois,

paribhavam tōnnēṇḍa-yenn-ōrttu yāt-onnum parayāte ninmunnil ninnāl

En pensant que Tu ne seras pas fâché, et si je reste devant Toi, silencieux,

vāripuṇarān nī arike varille?

Viendras-Tu me prendre dans Tes bras ?

Arṇṇavam pōleyagādham (malayalam 2015)

ārṇṇavam pōleyagādham, pradīptamām
āmbaram pōle viśālam

Comme la mer insondable et le vaste ciel lumineux,

ammatan snēhahṛdantam ellāyppozhum
pūntennalpōle svatantram

Comme la brise douce et apaisante, le cœur d'Amma, rempli d'amour, est toujours libre.

ninmukhacandran niraññu śobhiccuḷḷa-
mellām minukkitteḷikke

La lumière radieuse qui émane de Ton visage divin a le pouvoir d'effacer toutes les impuretés du cœur humain.

pūnilākkiṇṇam daridramennōrttiṭṭu
viṇṇinde dambham śamichu!

Le ciel nocturne, qui s'enorgueillit de l'éclat de la Lune, doit renoncer à sa vanité devant Ton visage divin, pareil à l'astre rayonnant.

prēmā abhiṣēkattilūṭammayātmāva-
bōdhānkuram

Amma répand à profusion l'amour inconditionnel et s'efforce ainsi d'éveiller dans le cœur humain la conscience du Divin.

taḷirppikke pāpaṅgaḷātti pavitrīkarikkunna
bhāgīrathikkō, vikalpam

Balayant toutes les impuretés du mental, pareille au Gange sacré, Elle nettoie les péchés de ce monde.

ninpērukēḷkkē jayāravam poṅgunni-
tāzhittirāravam pole

Au son de Tes noms divins, des millions de gens se lèvent avec enthousiasme, comme les vagues déferlantes de la mer toujours en mouvement.

nin vāṇikēḷkkē janāvalitiṅgunni-
tāzhittiramāla pole

Les gens accourent pour entendre le nectar de Tes paroles.

sammōhanam, sāmasangīta, mammatan
snēhasallāpaṅgaḷennum

Dans le jardin divin créé par la musique d'Amma, nos cœurs s'épanouissent peu à peu jusqu'à la plénitude.

ullasicculppūv-uṇarnnu saubhāgyamār-
-nnarppitam nin kālkkalennum

Quelle bonne fortune de pouvoir offrir tout notre être à Tes pieds de lotus !

Aruṇaiyil (tamoul)

aruṇaiyil uraiyum karuṇai kaḍalē
taruṇam idu tān dayai purivāyē
umaiyoru bhāgam koṇḍa en śivanē
emaiyum tānkudal undan kaḍanē

O Shiva, Lumière originelle, Océan de compassion, daigne Te montrer miséricordieux envers moi. La moitié de Ton corps est constitué par la déesse Uma. Ta responsabilité n'est-elle pas aussi de T'occuper de nous ?

namaḥ śivāya namaḥ śivāya
namaḥ śivāya om namaḥ śivāya
anal vaḍivāgiya ādiyām iraivā
punalai talayil cūḍiḍum talaivā
māl ayan kāṇā pēroḷi vaḍivē
mān uruvinaiyum karattinil koṇḍāy

O Seigneur primordial qui prend la forme du feu, Tu portes le Gange comme une parure dans Ta chevelure. Brahma et Vishnu eux-mêmes n'ont pas réussi à Te voir ; Tu as pris la forme de la Lumière suprême. Tu tiens dans la main un chevreuil (ce qui indique la maîtrise du mental, qui bondit partout comme le chevreuil).

alaiyum manamum aḍankiḍa vēṇḍum
nilaiyām unpadam sērndiḍa vēṇḍum
vēdankaḷ pōttriḍum un uruvadanai
gītankaḷ pāḍi nān tudittiḍa vēṇḍum

Puisse mon mental instable devenir ferme et calme. Puissé-je atteindre Tes pieds, seul refuge immuable. O Seigneur, les Vedas célèbrent Ta forme ; permets-moi de chanter Tes louanges et de Te vénérer.

Ārupaṭai vīṭu (tamoul)

ārupaṭai vīṭu koṇḍa murugā murugā
ānaimugan sōdaranē murugā murugā
ādiśivan jñānamuṭan
annaiyavaḷ śaktiyuṭan
ārumuganāga vanda tirumāl marugā

Tu es l'extase grisante de la béatitude immortelle. Tu es venu avec Shiva, la connaissance suprême, et avec Mère Shakti, O dieu aux six visages !

vēṇḍāda ānavattāl vizhalāy ānayendan
vidhiyai māttriṭuvāy vēlmurugā
māṇḍālum unnaṭiyai maravādirukkumoru
manamadai tandiṭuvāy mālmarugā
manamadai tandiṭuvāy
murugā, murugā, murugā

O Muruga, daigne changer mon destin, que mon ego indésirable a transformé en marécage. Accorde-moi un cœur qui ne T'oublie jamais, même si je péris.

āṇḍāṇḍu kālamendan arivai maraittukkoṇḍu
āsai vaḷargiradē vēlmurugā
pūṇḍōṭu adai azhittu pudiya piravi tandu
pudumaṇam vīsacceyvāy mālmarugā
pudumaṇam vīsacceyvāy
murugā… murugā… murugā…

Plus les années passent, plus les désirs augmentent et obscurcissent mon esprit. Daigne détruire jusqu'aux racines du désir, Fais-moi renaître (à un autre niveau de conscience) afin que je répande un parfum nouveau.

vēlmurugā harōharā…
mālmarugā harōharā
kandanukku harōharā
kaṭambanukku harōharā
muruganukku harōharā
kumaranukku harōharā
kandanukku kaṭambanukku
muruganukku kumarunukku
harōharā, harōharā, harahar̄ōharā

Gloire à Muruga, Victoire à Muruga ! Gloire à Muruga, Victoire à Muruga ! Gloire à Muruga, Victoire à Muruga !

Aśrutīrtthattāl nin (malayalam)

aśrutīrtthattāl nin tṛkkazhal tazhukām ñān
arppita-hṛdayattil avatarikkū
centāraṭiyūnni, cintāmalaril nī
mandānilan pōle avatarikkū

dēvī dēvī dēvī dēvī
mandasmitānvitam avatarikkū

Je caresserai de mes larmes Tes pieds de lotus. Daigne T'éveiller dans mon cœur qui s'abandonne à Toi. Éveille-Toi avec un sourire, O Devi !

manassinde ēkānta nikuñjattil tapassinde
kanalūtiyūti ñān kāttirippū
ariya-jñānattinde aruḷābhayāluḷḷam
abhiṣiktamākki nī anugrahikkū
dēvī dēvī dēvī dēvī
amṛtākṣaraṅgaḷāl anugrahikkū

Dans la grotte solitaire de mon cœur, je T'attends, plongé dans les austérités. Daigne m'accorder la connaissance éternelle. O Devi, daigne me bénir et m'accorder la béatitude éternelle.

kadanaṅgaḷ kaṭalōḷam karinīla nirabhēdam
karadūramini-yetra kātam
karaḷile kaṇṇīrum kadanavum cālicha
kavitayāl kazhaltāru tazhukām
dēvī dēvī dēvī dēvī
kanivōlum mizhiyālonnuzhiyū

Infinies sont les souffrances, les fleurs n'ont pas de couleur, combien de maux dois-je encore endurer ? Je caresserai Tes pieds de mes larmes et de mes chagrins. O Devi, me caresseras-Tu d'un regard de Ta compassion ?

Āṭalarasē (tamoul)

āṭalarasē āṭalarasē
āṭumivarai pārumarasē
tattuvankaḷ kēṭṭarintār
tannil atanai uṇarvatenṭrō?

O Seigneur de la Danse ! Vois ces êtres qui dansent dans l'illusion. Ils ont entendu d'innombrables traités philosophiques, mais la conscience de ces vérités, quand s'éveillera-t-elle en eux ?

vīzhntuviṭum uṭalitanai
enatu enṭrē ivarninaippār
kozhuntuviṭum tīyatuvō
tanatu enṭrē tān ninaikkum

Les gens croient que le corps périssable leur appartient. Mais le brasier qui dévore finalement le cadavre pense : « ceci est à moi ».

pirakkayilē ivar azhuvār
irakkayilē pirar azhuvār
pirappumillā irappumillā
tannaiyarintāl evar azhuvār

Les humains pleurent à la naissance, certains pleurent quand ils meurent, mais celui qui connaît le Soi, pourquoi pleurerait-il ?

jñāniyinai yārumpukazhvār
jñāniyāka yārmuyalvār?
jñālamkātta nīlakaṇṭhā
jñānam aruḷ naman talaivā

Tous glorifient les êtres éveillés, mais qui s'efforce d'atteindre l'éveil ? O Seigneur de la mort, accorde-nous la connaissance véritable !

āṭiyapādā aruṇaiyin īsā
pārvatinēsā paramēsā
tēṭiyatiruvē pāṭiyaporuḷē
nāṭiya aruḷē naṭarājā

Tes pieds dansent, Seigneur de la montagne Arunachala, Bien-aimé de Pārvatī, O suprême Nataraja ! Tu es la richesse que tous recherchent, l'essence de tous les hymnes, la grâce ultime que chacun recherche.

Āṭi bā ō ranga (kannada)

āṭi bā ō ranga angāla toḷedēnu
gandha sugandha candā

O Ranga, reviens quand Tu auras fini de jouer.

gandha sugandha candanadinda
cinnada pāda toḷedēnu

Je laverai Tes pieds resplendissants avec des onguents parfumés.

gopike sakhiyaru gopa bālakaru
kaṇṇāmuchālē āṭi
kaṇṇāmuchālē āṭi nin ondige
daṇidu malagavarilli

Les gopis et les gopas ont joué à cache-cache avec Toi ; fatigués, ils se reposent ici.

rādheya jotegūdi rāsalīleya āṭi
rājīva nētra nī bāro
rājīva nētra bārayya mane kaṭege
rātri gāḍa vāguva munna

O Enfant aux yeux de lotus, Tu as dansé la rasa lila avec Radha ; rentre maintenant à la maison, avant que la nuit ne soit trop avancée.

mussanje musukide godhūḷi eddide
sandhyā lakṣmi minugavaḷe
sandhyā lakṣmi nakṣatra minugi
ninagāgi dārī beḷagavaḷe

C'est le crépuscule, la poussière du soir se lève, l'étoile du couchant brille à l'horizon et Te montre le chemin.

gogaḷu kādive hālanūṭalu bāla
amma yaśode kādavaḷe
amma yaśodeya ede tumbi bandide
hālanūṭuvaḷu bābārā

Les vaches attendent de Te nourrir de leur lait. Mère Yashoda T'attend, le cœur débordant d'amour, elle désire Te donner du lait.

Āvo mā ammā (gujarati)

āvo mā ammā, hṛdayamā mārā
banīne gīt koyī
tārī stuti karū, tārī bhakti karū
tārā bhajanmā rācū, ammā
tārā bhajanmā rācū

Amma, viens dans mon cœur sous la forme d'un chant. Je chanterai Ta gloire, je T'adorerai avec dévotion. Je perdrai la notion du moi en chantant Tes bhajans.

āvo mā ammā hṛdayamā mārā
banīne mūrat kōyī
tāro abhiṣek karū, tāro alankār karū
tārī āratīmā rācū, ammā
tārī āratīmā rācū

Amma, viens dans mon cœur sous la forme de ma déité. Je Te donnerai le bain rituel (abhishek), je Te parerai. Et en faisant l'arati, je perdrai la notion du « moi ».

āvo mā ammā hṛdayamā mārā
banīne joḍ mārī
tārī sāthe rās ramu
sāthe tārī nṛtya karū
tujhmā hu samāvū, ammā
tujhmā hu samāvū

Amma viens dans mon cœur, pour être ma partenaire dans la danse. Amma, je jouerai la rasa lila avec Toi ; je me fondrai en Toi.

tu mārī ambā tu bahucarā māḍī
tu mārī santoṣī ambikā
jai jai ho mā tārī jai jai maiyyā tārī

Tu es ma Mère Amba, Mère Bahucharaa, Mère Santoshi et ma Mère Ambika. Victoire à Mère !

Āvo mā de caraṇā (punjabi)

āvo mā de caraṇā vicc sir nivāyiye
gajvaj ke mā di fateh bulāyiye

Allons poser la tête aux pieds sacrés de Mère. Chantons et réjouissons-nous, en proclamant: « Gloire à Mère »

terī ik nazar ne mayyā
premjyot hai jalāyi
puleyā is duniyā nu
dendī tū dikhāyī

Un regard de Toi, O Mère, a allumé la flamme de l'Amour. Tu appelles le monde, Tu as révélé Ton Soi.

jap jap terā nām mayyā amṛt pīvā
bas tūhī hūṇ mayyā jag ho gayā phikkā
sirjan hār tū hī kaṇ kaṇ vicc tū hī
jag upjeyā tere tom me ram jāṇā
ram jāṇā ram jāṇā hai

Chantons sans cesse le nectar immortel de Ton nom. Toi seule existe, O Mère, sans Toi rien n'a de sens. O Protectrice suprême, Tu résides dans chaque particule. O Créatrice, c'est grâce à Toi, que je suis venu vers le Seigneur.

hasdā peyā rovā jag kahe kamlā
tū hī das mā me kamlā yā jag kamlā
sirjan hār tū hī kaṇ kaṇ vich tū hī
jag upjeyā tere tom me ram jāṇā
ram jāṇā ram jāṇā hai

En me voyant rire et pleurer, le monde me traite de fou. Dis-moi, O Mère, qui est fou, est-ce moi ou bien est-ce le monde ? O Protectrice suprême, Tu résides dans chaque particule. O Créatrice, c'est grâce à Toi, que je suis venu vers le Seigneur.

jay jay jay mā, jay mā, jay mā, pukār
jay jay jay mā, jay mā, jay mā, pukār
jay jay jay mā, jay mā, jay mā, pukār
jay jay jay mā, jay mā, jay mā, pukār

Gloire à Mère ! Crions « Gloire à Mère! »

Āyā he sārā (hindi 2015)

āyā he sārā jahā yahā
milke ye sārā jahā yahā

Le monde entier est ici réuni, tous sont là.

ek mantr bole, ek svar me bole
jag me ho śānti samādhān

Chantons en chœur ce mantra : Puissent la paix et l'harmonie régner en ce monde.

om lokāḥ samastāḥ sukhino bhavantu
āyā he sārā jahā yahā milke ye sārā jahā yahā

Le monde entier est ici réuni, tous sont là.

ham sabhe īśvar kī santān
ye duniyā ke khelse anjān

Nous sommes tous des enfants de Dieu, ignorant le jeu de la Création.

rāh dikhānā prabhu
sāth hame le ke caltu
mānava dharma sikhānā

O Seigneur, montre-nous le chemin, emmène-nous avec Toi, enseigne-nous le dharma de l'être humain.

om lokāḥ samastāḥ sukhino bhavantu
āyā he sārā jahā yahā milke ye sārā jahā yahā

Le monde entier est ici réuni, tous sont ici

ham sāre mil jul ke rahe
sab kā dard apnā samjhe

Vivons ensemble dans la joie, ressentons la souffrance d'autrui comme la nôtre.

nā koyī dukhse roye
sab cainki nīnd soye
prabhu dedo aisā vardān

Que personne ne pleure de chagrin, que tous dorment en paix, O Seigneur accorde-nous cette faveur.

om lokāḥ samastāḥ sukhino bhavantu
āyā he sārā jahā yahā milke ye sārā jahā yahā

Le monde entier est ici réuni, tous sont ici

niṣkām sevā ham kare
karm yog ke pathpe cale

Suivons la voie du service désintéressé, du karma yoga.

cāhe ham sabkā bhalā jiye to aisā yahām
dharttiko svarg banāde

Tu souhaites le bien de tous. Ta vie fait de cette terre un paradis.

om lokāḥ samastāḥ sukhino bhavantu

Āyī bhavāni tū (marathi 2015)

āyī bhavāni tū āmuci mātā
kuṭhe śodhū tulā āmhi sāṅg ātā

O Amma, Bhavani, Tu es notre Mère, dis-nous où Te chercher !

jay jay āyī bhavāni jay jay
jay jay āyī śivāni jay jay

Victoire à Amma ! Victoire à Bhavani !
Jai Jai Amma- Bhavani jai jai
Jai Jai Amma- Shivani jai jai

jaḷī sthaḷī nabhī an pāṣāṇi
tuc naṭali ga vividha rūpāni

Tu Te caches dans tout l'univers sous la forme de l'eau, de l'air, du ciel, des montagnes, sous tous ces déguisements, Tu demeures dans l'univers.

pari kase śodhū māuli
māyecā āvaraṇi āyī tū lapali

Puisque Tu te caches sous le voile de maya, comment Te chercherai-je ?

māyāvi sansāri āmhās bhulavi
jāḷe nijamāyece ase ṭākuni

Tu nous as plongés dans ce monde illusoire en lançant sur nous le filet de l'illusion.

sukhalipt jhāli ga naśvara kāyā
durlabh naratanu cālali vāyā

Notre corps mortel est attaché aux plaisirs de ce monde et c'est ainsi que nous gâchons la chance rare que nous offre cette incarnation humaine.

Vishaya vihacha nivaruni kata
davī amha navadh bhaktichya vata

Détrône les plaisirs sensuels, ces poisons, et enseigne-nous les neuf voies de la dévotion.

Charni visava deī ga satvar
par kar majha ha bhavasagar

Daigne m'accorder dès que possible le repos à Tes pieds. Fais-moi traverser l'océan du samsara.

Āyī tujhē dāri (marathi)

āyī tujhē dāri aj jōgavā māgate
tujhī bhakti karitā aj jōgavā māgate
māye jogavā de māye jogavā de
dega ādi māye bhavānī jogavā maj de

O Mère, je suis à ta porte pour te demander l'aumône, seule Ta bhakti je prendrai pour aumône. Ô Mère donne-moi l'aumône, Ô Bhavani, Mère Primordiale, donne-moi l'aumône aujourd'hui.

tujhī kṛpādṛṣṭīj māye pānguḷ kari gaman
tujhī kṛpāśaktīj māye mūkh hoyī vācak
bhaktīrasāt tujhīyā gunthūn jāvo jogavā de
sakaḷ janm-maraṇācā pherā miṭe jogavā de

Ta grâce peut faire marcher le boiteux. Ô Mère, le pouvoir de ta grâce peut donner la parole au muet. Ô Mère, puis-je m'oublier dans ta bhakti uniquement ; donne-moi l'aumône pour mettre fin au cycle des naissances et des morts.

māye jogavā de māye jogavā de
dega ādi māye bhavāni jogavā maj de

Mère, accorde-moi un éveil. Bhavani, Mère primordiale, donne-moi cet éveil.

anant sevā caraṇī tujhe lābh jogavā de
nāhī kāhī bodh pūrṇ-bodh jogavā de
manovikār sāṇḍūn tujhe vicār jogavā de
nisang ho māye itun sang tujhe jogavā de

Donne-moi cette aumône d'avoir la chance de servir à Tes pieds. Donne-moi l'aumône d'une conscience totale car, ô Mère, je n'en ai pas la moindre. Donne-moi l'aumône de penser à Toi uniquement, de me débarrasser des toutes les autres pensées indésirables. Donne-moi l'aumône d'être toujours en ta compagnie et de me détacher de la maya (illusion).

Ayntu karattanai (tamoul)

ayntu karattanai pōṭriḍuvōm
yānai mukhattanai pōṭriḍuvōm
jñāla mutalvanai pōṭriḍuvōm
jñāna kozhuntinai pōṭriḍuvōm

Louons le dieu doté de cinq mains, chantons la gloire du dieu à tête d'éléphant ! Célébrons le Seigneur de l'univers ! Louons la Lumière rayonnante de la sagesse spirituelle !

aravamaṇinta perumānai
makizhvuḍan pōṭrum malaimakaḷin
manamkavar maintan vēzhavanai
vaṇankiṭuvōmē ennāḷum

Pārvatī, l'épouse du Seigneur Shiva qui porte un serpent comme collier, ne cesse de glorifier Son Seigneur. Nous adorons éternellement le Seigneur à la tête d'éléphant qui ravit le cœur de Pārvatī.

paḍaippinirkkellam ādhāram
piḷḷaiyaipōlē ezhiyavanām
maṇṇil piḍittālum mañcaḷil piḍittālum
manamirankum ezhil vaḍivamavan

Tu es le substrat de l'univers et pourtant, Tu as l'innocence d'un enfant. Que Ton image soit façonnée avec de l'argile ou avec du curcuma, Tu es miséricordieux, O Seigneur à la forme enchanteresse.

nallavarkkeṭṭum nallavanē
nambiyavarkku nattruṇayē
aḍankiya manatil aruḷ naḍamāḍum
adhipatiyē aḍiyār nidhiyē

O Incarnation de la bonté, les êtres vertueux Te trouvent facilement. Tu es le refuge de ceux qui ont foi en Toi. Incarnation de la grâce, dans les esprits calmes, Tu danses gracieusement.

Azhaku azhaku (tamoul 2015)

ammā un paṭaippellām orānanda naṭanam

O Amma, Ta création est une danse pleine de béatitude.

aṇumutal kāṇpatellām unnōṭu pāṭukiratu

Tout ce qui est visible, et jusqu'aux minuscules atomes, tout chante avec Toi.

tāḷamiṭṭu āṭukiratu unnai
ānandattōṭu vazhipaṭukiratu

Dansant à pas rythmés, ils Te vénèrent dans la béatitude.

azhum kural kēṭṭu jñāna pālūṭṭiya tāyē

Entendant pleurer un enfant, Tu l'as nourri du lait de la sagesse.

ānandattil-āzhttiṭa bhuvanattil
naṭanamāṭi vantarūḷvāy

Daigne venir dans ce monde en dansant, pour nous plonger dans cette Béatitude.

azhaku azhaku azhaku azhaku
ammā untan naṭanamazhaku

Splendide est Ta danse, et le monde dans lequel Tu danses est lui aussi splendide.

azhaku azhaku azhaku azhaku
dēviyāṭum bhuvanamazhaku

Splendide est Ta danse, et le monde dans lequel Tu danses est lui aussi splendide.

naṭanamāṭum naṭanamāṭum kaṇkaḷ mūṭi
naṭanamāṭum
ennammā enkaḷ ponnammā

O Amma qui danse les yeux clos, Tu es notre Amma chérie.

pāṭal pāṭi por kaimaṇiyāl tāḷamiṭṭu
paravasamāy parantāṭum paṭṭāmpūccipōl
ennammā

O Amma, Tu danses en extase comme un papillon, en chantant au rythme des petites cymbales dorées.

dēviyavaḷ nāmam solla
dēva dundubhikaḷ muzhanka

En chantant le nom de Devi, les êtres célestes (devas) s'accompagnent sur des instruments divins.

mātā rāṇī ku – jay
mahārāṇī ku – jay
mahādēvī ku – jay
mahā lakṣmī ku – jay

Gloire à la Mère de l'univers ! Gloire à l'Impératrice de l'univers ! Gloire à la grande déesse ! Gloire à la grande déesse Lakshmi !

mātā rāṇī ku – jay
mahārāṇī ku – jay

mahādēvī ku - jay
mahā lakṣmī ku - jay
āyiram nāmam koṇḍu pūmāri tūviṭuvōm

Nous T'adorons en récitant Tes mille noms et en offrant des pétales de fleurs.

kōlāṭṭam karakāṭṭam kōṭi makkaḷ āṭiṭuvōm

Des millions de personnes dansent les danses traditionnelles Kollaattam et Karagaattam

āyiram kaṇṇuṭayavalē ankāḷa māriyamma

O Angala Mariyamma, Tu as des milliers d'yeux.

ammā mahāmāyiyavaḷ anpumazhai pezhintiṭuvāḷ

Répands la pluie de l'amour, O Mahamayi.

jīvanellām śivanilaṭanka
śivakāmi nī āṭumāṭṭam

Bien-Aimée de Shiva, par Ta danse, toutes les âmes se fondent en Shiva.

anpu koṇḍu azhaittiṭṭāy
anaivaraiyum un āṭalukkuḷ

Avec amour, Tu attires tous les êtres par Ta danse.

kalipuruṣan āṭṭattai kāḷi nī oṭukkiṭamma

O Kali, nous T'en prions, daigne faire cesser la danse de l'âge noir du matérialisme

kallyāṇa guṇankalē nī kallyāṇī vaḷarttiṭamma

O Kalyani, daigne faire fleurir les qualités bonnes et propices.

Azhutāl unnaiperalāmē (tamoul)

azhutāl unnaiperalāmē
ammā aruḷai peralāmē
tozhutāl unnai peralāmē
tutittē anpai peralāmē

Si nous pleurons en appelant Mère, Elle nous donne Sa grâce et Sa bénédiction. Si nous La vénérons, Elle répand sur nous Son amour.

unakkō āyiram tirunāmam
uḷḷam tannil orunāmam
enakkō ammā nīyē gati
enrum nīyēyen śaraṇāgati

Tu as des milliers de noms, mais un seul règne dans mon cœur. Tu es mon refuge, je me suis abandonné à Toi pour toujours.

śorpadam kaṭanta paramjyōti
sōrnta manattil uyirjyōti
porppadam paṇintāl nī varuvāy
bhuviyil vaḷattai nidam taruvāy

Les mots ne sauraient décrire le Soi suprême. L'âme individuelle est juste au-delà du mental fatigué. Si nous nous abandonnons à Toi, Tu viendras. Daigne accorder la prospérité à cette Terre, notre Mère.

anpai pozhiyum mazhaiyānāy
amṛtānanda vaṭivānāy
unnai paṇiyum makkaḷukku
uyarvai koṭukkum iraiyānāy

Tu répands la pluie de l'amour éternel. Ta forme est celle du nectar de la béatitude. Tu es Dieu pour ceux qui s'abandonnent à Toi. Tu es la Déesse qui élève notre conscience.

Balē ambikē (tulu)

balē ambikē jñāna dēviye
balē ambikē appē lakṣmiyē
dēvī balē balē appē pārvati
jayatu ambikē jayatu tāyē
jayatu jayatu jayatu jayatu jaganmayi

Viens, Mère, Déesse de la sagesse. Viens, Mère Lakshmi ! Viens, O Mère Pārvatī ! Gloire à Toi, Mère du monde !

balē ambikē jagakku boḷpādu
balē ambikē manakku boḷpādu
ētu vismayō īrēna mahimē
irana prēma jyōtiyē bālugu boḷpu

Viens, Mère, et illumine le monde. Viens, Mère et illumine le cœur et l'esprit. Ta grandeur est une merveille ! La lumière de Ton amour est la lumière de notre vie.

balē ambikē korlē santōṣā
balē ambikē korlē sāntvana
balē appē tojālē daivī śaktinu
appē prēmōḍē ī jōklēnu kāpūlē

Viens, Mère, et donne-nous la joie. Viens et apporte-nous le réconfort ! Viens, révèle Ton pouvoir divin. O Mère, protège ces enfants de Ton amour !

jayatu jayatu jayatu jayatu jaganmayi

Bandhamu nīttō (telugu)

bandhamu nīttō ērppaṭanī - bhava
bandhamu lēvō viṭipōnnī
spandana edallō mōdalavanī
sāndrappuṭṭalalā muñcēttanī

Que mon seul lien soit avec Toi, que toutes les chaînes tombent. Que la quête de Dieu débute dans mon cœur et me submerge de son flot.

dentamunīkkayyī parugiṭanī
sarvamunīvani sthirapaṭanī
cīkaṭi tṛṭṭīlō cittavanī
cittappa vṛttalu layamavanī

Que mon cœur et mon esprit courent après Toi ; qu'il soit clair à mes yeux que Tu es tout. Que les ténèbres s'envolent en une fraction de seconde. Que mes désirs cessent d'exister.

satyappu kāntulu aguppaṭanī
nityānandamu nilappaṭanī
ammala gannā ammava nī
biṭaggā nī oṭi cērcamanī

Que les rais de la vérité apparaissent, que la béatitude éternelle règne, Mère des mères, prends-moi sur Tes genoux comme Ton enfant.

ammā jagadambā nannu kāvaga rāvammā
ammā jagadambā nā śaraṇamē nīvammā

Mère, Mère de l'univers, viens me protéger ! Mère, Mère de l'univers, Tu es mon seul refuge.

Bārayya śiva (kannada)

bārayya śivā bārayya śivā bārayya śivanē
nōḍuvē ninna manadaṇiye bārayya śivanē

Viens, je T'en prie, mon Seigneur Shiva adoré. Permets-moi de Te contempler à cœur joie.

kailāsadi vāsipane umākāntanē
rudrākṣiya dharisihanē nīlakaṇṭhanē
bhaktarige oliyuva paramēśvaranē
nōḍuvē ninna manadaṇiye bārayya śivanē

O Toi, l'époux d'Uma, Tu demeures au Mont Kailash. O dieu à la gorge bleue, Tu portes une perle de rudraksha. Seigneur suprême, Tu es toujours prêt à accorder des faveurs aux dévots. Permets-moi de Te contempler à cœur joie.

ruṇḍamāla dharisihane rudrēśvaranē
gangēyannu hottiruva śaśiśēkharanē
bhaktarige oliyuva paramēśvaranē
nōḍuvē ninna manadaṇiye bārayya śivanē

O Tu es terrible, paré d'une guirlande de crânes. Tu portes le croissant de lune dans Ta chevelure, d'où descend en cascade le Gange. Seigneur suprême, Tu es toujours prêt à accorder des faveurs aux dévots. Permets-moi de Te contempler à cœur joie.

triśūlava hiḍidiha trilōkanāthanē
śmaśānadi vāsipanē bhūtanāthanē
bhaktarigē oliyuva paramēśvaranē
nōḍuvē ninna manadaṇiye bārayya śivanē

O Seigneur des trois mondes, Tu brandis le trident. O Seigneur des goules, Tu résides dans les cimetières. Seigneur suprême, Tu es toujours prêt à accorder des faveurs aux dévots. Permets-moi de Te contempler à cœur joie.

śaśidhara śikhinētrā purahara girivāsā
trinayana suranāthā jaya! hara! jitakāmā

Victoire à Shiva dont la tête est parée d'un croissant de lune, qui a un œil de feu. Vainqueur du démon nommé Pura, Shiva réside dans la montagne, doté de trois yeux, le Seigneur des dieux, celui qui a vaincu le désir.

Barpēr barpēr (tulu)

barpēr barpēr namma ammā barpēr
bāle manasa da śuddha bhaktig ō konvēr
ajñāna kaḷeyuna sujñāna boḷpād
bhakti bhāvōda leppug taḍa malpande barpēr

Si nous appelons Mère avec une dévotion innocente, Elle entendra notre appel. Elle viendra sous la forme de la lumière de la connaissance et dissipera les ténèbres de l'ignorance. Si nous L'appelons avec une dévotion innocente, la déesse vient aussitôt.

bāḷvēda lakṣyōn teripāyare bhūmig jatter
ā durgā paramēśvarī ammanē olid batter
sādi tōjante bult leppunaga ammanē
kain patud naḍapāvera appe karuṇēḍē

Mère s'est incarnée sur terre pour nous montrer le but de la vie humaine. La déesse Durga est venue en réponse à notre appel. Si nous appelons Mère quand nous sommes perdus, Elle nous prendra par la main et nous guidera avec compassion.

leppugā ammanē leppugā ō ammā balē ammā

Appelons « O Mère ! Viens, je T'en prie, Mère ! »

tappuleg kṣame kordu eḍḍe sādi tōjāver
pāpa kaḷed kāpvērammā śaraṇāgata bhakterena
nisvārttha sēve malpi bhaktereg varadāyini
nirmala manasa da cittōḍ telita nalipverammā

Mère nous pardonne nos erreurs et nous montre la voie noble. Elle délivre de leurs péchés les dévots qui ont pris refuge en Elle. A ceux qui servent sans rien attendre, Mère accorde des faveurs. Dans les cœurs purs, Elle danse avec béatitude.

Barutihaḷu (kannada)

barutihaḷu barutihaḷu tāyē kāḷī
viśva jananī tāyē viśva mātē

Voici qu'approche Mère Kali, la Mère de l'univers !

puṭṭa hejjeyaniṭṭu paṭṭu sīreyanuṭṭu
barutihaḷu barutihaḷu tāyē kāḷī
kembu kunkuma biṭṭu cinna dōḍyāna toṭṭu
barutihaḷu barutihaḷu tāyē kāḷī

Voici qu'approche Mère Kali à la démarche gracieuse ; Elle porte un sari en soie, une marque de safran rouge sur le front et une ceinture en or.

ruṇḍa māleya dharasi caṇḍamuṇḍa samharisi
barutihaḷu barutihaḷu tāyē kāḷī
jagavanne manemāḍi manavanne guḍimāḍi
barutihaḷu barutihaḷu tāyē kāḷī

Voici qu'approche Mère Kali ; elle porte une guirlande de crânes, elle a anéanti les démons Chanda et Munda. Elle approche, Elle a fait de l'univers entier sa demeure, et du cœur et de l'esprit, Elle a fait son sanctuaire.

Beḷḷi beṭṭadoḍeya shivanu (kannada 2015)

beḷḷi beṭṭadoḍeya shivanu
kubēranā geḷeyanivanu

O Shiva, Seigneur des montagnes argentées par la neige, ami de Kubera.

himavantana aḷiyanivanu
bhaktajanara hridayanivanu

Gendre du Roi de l'Himalaya, Toi le cœur des dévots.

sutagaṇapati skanda sahita
nandīshwara gaṇa sēvita

Tes fils Ganapati et Skanda sont Tes compagnons, Nandishwara et d'autres ganas sont Tes serviteurs.

bhuvanakkella oḍeyanīta
maruḷanante tōruvāta

Le Seigneur des mondes fait semblant d'être une créature ordinaire.

bhaktarā jīvanivanu
sharaṇajanara prāṇanivanu

Il est l'âme des dévots, la vie des saints.

yōgijanara dhyēyanivanu
prēmavāgi baruvanivanu

C'est sur Lui que méditent les yogis ; Il vient sous la forme de l'Amour.

yatiyu mēṇ brahmachāri
sādhu matte samsāri

C'est un sage et un brahmachari, un saint et un chef de famille.

pārvati pati jagadādhāri
charācharātma vihārī

Epoux de Pārvatī, Sauveur du monde, Soi de toutes les créatures, animées et inanimées,

om namah shivaya

Salutations au Seigneur Shiva

Beyond the most beautiful words

(anglais)

Beyond the most beautiful words in the world,
above the most glorious hymns ever heard
too wonderful to be expressed with fine art,
is our Devi Dayambike, queen of my heart

Elle transcende les plus belles paroles, les hymnes les plus glorieux jamais entendus, Elle est trop merveilleuse pour que les arts l'expriment, Devi, Dayambike, Reine de mon cœur.

A writer whose mind is as clear as the heavens
can easily find the right words for a scene
words that will fail, time and again,
to tell of the wonder I feel
when her silence and peace is revealed

Un poète à l'esprit clair comme les cieux trouve aisément les mots justes pour décrire un paysage ; mais comment exprimer mon émerveillement quand se révèlent Son silence et Sa paix ? Les mots échouent alors invariablement.

A painter beholds endless colors in a rainbow,
and easily finds the right yellow for the sun
paintings will fail, time and again,
to convey the beauty I see
in her face that is formless and free

L'artiste contemple une palette infinie de couleurs dans un arc-en-ciel, il trouve facilement le jaune adéquat pour peindre le soleil ; mais comment peindre la beauté que je vois dans Son visage sans forme et libre ? Un portrait échoue invariablement.

A singer who holds all the knowledge of the ragas
can easily choose the right one for the dawn
melodies fail, time and again,
to reach the most beautiful key
one she holds for a door within me

Un chanteur qui maîtrise tous les ragas (gammes indiennes) peut aisément choisir celle qui convient au moment de l'aube ; mais les mélodies échouent quand il s'agit de trouver la plus belle tonalité (clé), celle qu'Elle détient et qui ouvre en moi une porte.

Bhakti bhāvam (telugu)

bhakti bhāvameppuḍu vastundō?
nākā bhakti bhāvameppuḍu vastundō?
nī pēru talaci kannīru kārce rōju
eppuḍu vastundō? ārōjeppuḍu vastundō?

O Mère, quand serai-je ivre de dévotion pour Toi ? Quand recevrai-je cette bénédiction ? Quand atteindrai-je l'extase de la dévotion ? Quand la simple mention de Ton nom fera-t-elle couler mes larmes ? Quand viendra donc ce jour béni, O Mère ?

paramahamsa amma kai
tapincina vēdana
rādhamma kṛṣṇuni kai
cintincina tapana
amma, amma, amma, amma

Quand vais-je ressentir la souffrance d'être séparé de la Mère divine, telle que l'a endurée Sri Ramakrishna Paramahamsa ? Quand connaîtrai-je la soif brûlante de la Présence du Seigneur Krishna, telle que l'a éprouvée Mère Radha ? O Mère.

ānjanēyuḍi rāmanāma japa kīrttana
prahlāduni sarvatra hari darśana
amma... amma... amma... amma...

Quand éprouverai-je l'extase d'Hanuman quand il chantait le nom sacré de Rama ? Quand serai-je béni de la vision de Prahlada, qui voyait en tout le Seigneur Vishnu ? O Mère.

Bhaktigē sōpāna (kannada 2015)

bhaktigē sōpāna harināmavu
nija muktigē sādhana harināmavu

Le nom de Hari est un tremplin vers la dévotion. Sa répétition est une pratique spirituelle qui mène à la libération éternelle.

ānanda koḍuvanta śubhanāmavu

Ce nom propice apporte la béatitude.

nintalle endare ānandavu - hari
nintalle endare kaivalyavu

Réciter le nom de Hari en étant debout apporte la béatitude et la libération.

ānanda koḍuvanta śubhanāmavu

Ce nom propice apporte la béatitude.

kuntalle endare santōṣavu - hari
kuntalle endare akṣayavu

Réciter le nom de Hari en étant assis apporte la joie et l'abondance.

ānanda koḍuvanta śubhanāmavu

Ce nom propice apporte la béatitude.

hariyanu bhajisalu anavaratavu
śāśvata sukhavu khaṇḍitavu

Chanter sans cesse le nom de Hari garantit la joie éternelle.

ānanda koḍuvanta śubhanāmavu

Ce nom propice apporte la béatitude.

hari hari hari hari gōvindā
jaya hari jaya hari nārāyaṇā

Gloire à Hari, à Govinda (le Protecteur des vaches) et à Narayana (l'Omniprésent)

hari nārāyaṇā gōvindā
jaya nārāyaṇā gōvindā

Gloire à Hari, à Govinda (le Protecteur des vaches) et à Narayana (l'Omniprésent)

Bhāv phulānci (marathi)

bhāv phulānci phulānci māḷā
arppin māzyā, māzyā ambā mātela

Pour ma Mère Amba, j'ai tressé avec mes émotions une guirlande de fleurs que je Lui offre.

hṛday mandīri ambā bhagavati
jīv jaḍalā ticyā vartti
joḍoniya kar śrīcarṇāla
arppin māzyā, māzyā ambā mātela
naman ādiśakti devi bhavatāriṇi bhayahāriṇi
bhāv phulānci

Dans le temple de mon cœur réside Mère Bhagavati. En me prosternant à Ses pieds sacrés, je Lui offre ma vie. Energie primordiale, devant Toi je me prosterne ! Tu nous fais traverser l'océan de la transmigration, Tu anéantis la peur.

bhakticā hā dhāgā ghevūni
premāci tī phule vecūni
ḍoḷe bharūn pāhīn ambela
arpin māzyā, māzyā ambā mātela
naman ādiśakti devi bhavatāriṇi bhayahāriṇi
bhāv phulānci

Sur le fil de la dévotion, j'enfile les fleurs de l'amour et j'exulte devant la vision de Mère...Energie primordiale, devant Toi je me prosterne ! Tu nous fais traverser l'océan de la transmigration, Tu anéantis la peur.

ajñānāci karunī vāt
jñānāci tī lāvūn jot
ātmasvarūpi miḷvīn ambela
arpin māzyā, māzyā ambā mātela
naman ādiśakti devi bhavatāriṇi bhayahāriṇi
bhāv phulānci

O Mère Amba, unis-nous à notre Soi réel en détruisant l'ignorance et en allumant la lampe de la Connaissance. Energie primordiale, devant Toi je me prosterne ! Tu nous fais traverser l'océan de la transmigration, Tu anéantis la peur.

Bhuvanasundarī (tamoul)

bhuvanasundarī śankaran tuṇaivi
ṣaṇmukhan vaṇankiṭum umayē - ammayē
ṣaṇmukhan vaṇankiṭum umayē
sahaja samādhi nilayē

Oh Uma, Toi la beauté de l'univers, Tu es l'épouse du Seigneur Shankara. Tu es vénérée par le dieu Shanmukha, Ton fils. Tu es éternellement établie dans la béatitude suprême.

tāmarai kaṇkaḷ amaiti tarum - atu
karuṇaiyinālē nīr tatumbum
mānuṭa janmattin poruḷ vizhantāl nī
bōdhippatellām atil teḷiyum

Tes yeux, tels des lotus épanouis, apportent la paix intérieure. Par Ta compassion infinie, ils se remplissent de larmes cristallines. Celui qui désire comprendre le sens de la vie humaine lira dans Ton regard la somme de Tes enseignements.

malayinai kuṭaintu vīṭamaippāḷ - anku
katavinai tirantu varavērpāḷ
tāyavaḷ namakkena kāttiruppāḷ - nam
varukaiyinālē akam kuḷirvāḷ

Tu résides dans les grottes des montagnes. Tu laisses les portes ouvertes afin de recevoir tous ceux qui viennent à Toi. O Mère, Tu attends constamment que nous arrivions à Ta porte. En nous voyant rayonner de bonheur, Tu exultes.

kēśavan sōdarī gajamukhan ammai nī
āpadbāndhavi
anātharakṣaki bhārggavi saundari ambikai īśvari
mugguṇa māyai nīkkiṭum tāy nī tavattiru
tēnmozhi
muttamizh kalaiyē sattāna poruḷē ānanda
bhairavi
ammē ānanda bhairavi

Tu es la divine Sœur du Seigneur Keshava et la Mère du dieu Gajamukha. Tu nous protèges constamment, Toi qui sauves les malheureux déchus ! Tu es la Mère qui détruit l'illusion des trois gunas. O Mère, Tu es l'essence des trois arts, la Puissance suprême, le Support de toute chose ! O Mère, déesse de béatitude !

Birha ki in (hindi 2015)

birhā ki in havāvom me
terā khoyā lāl pukāre

L'atmosphère est lourde du sentiment de la séparation ; Ton enfant, perdu depuis longtemps, T'appelle !

ungili thāmlecal ab janani
jag kī bāzī me ham hāre

O Mère ! Prends-moi enfin par la main et guide-moi ; je suis complètement épuisé dans ce jeu, que l'on appelle « le monde ! »

mā kā ācal thām liyā hai
riśte nātom ko ṭukrāyā

Maintenant que je tiens le sari de ma Mère, j'ai abandonné toutes les autres relations.

saccā ēk sahārā pākar
jag mithyā hai samajh me āyā - samajh me āyā

Ayant trouvé un soutien ferme et réel, j'ai compris à quel point ce monde était creux !

pichle karm māne jalāye
ab duṣkarm na hone pāye

Mère a brûlé tout mon karma passé, je veux désormais être vigilant et ne pas me créer d'autre mauvais karma.

sevā bhakti prem kā var le
jīvan apnā dhanya banāye - dhanya banāye

Recherchons la bénédiction du service, de la dévotion et de l'amour ; ainsi notre vie sera bénie à jamais !

durge durgatihāriṇi mātā
sāsom kā har tār pukāre

O Mère Durga, Tu balayes la souffrance et la douleur. A chaque souffle, je T'appelle :

ghar vāpas ab lecal janani
terā khoyā lāl pukāre - lāl pukāre

« Cela suffit maintenant ! Ramène-moi à la maison, Mère ! Ton enfant, perdu depuis longtemps, T'appelle en pleurant ! »

Bomma bomma (hindi)

Ce bhajan est un chant traditionnel composé de jeux de tambours et de sons dévotionnels en hommage à Ganesh. Aussi, il n'y a pas de traduction.

bomma bomma tā thaiyya thaiyya nakk
dinākk nakku din bhajan kare
udanitanāk dhimi titām titām tom
thai thai gaṇapati nām sadā

dhimmi kiṭukiṭa dhimmi kiṭukiṭa
dikktāḷa dhimmikkiṭu
takiṭa takiṭa taḷa tavoṭutām
udanitanāk dhimi titām titām tōm
thai thai gaṇapati nām sadā

avaru bāsukai karambhājiti
akenām catur gaṇarājā
tāḷamandira bahut dāmsat
suramaṇḍalakī surabājā

veṇuvāsare amṛtakuṇḍaliki
tārikirikiṭa tārikirikiṭa tavālgajā
nārada tumburu vaiṇavajāhe
nārada gaṇame uvasarjā

avaru bāsukai karambhājiti
dhṛmidhṛmi dhṛmidhṛmi mirutankā

navāp sārangi sitāri kiṇari
avaru bāsukai mukharsingā

Brahmam okkaṭēyani (telugu)

brahmam okkaṭē yani telisi-nantanē
brahma jñānivi kāvu kadā!
brahmānubhūti ponda kuṇḍanē
brahma jñānivi kāvu kadā!

Peut-on devenir un *jñani* (un être réalisé) uniquement en sachant intellectuellement que seul Brahman existe ? Peut-on devenir un *jñani* sans avoir l'expérience de la réalisation du Soi ?

pālu tellanani telisi-nantanē
pāluruci teliya rādu kadā!
āvu bōmmalu gīci nantanē
bōmmalu pālu ivvavu kadā!

Est-il possible de connaître le goût du lait en sachant qu'il est blanc ? Suffit-il de dessiner l'image d'une vache pour obtenir du lait ?

vittu mokka ai vṛddhi kānidē
mahāvṛkṣamu kādu kadā!
cittamu śuddhi kalaga kuṇḍanē
brahma jñānamu rādu kadā!

Est-il possible qu'un arbre immense apparaisse sans que la graine devienne d'abord une plante et grandisse ? Est-il possible d'obtenir la connaissance suprême sans tout d'abord purifier le mental ?

prēma bhaktini ponda kuṇḍanē
jñānamu nilaci pōdu kadā
amma kaṭākṣamu ponda lēnidē
amṛtānandamē lēdu kadā!

Est-il possible de chercher la connaissance suprême sans amour ni dévotion ? Est-il possible d'atteindre l'état de béatitude éternelle sans la grâce de la Mère divine ?

jaya gōvindā jaya gōvindā
gōvindā jaya gōvindā
jaya jagadambā jaya jagadambā
jagadambā jaya jagadambā

Alors réjouissons-nous en chantant les noms divins : gloire à Govinda, gloire à la Mère de l'univers !

Calitam skhalitam (malayalam)

calitam skhalitam mama manamammē
prākṛta prakṛtam mama manaḥ
viphala vilāpam vikala vicāram
mama mānasa sahacārikaḷāy

Ô Mère, mon mental est par nature fluctuant et indiscipliné. Lamentations stériles et pensées sombres cohabitent dans mon mental.

avikala buddhiyaruḷukayammē
sakala-kalāmayi saraḷatayēkū
sattva-rajas-tama guṇabhēdaṅgaḷ
cittākāśē ceyvū vihāram
kāḷi kapālini kayyil-eṭukkū
vāḷum śūlavum samhārārttham
ahamkṛtiyākum dārikadaityan
ghōraparākrami viharati manasi

Ô Mère donne-moi un intellect qui perçoit l'unité en tout. Ô incarnation de tous les arts, s'il te plaît, bénis-moi en m'accordant la simplicité. Que les trois gunas (qualités) résident dans le ciel de mon mental. O Kali, saisis l'épée et le trident de la destruction.

Le démon égoiste Darika vit dans mon mental comme un féroce combattant.

maṭiyarutammē vaikarut-iniyum
vīzhttarut-ivane bhavāmbudhitannil
bhīmākāram pūṇḍatha munnil
janmāntara kṛta-duṣkarmmaṅgaḷ
vanniṭu munnil varadē dēvī
kaitavanāśini kāḷi mahēśi
citta-viśuddhiyum bhōga-vimuktiyum
jīvan muktiyum-ekūka caṇḍī

Mère! N'hésite plus, ne tarde plus ! Ne me laisse pas sombrer dans l'océan de la transmigration (le cycle des naissances et des morts). Toutes les mauvaises actions des vies précédentes ont pris la forme de Bhima. S'il Te plaît, apparais devant moi, O Devi, toi qui dispenses des bénédictions. O Kali Maheshi ! O Chandi ! S'il Te plaît, accorde-moi une mental pure et libère-moi dans cette vie.

Callaga cūḍu (telugu 2015)

callaga cūḍu nī pillalamu
nīvu tappa dikkevaru māku

Protège-nous, nous sommes Tes enfants, nous n'avons pas d'autre refuge que Toi.

cintalu tīrci centaku cērcu cittamulo nī
cintane nimpu

Délivre-nous de toutes nos peurs et rapproche-nous de Toi. Remplis notre cœur de Toi seule.

nī dayalēka dorakadu mārgam
nī dīvena tō kalugunu mōkṣam

Seule Ta compassion peut nous guider sur la voie de la libération. Seule Ta bénédiction peut nous permettre d'atteindre l'éveil.

nī caraṇamulē śaraṇamu māku
nī sannidhiyē pennidhi māku

Tes pieds sont notre seul refuge, Ta Présence notre seule richesse.

devi bhavānī sakalavēdarūpiṇī
devi śivānī dēvalōkapālinī

O Déesse Bhavani, Incarnation de tous les Vedas, O Déesse Shivani, Protectrice du monde des êtres célestes.

Cinna cinna kaṇṇā (tamoul)

cinna cinna kaṇṇā sinkārakaṇṇā
cintaiyil kalandiṭum kārmēghavarṇṇā
cinnañciru itazhināle anpumozhi pēsavā
sīraṭṭi pāraṭṭi pālūṭṭi tālāṭṭa ōḍi vā kaṇṇā

O petit Kanna (Krishna), mon beau Kanna, Ta forme au teint sombre se fond dans le mental. De Tes lèvres délicates, prononce quelques paroles aimantes ! Viens vite, O Kanna, que nous Te prenions dans nos bras, chantions Tes louanges, Te donnions du lait et Te chantions une berceuse.

yaśōdayin karampiḍittu taḷirnaḍai naḍantāy
yārumariyā līlaiseydu makkaḷai kāttāy
yātumariyā siruppiḷḷayāy viḷaiyāḍināi
yādavā mādhavā māyavā kṛṣṇā
yādavā mādhavā māyavā manamōhana kṛṣṇā

Tu as fait Tes premiers pas en tenant la main de Yashoda. A l'insu de tous, par Ton jeu divin, Tu as sauvé les gens du Vraj. Tu t'ébats comme un petit enfant innocent. O Yadava, Madhava, Toi qui détiens la puissance de l'illusion, Tu captives les cœurs !

tunpam tarum asurarai māyaiyāl māittāy
kurumpāle gōpiyarai anpuḍan īrttāy
enna nī seydālum unnōḍu kōpamillaiyē

ennavā mannavā cinnavā kṛṣṇā
ennavā mannavā cinnavā śrī bālakṛṣṇā

Grâce à Ton pouvoir d'illusion, Tu as tué les méchants démons. Tes espiègleries pleines d'amour ont charmé le cœur des gopis. Quoi que Tu fasses, nous ne pouvons pas nous mettre en colère contre Toi, O Seigneur, O petit enfant, O Krishna !

piñjukālāl nañjutarum kāḷiyanai azhittāy
añjaneñcil tañjamtandu ānandam aḷittāy
inampuriyā makizhvaḷitta uravāṭināy
anpane naṇpane āyanē kṛṣṇā
anpane naṇpane āyanē gōvindakṛṣṇā

De Tes tendres petits pieds, Tu as piétiné l'ego du serpent venimeux Kaliya. Tu accordes la béatitude qui ôte du cœur toute peur, Toi notre refuge. Tu forges avec nous un lien qui confère une béatitude indescriptible, O compagnon, ami, petit pâtre Krishna.

Cinnāri ponnārī (telugu)

cinnāri ponnārī kṛṣṇayyā
nīvu ekkaḍa unnāvayyā
ēkamai gokulamu
vediki alisenayyā

O mon petit Krishna chéri ! Où es-tu ? Je T'ai cherché dans tout Gokul et je suis fatigué. Mère Yashoda T'attend avec impatience sur le seuil de la maison. Les gopis attendent sur la véranda pour Te lier par leur amour.

āturatō yaśōdammā
vākililō vēcēnu
lōgililō gōpammalū
vēcēnu ninnu bandhimpagā

Mère Yashoda T'attend avec impatience sur le seuil de la maison. Les gopis attendent sur la véranda pour Te lier par leur amour.

jābillī mōmu cūḍagā
rādhārāṇi vecenu
punnamī vennala rātirilo
rāsalīla āḍuṭaku

Dans l'orbe de la pleine lune, Radha-Rani voit Ton visage et accourt danser la rasalila avec Toi.

veciyunnārū andaru
vetukutunnāru ellaru
cikkakuṇḍā nallanayyā
līlajesī āṭalāḍe

O Krishna ! Tous T'attendent avec impatience et pourtant Tu Te caches !

rāvayyā nallanayyā mudamunu nimpavayyā
cinnāri kṛṣṇayyā ponnārī kannayyā

O Krishna, viens je T'en supplie ! O petit Krishna chéri, remplis-nous d'amour divin.

Citta spandana (kannada)

citta spandana bhrameyīm manavanu tāyē
ātmānusandhāna deḍege harisu
kālanu anukṣaṇavū bennu hattiha
ō kāḷi karuṇeyīm nōḍu
ammā... ammā... ammā... ammā...

O Mère divine ! Daigne dissiper la confusion intérieure causée par les mouvements du mental mettre mon esprit sur la fréquence la contemplation de mon Soi réel. A chaque instant Kala, le dieu de la Mort, me poursuit, O Mère Kali aux yeux remplis de compassion, regarde-moi et vois ma souffrance.

jīvanada yātreyali mōhāndhakāradali
muḷuki duḥkhavanuṇḍu manavu baḷali
dārikāṇade ninna baḷigē bandenu
kāḷi ninnāsareyu manada śamavu
ammā... ammā... ammā... ammā...

Au cours de ce voyage de la vie, mon mental a plongé dans les ténèbres de l'attachement et il est tourmenté par de profondes souffrances. J'ignore comment en sortir, O Mère, et je suis venu à Toi. O Kali, pour mon mental agité, la seule réelle consolation est de prendre refuge en Toi. O Mère.

bēḍanā baleyalli sikka jinkeya teradi
jīviyu māyeyali siluki baḷali
rakṣisu emmannu padakamaladaḍi
amaratvavanu emage nīḍu
ammā... ammā... ammā... ammā...

La douleur de l'âme individuelle prise au piège de Maya (l'illusion) est comparable à celle du chevreuil pris dans les filets du chasseur. Protège-moi, O Mère, j'ai pris refuge à Tes pieds de lotus. Accorde-moi la connaissance de l'âme immortelle.

vivēka vairāgya emage nī nīḍammā
jñāna jyōtiya beḷagu hṛnmanadalī
ātmānusandhāna advaita bōdhisi
niratiśayānanda nīḍu
ammā... ammā... ammā... ammā...

Mère, daigne m'accorder le discernement, le détachement, daigne allumer la flamme (Jyoti) de la sagesse dans mon cœur. Enseigne-moi la contemplation du Soi qui mène au but ultime de la non-dualité, accorde-moi la joie inépuisable, O Mère.

Cuṭalayil (malayalam)

cuṭalayil eriyum śarīram
pacca virakinu samamatu tanne
pērum perumayum-ārnna śarīram
pāzhil-eriññaṅgaṭaṅgum
tēṭuka tēṭuka martyā innu
tīyileriyātta ninnē...

Les corps brûlent sur le bûcher funéraire. Le corps qui jouissait de la célébrité et de la gloire est maintenant pareil au bois qui se consume. Le corps célèbre et glorieux sera réduit en cendres... O Homme, cherche dès aujourd'hui ton être réel, que le feu ne peut pas consumer !

ettippiṭiccum kuticcum – pinne
veṭṭippiṭiccum nī nēṭum
vittattin-entuṇḍiṅgarttham – ninde
pērum perumayum vyarttham
innaleyennilla innilla pinne
nīrppōḷa pōle nī māyum
tēṭuka tēṭuka marttyā – ennum
nityamāyuḷḷoru ninnē

A quoi bon tout l'argent que tu as gagné de bien des manières ? Inutiles la gloire et la célébrité ! Ni hier ni aujourd'hui ne t'appartiennent. Tu disparaîtras comme une bulle sur l'eau. O Homme, cherche dès aujourd'hui ton être éternel et impérissable !

pōratu nēṭuvānāyi – nīyō
pōrkkaḷamākkunnituḷḷam
anyane vennunī nēṭum – onnum
āvilla koṇḍaṅgu pōkān
entokke nēṭi nīyennāl – kaṭam
koṇḍatu pōlanī taḷḷum

tēṭuka tēṭuka marttyā - ennum
tannuṭētāyuḷḷa ninnē

En essayant de triompher dans la guerre extérieure, tu transformes ton monde intérieur en champ de bataille. Ce que tu as gagné en remportant la victoire sur autrui, tu ne pourras pas l'emporter. Il te faudra tout quitter, tout ce que tu ce que tu as obtenu dans cette vie. O Homme, cherche dès aujourd'hui ce qui est ton bien éternel !

Cuṭṭri cuṭṭri (tamoul)

cuṭṭri cuṭṭri varukirēnē teriyalayō
unnai cuttrum inda bālakanai ariyalayō
pattri undan kāl piṭittēn pārkkalayō
unne pattrum endan mēl unakku parivillayō

O Mère, ignores-Tu que Ton enfant tourne autour de Toi (symbole de l'abandon de soi). Ne me vois-Tu pas tenir Tes pieds ? N'as-Tu pas de compassion envers cet enfant qui s'abandonne à Tes pieds ?

ēnki ēnki azhukirēnē teriyalayō en
ekkamadai nīkkiṭavum manamillayō
tūnkāmal tavikkirēnē puriyalayō
tūnkudal pōl naṭikkirāyē kanivillayō

Ignores-Tu que je me languis de Toi, que je pleure en T'appelant? Ne viendras-Tu pas mettre fin à ma souffrance ? Ne comprends-Tu pas que je souffre à en perdre le sommeil ? Tu fais semblant de dormir. N'as-Tu pas de compassion pour moi ?

pārkka eṇṇi tuṭikkirēnē pārkkalayō
pārkka maṭṭum undanukku manamillayō
vākkadanāl azhaikkirēnē kēṭkkalayō en mēl
vātsalya mazhai pozhiya manamillayō

Ne vois-Tu pas que je languis de Te voir ? Tu as le temps de voir tout le reste. N'as-Tu pas l'intention de me regarder ? N'entends-Tu pas mes appels ? Ne viendras-Tu pas répandre sur moi Ton amour maternel et Ta grâce ?

valaiyil vīzhā mīnuṇḍu vaiyagattil
vāñcayilā tāyumuṇḍō sēyiṭattil
imaikākkā nilaiyuṇḍu kaṇṇiṭattil bhakti
valayil varā daivamuṇḍō ivvulakil

Dans le monde, les poissons sont pris dans des filets. Existe-t-il une mère qui ne soit pas prise au filet de l'affection de l'enfant ? Il se peut que la paupière ne protège pas l'œil. Existe-t-il un filet d'affection qui attrape Dieu ?

ennammā cellammā ennai kaṇ pārammā
kaṇṇammā ponnammā kaṇṇin kaṇ nīyammā

O ma Mère, ma Mère chérie, daigne me jeter un regard. Mère chérie, Tu es l'Œil de l'œil.

Dānavāntakā rāmā (kannada)

dānavāntakā rāmā
dāśarathē raghu rāmā
dīna dayaḷō rāmā
dhīra vīra śrī rāmā

O Rama, vainqueur des démons, fils de Dasharatha et scion de la dynastie des Raghus, Tu es plein de compassion envers les êtres déchus. Tu es sage et valeureux.

rāmā jaya jaya rāmā, rāmā jānaki rāmā
rāmā paṭṭābhi rāmā, rāmā kōdaṇḍa rāmā

Victoire à Rama, l'époux de Janaki ! Tu tiens des flèches, Tu es l'héritier du trône.

prēmabhakti tā rāmā
prārabdhava kaḷe rāmā
pavana suta priyanē rāmā
parama pāvanā rāmā

O Rama, accorde-moi l'amour et la dévotion, et enlève-moi le fardeau de mes karmas. O Bien-aimé d'Hanuman, Ta pureté est suprême.

vairāgya taḷeso rāmā
viśva caitanya rāmā
vārija nayanā rāmā
vāmadēva sakha rāmā

O Rama, Conscience divine de l'univers, accorde-moi le détachement. O dieu aux yeux de lotus, Ami du dieu Shiva.

niṣkāmi māḍo rāmā
nisvārthi māḍo rāmā
nirupama guṇanē rāmā
nityānandane rāmā

O Rama, libère-moi des désirs, remplis-moi d'abnégation. O Seigneur aux vertus incomparables, Béatitude éternelle.

Darśanam darśanam sudarśanam

(telugu)

darśanam darśanam sudarśanam nityam
viśvarūpa samdarśanam
darśanam darśanam samdarśanam sudarśanam
nityadarśanam sarvadarśanam

Vision divine, vision qui inspire un effroi sacré, la vision éternelle de la forme cosmique de Dieu. Vision divine, enchantement et plénitude, vision perpétuelle, vision universelle.

anēkamēkamugā manō samdarśanam
ā jagannāthunidarśanam
viśvanāthunigā viśvadarśanam
jñāna nētramula nityavīkṣaṇam
advaita-darśanam samdarśanam

C'est une vision où l'on perçoit le multiple comme l'Un, où l'on entrevoit le Seigneur de l'univers. On voit alors la création comme étant le Créateur. (en tant que Seigneur de l'univers). Les sages qui connaissent et perçoivent la Vérité éternelle possèdent cette conscience, ils sont perpétuellement conscients de l'Unité de toute chose.

sahasra-nētramulu sahasra-vadanamulu
sahasra-karamulatō darśanam
sahasra pādamulaku-vandanam
sahasra-sūryula divyatējamu
sahasra-rūpa cit darśanam

Une vision de milliers d'yeux, de milliers de visages, de milliers de mains, qui ne font qu'Un. C'est l'adoration de milliers de pieds, C'est l'éclat de milliers de Soleils. C'est une révélation permanente, où l'on voit que les milliers de formes ne sont qu'une seule et même Conscience universelle.

namō vāsudēva... namō viśvanātha
namō jaganmāta... namō parabrahma

Salutations au Seigneur Vishnu qui demeure dans tous les cœurs. Salutations à Shiva, le Seigneur de l'Univers. Salutations à Parashakti, Incarnation de l'Energie cosmique. Salutations à Parabrahma, la réalité ultime.

Dayānidhiyē (kannada)

dayānidhiyē kṛpāsāgaranē
pāṇḍuranga viṭṭhala jai pāṇḍuranga

O Trésor de compassion, Océan de grâce divine ! Victoire à Panduranga et Vitthala !

bālyadalli mugdhate tāruṇyadi kāmāsaktatē
vṛddhāpyati rōga rujinatē matte sāvige siddhatē
intu vyarthadi jīvipa ī narajanmakēnīḍu ninna
nāmasmaraṇē anavaratā acyutanē
viṭṭhala viṭṭhala jai jai viṭṭhala viṭṭhala

L'innocence dans l'enfance, l'attachement aux plaisirs sensuels dans la jeunesse, la maladie dans la vieillesse et la préparation à la mort – si nous vivons ainsi, notre vie aura été vaine. O Acyuta, bénis-moi afin que je puisse répéter sans cesse Ton nom et m'en souvenir. Gloire à Vitthala !

mangana ī enna manasu yocisutā halavu holasu
ninna mareyutā yēnē kārya māḍalēnu sogasu
ēkāgratē mūḍhisi dṛḍha bhakti irisu
prēma viśvāsa nīḍi namma munde naḍēsu

Le mental, agité comme un singe, se fixe sur des objets impurs et oublie ainsi Ton nom. A quoi sert-il alors d'accomplir du service désintéressé ? Accorde-moi la concentration, la fermeté dans la dévotion, l'amour et la foi, et montre-moi ainsi le droit chemin.

janma saphala jnāna nīḍi muktipathada dāri tōri
nirantara ninna bhajipa mati nīḍu mādhavanē
sajjana sangavanittu nisvārtha sēvē gaiva
samājakē sārthaka rīti pālisenna bandhuvē

Pour que ma vie soit bénie, accorde-moi la sagesse et montre-moi le chemin de la libération. O Madhava, bénis-moi afin que je chante toujours Tes louanges. Grâce à la compagnie des saints et au service désintéressé, puisse ma vie être bénéfique au monde.

Dayatoru hē kāḷikē (kannada)

dayatoru hē kāḷikē karuṇāmayī kāḷikē
anugrahakkāgi nā kādiruvē
kṛpākaṭākṣa mātravē rakṣē

Sois miséricordieuse, O compatissante Kali ! J'attends Ta grâce. Le regard oblique, miséricordieux que Tu me lances est ma seule protection.

centāvarē hū mogadavaḷē
pādadaḍi śiva malagiruva
nī ruṇḍamāleyā dharisiruvē
vyōmakēśī nī mukaṇṇiyē
dayatōru hē kāḷikē, karuṇāmayī kāḷikē

O Déesse au beau visage de lotus rouge, Shiva est allongé à Tes pieds, Lui, la pure conscience absolue sous son aspect inerte. Toi, Kali, Tu es l'énergie manifestée de la Puissance créatrice potentielle. Tu portes une guirlande de crânes (l'ego libéré), Toi dont le ciel est la chevelure (liberté infinie) et qui as trois yeux (la connaissance qui consume l'ignorance).

kōpāgniyanu badigirisi
kāppāḍu ninna makkaḷanu
ā rudhira nālage oḷaseḷedū
mandahāsa mātra bīrutta bā
dayatōru hē kāḷikē, karuṇāmayī kāḷikē

Mets de côté Ta colère effrayante contre nos défauts ; protège-nous, nous Tes enfants ! Rentre Ta langue féroce, et viens répandre sur nous uniquement Ton doux sourire. Sois miséricordieuse, O compatissante Kali !

Dēvā tujhī (marathi 2015)

dēvā tujhī māyā aśī kaśī
bhōgtō āmhī dukh rāśī

Comment comprendre Ta maya ? Le chagrin nous plonge dans la détresse.

ōjhē vāhto āmhī dinarāt
kāmanānchē janjāl manāt

Jour et nuit, je porte ce fardeau ; mon mental est pris dans un filet de désirs.

divyatwācē bhāna visaralō
ajñāna timirāt rē phaslō

Au milieu de ces ténèbres, j'oublie le Divin.

asūni antarī prēmaraśī
bhōgtō āmhī dukh rāśī

Nous sommes des incarnations de l'Amour pur, et pourtant nous souffrons.

śaran ālō tav caraṇī
nivāri ātā hī dukhrāśī

Je m'abandonne à Tes pieds de lotus. Daigne balayer nos souffrances.

mōh jaḍlā ksaṇik sukhācā
jap kēlā sadā mī mī paṇācā

L'illusion nous pousse à rechercher des plaisirs éphémères. Notre mantra est « moi », « moi ».

ahankāra sadā āmhī pōslō
bhāv bhaktīcā kadhī na kalala

Incapables de comprendre l'état divin de dévotion, nous nourrissons l'ego.

visrōnī nij svarūpāsī
bhōgtō āmhī dukh rāśī

Nous oublions notre vrai Soi et la douleur nous accable.

dēvā āmhī tujhī lēkarē
mātā pitā guru tuc sārē

Nous sommes les enfants d'Amma, Tu es notre Père, notre Mère et notre Guru

bhulalō āmhī yā jagati
sagē sōyarē jamavilī nātī

Et pourtant le monde nous a plongés dans l'illusion et nous créons de nouvelles chaînes.

asunī tu hṛdayākāśī
bhōgtō āmhī dukh rāśī

O Seigneur, Tu demeures dans notre cœur et cependant, une montagne de souffrances nous accable.

Dēvi dayākari (kannada 2015)

dēvi dayākari tāyē
paripālaki pūraṇi mate

Déesse pleine de compassion, Mère, Tu nous protèges et exauces nos désirs !

tūṣṭiyu nīnē puṣṭiyu nīnē
annapūrṇēśvari tāyē

Tu nous donnes nourriture et soutien ! O Mère et déesse, Anapurneshvari

jalanidhi battide bhavāgni suṭutide
bēgeyā tāḷevu tāyē

L'eau, ce trésor, s'est évaporée et nous sommes cernés par le feu des émotions. Cette chaleur est intolérable, O Mère !

hasiranu uḷisu usiranu uḷisu
karuṇeya tanbanu nīṭe

Sauve le règne végétal, protège notre air et notre souffle ! Dans Ta compassion, accorde-nous soulagement et apaisement.

anāvṛṣṭi undeṭe ativṛṣṭi bēreṭe
ellellu hāhākārā

Ici c'est la famine, ailleurs ce sont les inondations, partout règne la panique !

a nīṭe sāntvana nīṭe bāramma bēgane tāyē

Accorde-nous soutien et réconfort ! Viens vite, Mère !

durāse biṭiri atyāse tyajisi
prakṛtige vandisi makkaḷe

Renoncez à l'avidité et aux désirs futiles. Enfants, vénérez et protégez la Nature.

prēmati porēvaḷu
prakṛtiyu nammanu prakṛtiye pratyakṣa daiva

La Nature nous protège avec amour. La nature est la forme visible de Dieu.

Devī mahādevī (hindi)

devī mahādevī
kāḷī mahākāḷi

O Devi, suprême Déesse, O Kali, grande Kali.

śyāme nāthe māye vānī gaurī lakṣmī
bāle līle durge śaktī devī kāḷī

O Déesse au teint sombre, Impératrice, grande illusion, Déesse de la parole, Déesse propice, Déesse qui donne la vraie richesse, Ta jeunesse est éternelle et Tu aimes jouer, Mère Durga, Énergie suprême, Mère Kali.

vedye vidye hṛdye
dhanye ramye punye
satye śantye vandye
saumye rudre bhadre

Tu es l'Incarnation des Vedas et de la connaissance suprême, Tu es bénie, Tu es belle, Tu es la personnification du mérite. Tu es la Vérité et la Paix, tous Te vénèrent. Tu peux Te montrer tendre ou féroce, O Toi qui excelles !

devī tu mahākāli sāvale rang vāli tu sab kī mā
pyārī mayyā tu māyā mē chip khelne vālī mōhinī
śāradā kamalālayā durgā pārvatī sab tuhī he
tere dās brahmā-hari-śiv dev dānav sāre jīv

O Devi, grande Kali au teint sombre, Mère de tous ! Mère chérie, Tu es l'enchanteresse qui se cache derrière le voile de maya et qui joue avec nous. Durga, Pārvatī et Sarasvati assise dans un lotus, toutes ces déesses ne sont autres que Toi. Brahma, Vishnu, Shiva, la foule des dieux et des êtres vivants, tous sont Tes serviteurs.

mayyā tu līlāmayī sārā viśv terī līlā jananī
tū sarvaloka rānī carācar tere me janm lete
tū pālan poṣan kartī duniyā kā nāś bhī tūhī kartī
kāl bhī terā svarūp sabhī-me-tū bastī he mātārānī

O Mère, Tu crées toutes ces lilas, cet univers entier n'est autre que Ton jeu. O Reine de tous les mondes, tout est issu de Toi, Tu nourris le monde et Tu es aussi la cause de sa destruction. Le temps même n'est qu'une de Tes formes. Tu demeures en tout, O Mère, O Reine !

Devī trikālī (hindi 2015)

devī triloki men vyāp rahī tū
khel anokhā rūp anek
tū dhar mohan rūp sabhī par
barsātī hai kṛpā aur neh

Devi, Tu es présente dans les trois mondes. Toutes ces formes ne sont que Ton jeu, étrange en vérité. Tu as pris une forme charmante pour répandre sur tous Ta bénédiction et Ton amour.

devī pyārī jananī main
terā śaraṇārtthī - mujhe
denā tū sahārā
sab pīḍā har lenā

O chère Déesse éternelle, chère Mère Devi, j'ai pris refuge à Tes pieds ; daigne m'accorder Ton soutien et effacer tous mes chagrins.

vaiṣṇavī devī ghaṭ ghaṭ vāsī
kānti bharī hai sūrat terī
ye duniyā hai tujhse hī rośan
ghaṭ-ghaṭ main tum jyoti jagānā

O Vaishnavi Devi, Tu es présente en chaque forme. Ton visage rayonne de beauté et de lumière. Toi qui illumines ce monde, daigne éclairer chaque forme de l'intérieur, par Ta lumière.

tū santoṣī kṣīr bhavānī
vidhyānivāsini śailanandini
tū kharvāhini śītalā dēvi
tan man śītal karnī jananī

O Santoshi, Mère du contentement, Bhavani, Tu es la Demeure de la Connaissance, Tu te réjouis sur la montagne. Mère Sitala Devi, Tu rafraîchis le corps et l'esprit des affligés.

jal thal agan samīr kāriṇī
gagan sarīkhī sirmal rūpiṇī
nirakh mane tū niraj locanī
nit nav mangal modavarṣiṇi

Tu es la cause de l'eau, de la terre, du feu et de l'espace. Ta forme est douce et vaste comme le ciel. O Mère aux yeux brillants comme le Soleil, Tu répands la béatitude de la félicité éternelle.

Dil me terī (hindi 2015)

dil me terī ās hai
darśan kī pyās hai
taras rahā hai yē man

Mon cœur n'a qu'un seul désir : obtenir Ton darshan.

āj bhakto ke sang khel
holī kā rang
sārī duniyā ko apne hi
rang me rangālo mā

Viens jouer à Holi avec Tes dévots, je T'en prie, et colorer le monde entier de Tes divines couleurs.

jagadiśvari! prema ke
rang me rali

O Déesse de l'univers, Tu Te délectes des couleurs de l'amour.

meri sun le araj banke mamtā baras
tere dāman me mujhko samāle

Écoute ma prière, je T'en prie, et répands sur moi Ta compassion. Attache-moi au bout de Ton sari.

sāre jagse judā dekhū tujh me khudā
pyār bhakton kā tujhko bulāye

Je vois le Divin en Toi mais je ne le perçois pas en ce monde. L'amour des dévots T'appelle.

ye jīvan ḍagar hai muśkil magar
tere hātho ne hamko sambhāle

Le chemin de la vie est extrêmement difficile, mais Tes mains me protègent.

cāhe tujhse dulār āye bande hazār
tere āhaṭ ke vyākul hai sāre

Des milliers de personnes désirent intensément Ton amour. Toutes souhaitent ardemment entendre Ta voix.

Durge durgati harane (hindi)

durge durgati harane dinodharane
devi dayāmayi jananī
lalite līlā lole māte
manme basnevālī

O Déesse Durga, Tu mets fin au malheur, Tu élèves les malheureux, Devi ! Mère compatissante, Déesse Lalita, Ton jeu divin Te ravit ! O Mère, Tu résides dans le temple de l'esprit !

bhuvan racānevālī sāre
bhuvan me rahnevālī
duḥkh daridra miṭānevālī
dīna janāvani jananī

O Créatrice du monde ! Tu imprègnes l'univers entier ! Tu es la Mère qui soulage les chagrins, qui met fin à la pauvreté et qui se soucie des malheureux.

śakti traya mūrte bhakta priya citte
tū he varalakṣmi nit terī jai gāve ham
terī duniyā me tūhī he sab me basī

Tu es l'Incarnation de shakti (l'énergie), la conscience vénérée par les dévots. Tu es la Déesse Lakshmi qui accorde des faveurs. Nous chantons sans cesse Ta gloire ! Toi seule existe dans Ta création.

jai mā jai jai mā jai mā mā jai jai mā

Gloire à la Mère divine !

satyavrata vandye mukti prada haste
kīje karuṇā tū vinatīye sunle mayyā
mere dil me tū āve he devī mayyā

O Mère, adorée par le sage Satyavrata, Tu accordes la Libération ; daigne faire preuve de compassion. Entends ma prière et viens dans mon cœur, O Mère divine !

sāre jag ko tū var dettī mā
sohe tavamūrttī hṛdayo me sab ke sadā
nāce sab me tū śubhjyoti jagajāye mā

Puisse Ton image demeurer à jamais dans tous les cœurs ! Tu danses dans toute la création. O Mère, puisse l'aube de la lumière divine se lever en nous !

Ēkantatayuṭe āzham (malayalam)

ēkantatayuṭe āzham tōrum
vēdana ninnu miṭippū
nīla kaṭalinuḷḷil tēṅgum
pōya yugaṅgaḷ pōle
pōya yugaṅgaḷ pōle

Dans la profondeur de ma solitude, la douleur palpite sans cesse. Ainsi, dans l'azur des profondeurs marines, se lamentent les âges révolus.

vannīṭaṇam hṛttil vanniṭaṇammē
ammē ammē atmarūpiṇi

Daigne venir dans mon cœur, O Amma ! Viens !
Amma, Amma, Tu es mon Soi (âme) !

ēkāntatayuṭe gaganapathattil
tārakaḷ ninnu tuṭippū
nī pāṭumbōḷ kūṭe mūḷum
māmaka hṛdayam pōle
māmaka hṛdayam pōle

Comme les étoiles scintillent à l'infini dans la solitude du ciel, mon cœur fredonne avec Toi quand Tu chantes !

ēkāntatayuṭe pātayilellām
ninde mukham kāṇunnu
ārō kaṇṇukaḷ tēki nanakkum
pūjā puṣpam pōle
pūjā puṣpam pōle

Sur tous les chemins de la solitude, je vois Ton visage, comme une fleur arrosée de larmes, comme une fleur destinée à la puja (adoration) !

Ēlappulayēlō (malayalam)

ēlappulayēlō ēlappulayēlō
ēlappulayēlō ēlappulayēlō
kalluṇḍē muḷḷuṇḍē karimalayēṛi varunnuṇḍē
kāṭallē mēṭallē kālitu tellumariññillē

Nous n'avons pas eu mal aux jambes en grimpant, en traversant la forêt pleine de pierres et d'épines qui recouvre la colline.

pon mālā mēṭu kaṭannu patineṭṭu paṭi kaṭannu
ayyappa svāmiye kāṇān kāttin kāṛ ēraṇa pōle

Pour aller voir le Seigneur Ayyapa, nous avons franchi la montagne sacrée, nous avons monté les dix-huit marches ; nous avions la sensation d'être un nuage dans le vent !

uḷḷāle onnāke ottu śaraṇam viḷichāṭṭē
kayyāle meyyāle ellām marannu viḷichāṭṭē

Chantons « Ayyappa sharanam » avec une dévotion totale ! Chantons « Ayyappa sharanam », oublions le corps et le mental !

pēṭṭayil cuvaṭu vechu tāḷattil meyyuzhiññē
āṛkkaṇa āṛppu kaṇḍā āzhittira ēraṇa pōle

Le spectacle des dévots qui exécutent en rythme la danse petta évoque les vagues de l'océan.

kai tozhutu munnil ninnāl antimegha cintu pōle
ney viḷakkin nērariññāl neñcilennum dīpa śōbha

Debout devant le Seigneur, le cœur rempli de dévotion, je me sens comme un nuage dans le ciel vespéral. La lampe de l'arati illumine mon cœur d'une lumière divine.

uḷḷariññu kaṇṇaṭachāl svāmi pādamuḷḷuṇarum
uḷḷunontu nām viḷichāl ayyanuḷḷilōṭiyettum

Les yeux clos, je vois clairement les pieds du Seigneur dans mon cœur. Si vous appelez le Seigneur avec dévotion, Il viendra, c'est certain.

kāladōṣa kanmaṣangaḷ nīkki-yennum kāttiṭunnē
pambāvāsā ninde nāmam pārinennum
puṇyapūram

O Seigneur, ôte les obstacles qui me barrent la route et protège-moi, Seigneur de la rivière Pampa, Ton nom est une bénédiction pour le monde.

Ēlīlēlēlō (malayalam)

ēlīlēlēlō... taka ēlīlēlēlō
ēlīlēlēlō... taka ēlīlēlēlō
ēlīlēlō ēlīlēlō ēlīlēlēlō
ēlīlēlō ēlīlēlō ēlīlēlēlō

Joie et bonheur!

cērttīṭānuḷḷil ennum rāmapādaṅgaḷ
ōrttupāṭānāy ennum rāmapādaṅgaḷ
nāḷitērē kāttirunnē tāpasi śabari
rāmapādam ōrttirunnē tāpasi śabari

Je chéris à jamais dans mon cœur les pieds du Seigneur Rama, je médite sur eux et chante leur gloire. Sainte Shabari médita et attendit pendant de longues années, Sainte Shabari médita sur les pieds du Seigneur Rama pendant de longues années.

pāṭukillivite oru kāṭṭupūpōlum
yogivaryanmār tavamārnna maṇṇitilāy
nāḷiteṇṇi kāttirunnē tāpasi śabari
rāmapādam kāttirunnē tāpasi śabari

Les fleurs sauvages ne poussent pas là où les sages sont restés des années absorbés en méditation. Sainte Shabari médita et attendit pendant de longues années, Sainte Shabari médita sur les pieds du Seigneur Rama pendant de longues années.

rāvu māyukayāy bhuvi rāmanaṇayukayāy
śrīpadaṅgaḷatā mizhiyārnnapuṇyamatāy
ādyavarṣa nīrmaṇipōl vīṇavaḷmunnil
ātmaharṣatīrtthamāyi śrīpadaṅgaḷārnnē

La nuit s'achève, le Seigneur Rama est venu, vision propice comme les premières gouttes de pluie.

pērttukālamatāy hṛdiyōrttaneramatē
jīvapuṇyamatāy janiyārnnavāzhvatinē
kāttilāṭum ālilapōl kūppininnē munnil
ā kāraṅgaḷ cērttu māril ānayiccē pinnē

Ce fut le moment qu'elle avait tant attendu en chérissant ces pieds, l'aboutissement d'une vie de prières. Les mains tremblantes comme les feuilles d'un banyan sous la brise, elle lui prit les deux mains et les serra contre son cœur.

pūvumānasamāy hṛdi dīpanāḷamatāy
tīrtthamāyatumē tiru rāmanāmamatē
ārnnavaḷā pūjakaḷum ācaraṇapuṇyam
pūjayārnnamānasaṅgaḷ īśvara vihāram

Son cœur devint une fleur, il devint la flamme de la lampe et l'eau sacrée. Par le pouvoir du mantra de Rama, elle offrit son adoration (puja) et son cœur devint la demeure du Seigneur.

kāṭṭukāykaḷitā pinne pērttukaikaḷilāy
pākamonnariyān avaḷ kāṇitinnavayē
nīṭṭi pinne rāghavanāy ā kanikaḷ nērē
rāmanappōḷ prītiyōṭe ā pazhaṅgaḷ tinnē

Elle tâta les baies sauvages pour voir si elles étaient mûres et les goûta pour vérifier qu'elles n'étaient pas amères. Elle offrit les plus mûres à Rama qui savoura son offrande innocente avec joie.

pākamārnnuyirē bhaktiyōṭu nalkiṭukil
kāzhcayāyiṭumē atu īśanēttiṭumē
pāṭu pāṭu rāmanāmam mōkṣamēkum mantram
cērttuvakkyū vāzhvatilāy rāmanāmapuṇyam

Si nous offrons notre cœur plein de dévotion au Seigneur, Il l'acceptera avec grand plaisir. Chantons le nom glorieux de Rama, le mantra qui donne la libération, gardons toujours présent à l'esprit le nom de Rama.

Ēlō ēlō (malayalam 2015)

ēlō ēlō ēlēlō
ēlō ēlēlō ē lēlō
ādiyum antavum ētumezhāttoru
ādi parāpara gaṇapatiyē

Tu transcendes le début et la fin, Tu es le Suprême, O Ganapati.

nādam gītam rāgarasāmṛtam
gānam aruḷuka ivanini nī

Accorde-moi je T'en prie le nectar de la musique.

buddhiyum śaktiyum ottizha cērnnoru
śakti ivanini nīyaruḷū

Daigne me bénir en m'accordant à la fois l'intellect et l'énergie.

śankara nandana akṣara hṛdayā
jnānamēkuka ivanini nī

O Fils de Shiva, cœur immortel, donne-moi la connaissance !

vāraṇa vadanā vārija nayanā
nīyē varaṇam tuṇayatināy

O Toi au visage d'éléphant et aux yeux de lotus, je T'en prie, Tu es mon seul refuge.

kadanam kadaḷikkulayāyaṭiyan
vayppūyiviṭe aṭimalaril

Je prends refuge à Tes pieds, daigne me libérer de mes souffrances.

avilum malarum śarkkarayum itu
vaypū hṛdayam nākkilayāy

Nous T'offrons de tout notre cœur des flocons de riz et du sucre de palme.

manassō uṭayum kēramatallē
nilpū munnil guṇanidhiyē

Toi qui possèdes toutes les qualités favorables.

śankaranumayum arumukhanum nin
tiruvuṭalanpilaṇaykkunnē

Shiva et Pārvatī T'embrassent avec affection.

dēvanmārum munijanavum nin
tiruvuṭaluḷḷilaṇaykkunnē

Les dieux et les sages demeurent dans Ton Soi.

Engum annaiyun (tamoul)

engum annaiyun vaṭivām
edilum annaiyun vaṭivām
ponkum kaṭalilum pudunilavadilum
pozhundiṭum un ezhil amudām

O Mère ! Ta forme est partout. Ta forme est en tout. L'océan qui monte et le clair de lune répandent l'ambroisie de Ta beauté.

makkaḷin manam tanil oḷirvāy – nī
makizhvuṭan vāzhndiṭa aruḷvāy
kāttrāy mazhaiyāy kanalāy nilamāy
vānamumāy nī tikazhvāy

Tu brilles dans les cœurs de Tes enfants et les bénis en leur accordant une vie heureuse. Le vent, la pluie, le feu, la terre et le ciel sont Tes manifestations.

pārpukazh annai pādam tudittē
pāriṭamellām pāṭiṭuvōmē

Chantons partout la gloire de Tes Pieds de lotus.

Enakkuḷḷē (tamoul)

enakkuḷḷē nīyum unakkuḷḷē nānum
irukkinṭra pōdu īṭar enbatētu

kaṇakkillai ammā piṇakkillai ammā
kanivilum kanivē nī kāṇbadu niraivē

O Amma, puisque Tu es en moi et que je suis en Toi, comment la souffrance est-elle possible ? O Amma, infini est Ton amour ; Tu ignores le sentiment d'inimitié car Tu perçois en tout la plénitude divine, O Mère miséricordieuse !

kaṇmūṭi unnai kāṇbadu dhyānam
kaṇtirandetilum kānbaduvum dhyānam
annilaiyil dhyānam seydiṭa munaindēn
ammā unaittānē anaittilum ninaindēn

Lorsque je visualise Ta forme les yeux fermés, je médite. Je médite aussi quand, les yeux ouverts, je Te vois partout. Je me suis efforcé de méditer ainsi, et partout où mes yeux se posaient, je ne voyais plus que Toi.

kaipiṭittu ennai kāl naṭatti senṭrāy
kāl naṭandu vandēn kaiyaṇaittukkoṇḍāy
un aruḷāltān nān unniṭattil vandēn
enseyalāl ēdum āvatinkuṇḍō

Tu m'as pris par la main et m'as guidé à chaque pas. Lorsque je trébuchais, Tu me rattrapais et m'évitais la chute. Si je suis venu à Toi, c'est uniquement par Ta grâce. Par mes seuls efforts, que pourrais-je réussir ?

Enkirundu vandōm (tamoul)

enkirundu vandōm
edai koṇḍu vandōm
ematenḍru kūriṭavē
edai izhandu ninḍrōm

D'où venons-nous ? Qu'avons-nous apporté ? Qu'avons-nous perdu qui nous appartienne réellement ?

edanai iccittōm
epporuḷil pattru vaittōm
pārtannil kaṭṭuṇḍē
paritavittu nirkkinṭrōm

Que désirions-nous ? A quoi étions-nous attachés ? Liés par les objets du monde, nous souffrons.

kayirinai pāmbenṭrōm
kāṭci tanil añcukinṭrōm
maṇ peṇ pon enṭru
matimayanki vāzhukinṭrōm

Nous avons pris la corde pour un serpent, effrayés par son apparence. Les richesses et les plaisirs des sens nous fascinent.

pirantiṭavittiṭṭōm
irappinilē sikkuṇṭōm
mummalamum nīkkiṭuvōm
muktiyinai aṭaintiṭuvōm

Nous semons la graine de notre naissance. Nous sommes liés à la peur de la mort. Éliminons l'ego, le sentiment d'être celui qui agit, et atteignons la libération.

En mannassiloru maunam (tamoul)

en manadil oru maunaṁ
maṇivaṇṇan varādadin maunaṁ
kaṇṇane kāṇādurugi urugiyen
kaṇgaḷil kaṇṇīr perugum

ānirai mēyttu varādadō – kaṇṇan
āzhtuyil nīnki ezhādadō
kārmukil vaṇṇanai kāṇattuṭikkumen
vāṭiya kōlam marandadō

pālveṇṇayum kiṭaikkādadō - piñcu
pādaṁ iṭari vizhundadō
nin malaraṭigaḷil tēn nukara
bhaktavaṇḍukaḷ mūṭi maraittadō
ēn vara tāmadaṁ innuṁ - kaṇṇan
ennai marandiruppānō
kaṇṇā varuganī kārmukilvaṇṇā - en
kaṇṇīr vizhigaḷin munnē

Ennadu yāvudammā (kannada)

ennadu yāvudammā - tāyē
anyaradyāvudammā ?
ellā saubhāgyavu ninadāgiralāgi -
ennadu yāvudammā tāyē ?

Qu'est-ce qui m'appartient, O ma Mère ? Qu'est-ce qui appartient à autrui ? Quand Toi seule détiens tout ce qui est bon, qu'est-ce qui pourrait bien m'appartenir, O Mère ?

aihika sukhabhōga bēḍuve nādare
aitindriyavū ninninda vimukha
aihika sukhabhōga iruvalli nī nilla
endu nā aritu ēnanu bēḍali ?

Si je prie pour obtenir les plaisirs du monde, mes cinq sens se détourneront de Toi. Là où règnent les plaisirs de ce monde, Tu es absente. Ayant compris cela, quelle faveur vais-je mendier de Toi ?

ommana bēḍuve ondē mana bēḍuve
ondare kṣaṇavū agaladiru
ondē manadali ninnanu dhyānisi
ondāgi hōguve ninnalli jagadamba

Je T'implore de m'accorder une concentration absolue. Ne m'abandonne pas une seconde. Accorde-moi de méditer sur Toi avec une concentration parfaite, Mère. Accorde-moi l'union avec Toi, O Mère du monde !

Ennai nān maranda (tamoul)

ennai nān maranda vēḷai
unnaiyē ninaikka vēṇḍum
unnai nān maranda pōdum
ennil nī irukka vēṇḍum

Quand je m'oublie, je devrais penser à Toi. Même si je T'oublie, Tu devrais rester avec moi.

kaṇṇil nī maṇiyumāvāy
karuttinil oḷiyumāvāy
uṇṇum poruḷ nīyumāvāy
ulakattin tāyumāvāy
enkenku senḍrālum en vizhi kāṇbadu
ammānin ponrūpamē

Tu es la pupille de mon œil, la lumière de mes pensées. Tu es ma nourriture, Tu es la Mère de l'univers. O Mère, partout où mon regard se pose, je vois Ta forme lumineuse.

tāyāvāy makaḷumāvāy
tānkiṭum tōzhiyāvāy
anbirkku viḷakkamāvāy
ammā nī anaittumāvāy
enkenku senḍrālum en vizhi kāṇbadu
ammānin ponrūpamē

Tu es la Mère, la fille et l'amie qui nous soutient, O Incarnation de l'Amour, Tu es toute chose. O Mère, partout où mon regard se pose, Je vois Ta forme lumineuse.

Ennō Ennō (telugu 2015)

sarva-svarūpē sarvēśē
sarva-śakti samanvitē
bhayēbhyastrāhi nō dēvi
durgē dēvi namōstutē

Tu existes sous toutes les formes, Tu possèdes tous les pouvoirs, O Déesse, daigne nous protéger de toutes les peurs, nous Te saluons, O Déesse Durga.

ennō ennō ennō rūpālu
upādulanni nīvēle nīvēle

Il existe des myriades de formes ! En vérité, Tu es toutes ces formes.

ennō dehālani meghālu – avi
kadile cidākāśam nīvēle

Combien de corps passent comme des nuages dans le ciel de la conscience !

ennō bhāva-tarangālu – avi
pongē mano kaḍali nīvēle
ammā nīvēle antā nīvēle

Combien de vibrations émotionnelles se lèvent comme des vagues dans l'océan du mental ! O Mère, Tu es cela ! Tu es cela !

ennō jīvita-dṛśyālu – avi
kanabaḍe darpaṇam nīvēle —
visva-mantā unnadi nīvēle

Combien de scènes de la vie sont reflétées dans le miroir que Tu es ! Tu pénètres l'univers entier !

nīvu nīvēle nēnikā lēdūle
ammā nīvēle anta nīvēle

Moi aussi, je suis Toi, et donc « je » n'existe pas. O Mère, Tu es cela ! Tu es cela !

ammā nīvēle antā nīvēle
ambā nīvēle jagadambā nīvēle
O Mère, Tu es Cela ! Tu es cela !
O Mère de l'univers, Tu es tout !

Ennuṭe jīvita (version kannada)

en jīvita-naukeyu bhavasāgaratali
muḷugutalide ammā nōḍu

māyeya birukāḷi balavāgi bīsi
allōla kallōla enna suttā
manavemba cukkāṇi kaitappi ammā
baḷaluta liruve nānittā

aru vikāra rakkasi yarillī
hākuta liruvaru dōṇi huṭṭā
kāruṇyahīna birukāḷiyalī
dōṇiyō ākidē enna caṭṭā

jīvita naukeya bhakti cukkāṇi
chidrachidra vāgi bidditallā
viśvāsavemba hāyi ayyō
haridu cinti āyitallā

dōṇi taḷadi ontu randhravāgi
nīrō nīru dōṇi tumbā
nānēnu māḍali īgēnu māḍali
tiḷisikoḍu bā ammā

āvarisi kattale ettettalū
nānata roḷage silukiruvē

muḷuguva munna ninnane nambi
'ammā, nannammā' moreyiḍuvē

En piravi muṭindiṭumō (tamoul)

en piravi muṭindiṭumō ammā - unai ariyāmal
en jīvan pirindiṭumō - un anbai parugāmal
gangaiyin karaiyinilē dāhattil tavippaduvō
karppaka nizhalinilē śōkattil tuṭippaduvō

O Mère, ma vie va-t-elle s'achever sans que je Te connaisse ? Mon âme partira-t-elle sans avoir bu le nectar de Ton amour ? Est-il juste que je souffre de la soif sur les rives du Gange ? Est-il juste de s'affliger à l'ombre du kalpaka (l'arbre qui exauce tous les désirs) ?

poyyuruvai meyyuruvāy ittanai nāḷ eṇṇi vandēn
meyyuravāy nī vandum mēnmayinai nānariyēn
unniraṇḍu tāḷkaḷaiyē tañcamena koḷkkinṭrēn
enniraṇḍu kaipiṭittu un vazhiyil naṭattiṭammā
un vazhiyil naṭattiṭammā

Pendant tout ce temps, j'ai cru à la réalité de relations illusoires. Tu es venue, Toi notre seule vraie parente, et pourtant je n'ai pas compris Ta gloire. Je prends refuge à Tes pieds. O Mère, prends-moi par la main pour que je marche sur Ta voie.

nāṭkaḷum ōṭiṭudē āṇḍukaḷum maraindiṭudē
nānirukkum nilaiyeṇṇi nāḍiyellām taḷarndiṭutē
ettanai pirappeṭuttu iḷaittappin unai kaṇḍēn
ippirappum tappiviṭṭāl eppirappil śaraṇaṭaivēn
eppirappil śaraṇaṭaivēn

Passent, les jours, passent les années ; mon corps et mon mental sont las de contempler mon état. Je T'ai rencontrée après bien des vies difficiles. Si cette vie aussi s'avère vaine, quand prendrai-je refuge en Toi ? Je dois le faire maintenant.

Entō tiraññu (malayalam)

entō tiraññu eṅgum alaññu
onnum labhikkātirikke
enne marannu ellām maraññu
ninne ariññu ñān ammē - ñān
ninne ariññu ñān ammē

J'errais partout, en quête de quelque chose. Au moment où j'ai pensé que ma quête était vaine, J'ai oublié qui j'étais, tout a disparu, et j'ai su qui Tu étais Amma, j'ai su qui Tu étais.

ēkānta rāvukaḷ, ētō kināvukaḷ
entō tiraññuḷḷa tīrā ninavukaḷ
viṅgum hṛdayavum tiṅgunna cīntayum
vallāte ennuḷḷil vallāyma tīrtta nāḷ

Des nuits solitaires, des rêves confus, le souvenir constant d'une quête dont j'ignorais l'objet, Le cœur douloureux, harcelé par des foules de pensées, je vivais à l'époque dans un malaise intérieur extrême.

kaṇḍu ñān ammaye, kēvala mūrttiye
kēṭṭu ñān āsvaram kātinn-amṛtamāy
innumā nādam muzhuṅgiṭunnennuḷḷil
'amma ñān ennum, nī endetu mātram'

C'est alors que j'ai vu Mère, la déesse suprême. J'ai entendu cette voix, nectar pour mes oreilles. Aujourd'hui encore, cette voix résonne en moi et me dit : « Mère est en toi, tu Lui appartiens. »

janmapuṇyamē jīvarāgamē
sarvamangaḷē sadgatipradē
varṣamēghamē prēmavarṣamē
divyadhāmamē dhanyavigrahē

Toi, le mérite de nombreuses vies, la mélodie de la vie, Toi toujours propice, Toi qui nous guides sur les bons chemins. Nuage de pluie, pluie d'amour torrentielle, demeure divine, forme divine…

Ērēri ērēri (malayalam)

ērēri ērēri ērēri ērēri
ērēri ērēri
teyyantārā takatimi
tāra takadhimi tāra takadhimi tāra takadhimi tā
taka tāra takadhimi tāra takadhimi tāra
takadhimi tā

Béatitude joyeuse, rythme des tambours.

nīlakkārvarṇṇanām ōmanakkuṭṭane
cēlilāyannamma keṭṭiyiṭṭē
takadhimi
pālukavarnnaṅgu pāññupōm kaḷḷane
pāzhuralonnilāyi keṭṭiyiṭṭē
takadhimi

Doux enfant à la peau bleu-foncé, couleur des nuages. Ayant surpris son adorable enfant au teint bleu sombre en train de voler le lait, Mère Yashoda lui a lié les mains.

pīlittaṇḍonnu koṇḍ-ēṟeyaṭiccamma
cōranāy pōyille entuceyyām
takadhimi
pāriliṅgellārum pāṭēyurakkyunnu
tāya yaśōdatan kaḷḷan-ennu
takadhimi

Elle l'a corrigé avec une plume de paon, comment s'y prendre autrement avec le « Petit voleur »? Partout on entonne des chants qui parlent « du petit voleur de Mère Yashoda ».

cērivār cenkatir cōrunna vākkukaḷ
cālēyuraccitu kaṇṇanappōḷ
takadhimi
vārivariññiṭṭu vāṭippōy ñānammē
māyaṅgaḷentu ñān ceytatammē
takadhimi

Krishna dit à Sa mère, « j'en ai assez. Quel méfait ai-je commis pour que tu me punisses ainsi? »

ādiyil nīyenne mārilāy bandhiccu
kātilāy kaḷḷan-ennōtiyillē
takadhimi
māmalapōluḷḷa kāruralonnilāyi
īvidham bandhiccu ippōrenne
takadhimi

« Tu m'as d'abord, dans une chaleureuse étreinte, murmuré à l'oreille « voleur ». « Pourquoi désormais m'attacher à ce mortier en pierre dur, froid et haut comme une montagne ? »

māyaṅgaḷ colli nī mānasam māttaṇḍa
tēnūrum vākku ñān kēṭṭatetrā
takadhimi
vīṭukaṭannēri-pālukavarnnōnu
vīṭṭile kallural tannepōrum
takadhimi

« N'essaye pas de m'attendrir avec des mots doux pour échapper à cette punition, répondit Mère ». « Même attaché à ce mortier, tu es assez rusé pour parvenir à t'échapper et à voler ce soir le lait frais chez les gopis. »

pāśakkurukkukaḷ ētumazhiyāte
tāyayaṅgāśu pōyiṭum nēram
takadhimi
tāruviriyunna pōloru puñcirī

tāmarakkaṇṇan ninaccatentē
takadhimi

Sans même relâcher ni délier la corde, Mère l'a laissé et s'en est allée. Krishna, le Seigneur aux yeux de lotus, avec un sourire espiègle semblable à un lotus fleurissant

kallural tānē cummiyeṭuttiṭṭu
centāmarakkaṇṇan vīṭuviṭṭē
takadhimi
tan viralonnilāy māmalapokkuvōn
pāzhural ceṇḍupōl pokkukkillē
takadhimi

est allé se promener hors de chez lui, tirant facilement et avec adresse le mortier en pierre derrière lui. Qu'est-ce qu'un mortier en pierre pour Celui qui a porté une énorme montagne (Govardhana) sur son doigt d'enfant ?

ārppuviḷiccukoṇḍambāṭi kuññuṅgaḷ
āyarkulōttamanoṭottu nīṅgi
takadhimi
āvazhikkaṅgāyi raṇḍu maruttukaḷ
kallural cērttavan taḷḷiyiṭṭu
takadhimi

Une foule d'enfants joyeux s'est réunie et a marché derrière le Seigneur. Il a déraciné en passant deux grands arbres qui bloquaient le chemin, traînant le mortier de pierre derrière lui.

ā marajanmattin śāpamōkṣam
īyuga niścayam tanneyallī
takadhimi
nīlakkārvarṇṇande līlakaḷellāmē
īyuga niścayam tanneyallī
takadhimi

Ainsi les deux fils de Kubera ont été libérés de la malédiction qui les contraignait à vivre sous la forme d'arbres jusqu'à ce que le Seigneur Vishnu les bénisse.

Ettanai murai (tamoul)

ettanai murai azhaittālum ennammā
ennarugē varādadum ēnammā
azhaippadu keṭkalayō tayirkkaḍaiyum pōdilē
azhugai varum munnē arukil varuvāyē
tāyē yaśōdammā

(Krishna chante à Sa mère Yashoda) O Maman, pourquoi ne viens-tu pas ? Je t'ai appelée tant de fois ! Ne m'as-tu pas entendu, pendant que tu barattais le beurre ? Viens vite avant que je fonde en larmes, O Maman Yashoda !

maṇvīḍu muḍiyavillai kaṭṭa kaṭṭa uḍaigiradu
manidakula sinna sinna āsai pōlavē
kayyiraṇḍum kuzhaindu pasiyum vāṭṭudammā
kai niraya veṇṇaiyē aḷḷi aḷḷi taruvāyē
tāyē yaśōdammā

Comme nos désirs triviaux, la maison d'argile tombe en ruine avant que nous ayons fini de la construire, et nous voilà déçus. Mes mains sont épuisées et je meurs de faim. Viens donc me remplir les mains de beurre, O maman Yashoda !

pōdumāna veṇṇaiyirundum kaḍaivadēnō tāyē
idu enna vindaiyō māyādēviyin līlaiyē
ulagai kāṭṭiyappin uṇaravillai tāyē
uralōḍu kaṭṭiyiṭṭa anbāna annaiyē

O Maman, pourquoi barattes-tu encore, alors qu'il y a bien assez de beurre ? Comme c'est étrange ! Est-ce le jeu de la déesse de l'illusion ? Je t'ai révélé l'univers entier, et pourtant tu ne t'es pas réveillée ! Tu m'as même attaché à un mortier, O Mère si aimante, O Maman Yashoda !

Ettanai vēdanai (tamoul 2015)

ettanai vēdanai unakku nān tantālum
ittanai karuṇayō unakku enmēl
vaḷayā neñcattil

Bien que je T'aie causé beaucoup de peine, Tu as tant de compassion pour moi.

ahankāram sumantēn kaṇḍu en ammakku
vēdanayō - vēdanayō

Mon cœur, dans sa faiblesse, n'était attaché qu'à mon ego. Quand Tu as observé cela, Tu en as eu beaucoup de chagrin.

iṭayūru kaṇḍu varunneccarittu
tirukkaikaḷ iruka kōrttennai piṭittu

Tu m'as mis en garde contre les obstacles, et Tu m'as tenu fermement dans Tes bras divins.

kāttiṭum sumayai muzhuvatum ēttru
enakkāka tāy paṭum pāṭṭai kaṇḍēn

J'ai vu à quel point Tu souffrais, ayant accepté la responsabilité totale de me protéger.

uyarvāna cintai paṇikintra guṇamum
taṇintiṭum idayam teḷivāna pārvai

Je vois à quel point Tu T'efforces d'éveiller en moi de nobles sentiments, tels que l'humilité et la compassion,

nōkkam mārātuūkkankaḷ tantu
enakkāka tāy paṭum pāṭṭai kaṇḍēn

ainsi qu'une vision claire, qui ne déforme rien, pour m'aider à atteindre le but.

Gajamukha pūjita (telugu)

gajamukha pūjita ṣaṇmukha sēvita
śritajana pōṣita paśupati dēvā
pārvatiramaṇā paramadayāḷō
śaraṇam śaraṇam śivapada kamalam

Le dieu au visage d'éléphant (Ganapati) Te vénère et Muruga est à Ton service. Tu nourris ceux qui s'abandonnent à Toi, Tu es le Seigneur de toutes les créatures. O Époux de Pārvatī, Ta compassion est suprême. O Seigneur Shiva, nous prenons refuge à Tes pieds de lotus !

namaḥ śivāyōm namaḥ śivāyōm
namaḥ śivāyōm namaḥ śivāyōm

Salutations au Seigneur Shiva !

digambara bhairava bhujanga bhūṣita
bhasmālankṛta candrābharaṇā
śmaśāna sadanā vairāgya sampada
śaraṇam śaraṇam śivapada kamalam

Le ciel est Ton vêtement, O Bhairava, Tu es paré de serpents. Tu es couvert de cendres sacrées et le croissant de Lune orne Ta tête. Les lieux de crémation sont Ta demeure et Tu es l'Incarnation du détachement. O Seigneur Shiva, accorde-nous refuge à Tes pieds de lotus !

trinētra mūrttiki nī mora ceppu
trilōkapāluḍu ēlaka pōḍu
trikālajñuḍu trikālātītuḍu
śaraṇam śaraṇam śivapada kamalam

Confie tes problèmes au dieu doté de trois yeux ! Le souverain des trois mondes te protègera ! Shiva connaît les trois dimensions du temps (passé, présent et futur) et Il les transcende. O Seigneur Shiva, accorde-nous refuge à Tes pieds de lotus !

Gajānanā he gajānanā (tamoul)

gajānanā he gajānanā
gajānanā he gajavadanā
O dieu à la tête d'éléphant (Ganesh)

vezha mukhattu vināyakanē
viḷanku sindūra vināyakanē
aindu karankaḷ uṭayavanē
ankuśa pāśam koṇḍavanē
O dieu à la tête d'éléphant (Ganesh), Tu balayes nos malheurs, Tu portes un point de kumkum. O dieu aux cinq bras, Tu tiens un aiguillon et un lasso

aimpula vēṭkai aṭakkiṭuvāy
añcēl eṇṭrē kāttiṭuvāy
allalakaḷ nīkki aruḷ taruvāy
anbāl emmai āṇṭiṭuvāy
Tu gardes nos cinq sens et nous en donnes la maîtrise. Tu exécutes le mudra de 'Non peur' (abhaya). Tu effaces nos inquiétudes et nous gouvernes avec amour.

Gala gala (telugu)

gala gala gājula savvaḍi
jhana jhana gajjala samdaḍi
paka paka navvula cinnadi
jaya līlā vinōdini
bālā tripurasundari
Les bracelets tintent, 'gala, gala'; les bracelets de chevilles tintinnabulent 'jhana jhana'. La Petite rit « Paka..Paka » (un petit rire charmant). Gloire à la déesse qui se délecte de Son jeu! Gloire à

Bala Tripurasundari (la Mère divine vénérée sous la forme d'une splendide petite fille).

bommala sṛṣṭini cēsinadi
bommala tīgalu paṭṭinadi
jagamu līlagā naḍupunadi
tanatō tānē aḍutunnadi

Avec des jouets, Elle a fabriqué la création. Elle tient les ficelles de ces jouets. Elle dirige le monde comme on joue. C'est avec Elle-même qu'elle joue. (Il n'existe personne d'autre, donc personne qui serait susceptible de jouer avec Elle).

ahamanu māyatō kappinadi
māyanu vīḍi rammannadi
cikkadu dorakadu cinnitalli
dāguḍu muṭalu āḍutalli

Elle a plongé tout le monde dans l'illusion, en donnant à chacun le sentiment du « moi », qui voile la Réalité. Elle nous demande de sortir de cette illusion. Il est impossible d'attraper « la Petite », impossible de La trouver facilement. Elle joue à cache-cache avec tous.

tallī pātranu āḍutunnadi
banḍatanamu camputunnadi
prēmanu manalō nimputunnadi
pillala manassu pōmdamannadi

Elle joue maintenant le rôle de la Mère. Elle élimine en nous les rigidités de l'ignorance et de l'arrogance. Elle nous remplit d'amour. Elle souhaite nous voir retrouver l'innocence de l'enfant.

jaya līlā vinōdini
bālā tripurasundari

Gloire à la déesse qui se délecte de Son jeu! Gloire à Bala Tripurasundari!

Gaṇanāthā he gaṇanāthā (tamoul)

gaṇanāthā he gaṇanāthā
gaurīnandana gaṇanāthā
gaṇanāthā he gaṇanāthā
gaurīnandana gaṇanāthā

O Ganesh, Seigneur des Ganas, Fils de Pārvatī !

gaṇanāthā ena azhaittiṭuvōm
kāriyankaḷ tamai tuvankiṭuvōm
kālaṭiyil talai vaittiṭuvōm
kavalaikaḷ yāvum venṭriṭuvōm

Avant d'entreprendre toute activité, prions Ganesh, Lui qui détruit tous les obstacles. Abandonnons-nous à Ses pieds de lotus et surmontons ainsi toutes nos difficultés.

ōmkāram un vaṭivamanṭrō
ulakamellām atil aṭankumanṭrō
āṇavam tannai akattriṭuvāy
ānma oḷiyinai tandiṭuvāy

Tu es l'incarnation de la syllabe sacrée OM qui contient le monde entier. O Seigneur daigne détruire l'ego et nous permettre ainsi de réaliser le Soi. O Ganesh, Seigneur des Ganas, Fils de Pārvatī !

Gaṇanāyakā devā (marathi)

gaṇanāyakā dēvā mangaḷamūrtī
śubhadāyaka karī hī prārthanā pūrtī

O Seigneur Ganesh, Tu es tout ce qui est favorable ; daigne exaucer nos prières, Toi qui donnes ce qui est propice.

sanmatī dāyaka tū mahāgaṇapatī
sakala guṇāntsāhī tū adhipatī
māgaṇē tuzalā hētsa cintāmaṇī
prēmabhaktī lābhō tuzhiyā caraṇī

Tu nous accordes un esprit noble et de nobles vertus. O Ganesh, Tu exauces tous nos désirs, daigne nous bénir en nous accordant l'amour et la dévotion envers Tes pieds.

jai gaṇarāyā girījā tanayā
jai gaṇarāyā bāppā mōrayā

Gloire à Ganesh au Fils de la déesse Pārvatī ! Seigneur Ganapati, daigne nous bénir !

vighnahara tava kartā japa dhyān
ānandē man lābhē samādhān
māgaṇē tūza hē dīnadayāḷā
sukhaśāntī lābhō sadaiva sakaḷā

Toi qui élimines les obstacles, quand nous méditons sur Toi et chantons Ton nom, le mental est heureux et satisfait. O dieu compatissant, puissent tous les êtres connaître le bonheur et la paix.

gaurīsuta tū varada vināyaka
ōmkārarūpī carācara vyāpaka
māgaṇē āmatsē hētsa prathamēśā
satata bhajāvē tulātsa gaṇēśā

Fils de la déesse Pārvatī, Toi qui accordes des faveurs, Tu es présent en tous les êtres, animés ou inanimés, sous la forme du son Om. O Ganesh, Toi que l'on adore toujours avant d'entreprendre quoi que ce soit, puissions-nous toujours chanter Ta gloire !

Gaṇapati bāppā morayā (marathi)

gaṇapatī bāppā mōrayā he gaṇapatī dēvā
lāḍu mōdak naivēdya premātsā svīkārāvā

O Ganesh notre Père, daigne accepter cette offrande faite avec amour : Tes sucreries préférées, le *laddu* et le *modaka*.

raktavarṇā śūrpakarṇā rūp tuzhē sundar
gajavadanā mūṣaka-vāhanā
gaṇapatī bāppā mōrayā

O Seigneur à la forme magnifique, Ton teint est coloré de rouge, Tes grandes oreilles sans cesse écoutent. Réjouissons-nous en pensant à Ganesh au visage d'éléphant, dont la monture est une souris (ce qui symbolise la maîtrise du mental).

ēkadantā vakratuṇḍā prathama tulā pūjitō
lambōdarā ōmkārā gaṇapati bāppā mōrayā

Tu n'as qu'une seule défense et Ta trompe est recourbée. C'est Toi que l'on vénère toujours le premier. Réjouissons-nous en pensant à Ganesh, l'incarnation du son primordial Om.

gaṇarāya mangaḷa-dēvā
gaṇapatī bāppā mōrayā gaṇapatī

Gloire à Ganesh notre Père, le Seigneur des *Ganas*, toujours favorable.

bāppā gaṇapatī bāppā
gaṇapatī bāppā mōrayā

Réjouissons-nous en pensant à Ganesh

vighnaharā sukhakarā gaurīsut vināyakā
sukha-kartā dukh-hartā gaṇapatī bāppā mōrayā

Celui qui élimine les obstacles, la Source du bonheur, O Fils de Pārvatī, Tu apportes le bonheur et mets fin à la souffrance, gloire à Toi !

bhālacandrā varadahastā jñāna dhana dātā
avināśā matiprakāśā gaṇapatī bāppā mōrayā

La Lune orne Ton front, Ta main fait le geste la bénédiction. Gloire à Ganapati omniprésent, qui nous accorde la Lumière de la Connaissance !

karuṇākarā kṛpāḷā dyāvī nija bhaktī
ādibījā ātmarūpā gaṇapatī bāppā mōrayā

Seigneur compatissant, daigne m'accorder la vraie dévotion. Je me réjouirai en présence de mon Père, Graine de toute la création, mon véritable Soi.

Gōkula bālā gōvindā (malayalam)

gōkula bālā gōvindā
gōkula pālā gōvindā
gōpakumāra gōvindā
gōvindā hari gōvindā

O enfant de Gokul (clan d'éleveurs), Protecteur des vaches et du clan des éleveurs, petit bouvier, O Vishnu !

vārmuṭiyil cārttiyatārī
varṇṇappīli mayilppīli
vākaccārttinu vannavarō
vṛndāvanattile gōpikaḷō

Qui a paré Tes jolies boucles de la plume de paon colorée ? Ceux qui sont venus pour l'adoration à l'aube ou les gopis de Vrindavan ?

pūntānam nalkiyatallē
ponnuṇṇikkīvanamāla
mēlppattūr nalkiyatallē
muktakamāla maṇimāla

La guirlande de fleurs sauvages, n'est-ce pas Puntanam qui Te l'a offerte, O Krishna chéri ? N'est-ce pas Melppattur qui T'a offert un poème en vers libres ?

tirumadhuram nēdikkām
tuḷasippūkkaḷ cūṭikkām
tarumō tarumō kārvarṇṇā
tāmarakkaiyyile tūveṇṇa

Nous T'offrirons du pudding sucré et des fleurs de tulasi (basilic). O enfant au teint sombre, de Tes mains adorables, voudrais-Tu nous donner un peu du beurre que Tu tiens dans les mains ?

Gopivallabha (malayalam 2015)

gopivallabha gopālakṛṣṇā
govarddhana giridhāri

Seigneur des Gopis ! Gopala Krishna ! Sans aucun effort, Tu as soulevé la montagne Govardhana sur Ton doigt !

rādhāmānasa rājīvalocanā
kāyāmbū uṭalvarṇṇā

Krishna aux yeux de lotus, Tu as le teint bleu sombre de la fleur kayambu ! Tu demeures dans le cœur de Radha.

vṛndāvana sañcāriyām kṛṣṇā
centāmaradaḷa nayanā

O Krishna aux yeux de lotus ! Tu gambadais librement dans Vrindavan, le village des gopis.

bandhamakattuka nanda kumārā
sundara bāla mukundā kṛṣṇā

Fils chéri de Nanda, Tu as l'apparence enchanteresse d'un enfant, je T'en supplie, délivre-moi de tous les liens.

mathurādhipate śrīkṛṣṇā
sakalamayahara devā

O Seigneur de Mathura ! Tu fais disparaître les ténèbres de la souffrance.

paritāpakarām tavapadadāsaril
abhayam nalkuka devā kṛṣṇā

Daigne nous accorder refuge à Tes pieds de lotus, nous sommes Tes serviteurs, O Krishna bien-aimé !

Gopiyara usirē (kannada)

gopiyara usirē kṛṣṇa gōpālakṛṣṇa
govarddhanadhara kṛṣṇa gītānāyaka kṛṣṇa

Toi le souffle vital des gopis, O Krishna, Gopala Krishna. Toi qui as soulevé le Mont Govarddhana, Seigneur de la Gita.

yaśoda nandana kṛṣṇa yadukulatilakane kṛṣṇa
yamunā taṭadī kṛṣṇa rāsavihāri kṛṣṇa

Fils de Yashoda, Roi des Yadukulas, Toi qui vis sur les rives de la Yamuna, Tu Te délectes de la rasa (la danse divine).

kṛṣṇā harē kṛṣṇā kṛṣṇā giridhara kṛṣṇā

O Krishna, O Hari!

sarōjanētrane kṛṣṇa ninnaya samayār kṛṣṇa
varṇisalasadaḷa kṛṣṇa guṇasāgaranē kṛṣṇa

Krishna, qui pourrait T'égaler ? Tu es au-delà de toute description, Océan de gunas (qualités divines).

kṛpārdra hṛdayane kṛṣṇa karuṇārasanē kṛṣṇa
dāsara prāṇanē kṛṣṇa dāsara dāsanē kṛṣṇa

Toi dont le cœur déborde de grâce, Tu es la compassion personnifiée.Tu es l'âme de Tes serviteurs, et aussi le Serviteur de Tes serviteurs !

Gōpiyargaḷ (tamoul)

gōpiyargaḷ ellōrum gōpālan tanakkenṭrē
kōṇḍāṭi avan mukhattai pārttirundanar
āyarpāḍi māyavanum āmām nān unakkenṭrē
anaivarukkum adaikkūri pūttirundanan

Imaginant que Gopala n'appartenait qu'à elles, les gopis Le contemplaient, le cœur en fête. Avec un sourire espiègle, le petit coquin de Gokul a assuré à chacune d'elles : « Oui, Je t'appartiens. »

pankiṭṭāl kuraivatillai pazhiyiṭṭāl veruppatillai
kumbiṭṭāl maruppatillai kūppiṭṭāl viṭuvatillai
vambiṭṭāl vazhiyumillai vazhakkiṭṭāl kiṭaippatillai
nambiviṭa kēṭumillai avanaruḷa taṭaiyumillai

Son amour ne diminue pas quand Il le partage. Il ne hait point celui qui Le critique. Si on Le vénère, Il n'y fait pas d'objection. Il n'abandonne jamais celui qui L'appelle. Rien ne L'agace. Les disputes ne L'affectent pas. La foi en Lui n'est jamais vaine et fait disparaître les obstacles qui nous empêchent de recevoir Sa grâce.

paśiyenbatavan ēkkam pālamudam avan ninaivu
kasiyā manamenum kallinuḷḷum īram vaittān
attanaiyum turanduviṭṭāl anaittum nam sondamenṭrān
aṭiyeṭuttu vaittuviṭṭāl avan namadu bandamenṭrān

La soif de Krishna (Dieu) est comme la faim ; les pensées tournées vers Lui sont du nectar. Il a rempli les cœurs les plus durs des eaux de l'amour le plus tendre. Il affirme qu'en renonçant à tout, on obtient tout, et que si nous faisons un pas vers Lui, Il nous appartient.

Gopiyarkoñcum (tamoul)

gopiyarkoñcum rādhaiyin kaṇṇā
mālē maṇivaṇṇā
kuvalayam keñcum kuzhalisai kaṇṇā malarmakaḷ
mannā maṇivaṇṇā

O Krishna au teint d'émeraude, Enfant chéri des gopis, Bien-aimé de Radha. Seigneur de Lakshmi, le monde entier se languit d'entendre la musique envoûtante de Ta flûte.

kaṇṇanai kaṇkaḷ kāṇavum vēṇḍum
kaṇamum imaiyā kaṇkaḷē vēṇḍum

Bénis-moi, pour que mes yeux ne cillent plus et Te contemplent sans la moindre interruption.

ennatān seyvēn edai nān taruvēn
enadenbadēdu unadu tān ellām
ennaiyē tandēn unai nān koṇḍēn
ennilē uraiyum unai nān kaṇḍēn

Que puis-je faire pour Toi ? Que puis-je T'offrir ? Et d'ailleurs, qu'est-ce qui m'appartient ? Tout est à Toi. Ainsi, je me suis donné à Toi en offrande. Tu T'es donné à moi. C'est alors que je T'ai contemplé à l'intérieur de moi.

vānamun siramē vaiyamun aṭiyē
kānamun ezhilē kaṭalun niramē
ennilum nīyē edilum nīyē
uḷḷad yāvum nīyē nīyē

Le ciel est Ta tête et la terre Tes pieds. La nature est Ta beauté et l'océan, Ton teint. Tu demeures en moi et en tout. Tout ce qui existe, c'est Toi.

gōkulakṛṣṇā gōvindakṛṣṇā
gōpālakṛṣṇā rādhēśyām

sanmayakr̥ṣṇā cinmayakr̥ṣṇā
ānandakr̥ṣṇā rādhēśyām

O Krishna de Gokul, petit pâtre Krishna, Protecteur des vaches, Bien-aimé de Radha, Tu es sat (existence), chit (connaissance) et ananda (béatitude). O Toi, le Shyam de Radha !

Gōvinda gōpāla ani (telugu)

gōvinda gōpāla ani gānamu sēyarē
śrīkr̥ṣṇa nāmāmr̥ta pānamu sēyarē

Chantons sans trêve les noms divins « Govinda », « Gopala ». Savourons le nectar du nom divin de Sri Krishna.

bhāvamu bhakti rasamutō
manasā vācā karmalatō
japamu tapamu kīrtanatō
rāgamu tāḷamu pallavitō

Chantons les noms divins avec zèle et dévotion. Adorons Dieu en pensée, en parole et en action. Souvenons-nous de Lui grâce au *japa* (répétition du mantra), à *tapa* (les austérités) et aux *kirtans* (chants). Louons-Le grâce à la musique : mélodie, rythme et paroles.

ucchvāsa niśvāsa niṭṭūrpulō
svapna jāgr̥ti suṣuptilō
ekkaḍiki veḷḷina ēdi cēsina
ekkaḍa uṇḍina ēdi cūsina

Chantons les noms du Seigneur, à l'inspiration et à l'expiration, en rêve, dans le sommeil profond et dans l'état de veille ; où que nous allions, quoi que nous fassions, où que nous soyons, quoi que nous voyions, chantons Ses noms.

Govinda govinda (tamoul)

govinda govinda govinda govinda
govinda enḍriḍuvōm
viṭhala viṭhala viṭhala viṭhala
viṭhala enḍrum solvōm

Nous appelons Dieu Govinda ! Nous L'appelons aussi Vittala.

kēśava mādhava śrīhari gōvinda
urugi kūppiṭṭāl
dāsanaippōlangu ōḍi vandu avan
paṇindu ninṭriṭuvān

Si nous chantons Ses noms avec ferveur, Keshava, Madhava, Srihari, Govinda, Il accourt vers nous et se tient près de nous tel un humble serviteur.

uttravar pettravar dēvarum tēṭa
ōḍi oḷindu koḷvān
nāma sankīrttanam kēṭkumiḍam vantu
tānē māṭṭikoḷvān

Il se cache quand sa famille et même quand les devas Le cherchent. Mais là où l'on chante Son nom, on L'attrape sur-le-champ.

mōhinipōl alankāramum seyta
dēviyayum kavarvān
karuṇayil antapērazhakil avan
dēviyaipōl iruppān

Il se déguise en Mohini (l'Enchanteresse) et Devi Elle-même est captivée par une telle beauté. Quand Il prend la forme de Mohini, Il égale Devi en beauté et en compassion.

kaḷḷattanam piḷḷai kaniyamutan
uḷḷattai koḷḷai koḷvān
bhaktarkaḷin parabhaktiyinai – avan
aḷḷi parukiḍuvān

Avec Ses espiègleries d'enfant, Il dérobe tous les cœurs. Il savoure la dévotion suprême des dévots plongés en extase.

Gōvinda jaya jaya jaya (namavali)

gōvinda jaya jaya jaya gōpāla jaya jaya jaya
gōvinda jaya jaya jaya gōpāla jaya jaya jaya

Gloire à Krishna Govinda, gloire à Gopala, le divin petit pâtre.

śrī nandagōpa priyātmaja
balarāmana priyānuja
gōvinda jaya jaya jaya gōpāla jaya jaya jaya
kōṭisūrya samaprabha hṛdivāsa vāsudēva - jaya

Enfant chéri de Nanda et des petits pâtres, Frère bien-aimé de Balarama, gloire à Gopala, le divin berger ! O lumineux Seigneur de mon cœur, O Fils de Vasudeva, Tu as l'éclat d'un million de soleils.

citta cōrana citānanda
naṭanakara nārāyaṇa
gōvinda jaya jaya jaya gōpāla jaya jaya jaya
kōṭisūrya samaprabha hṛdivāsa vāsudēva - jaya

Gloire à Celui qui dérobe les cœurs, au divin Danseur Narayana. Gloire à Govinda. Tu protèges les Vedas et Tu ravis les sens. O lumineux Seigneur de mon cœur, gloire à Toi !

Hanumat bal do bhagvān (hindi)

hanumat bal do bhagvān
amar vīr hanumān
gun sāgar pehcān terā
param śiṣya kā sthān

O Seigneur Hanuman, donne-nous de la force ! Immortel et valeureux Hanuman, Tu es un océan de vertus et parmi les disciples, Tu es suprême.

bhagvān, balvān, hanumān, terā gun gān
siyāvar rāmacandra kī.jai!
pavan sut hanumān kī.jai!
bolo bajrang balī kī.jai!
bolo mahā dhīr vīr kī.jai!

Seigneur Hanuman, Tu es puissant, nous chantons Ta gloire ! Gloire au Seigneur Rama, époux de la déesse Sita, gloire au Fils du dieu du vent (Hanuman) ! Gloire à Celui qui a la puissance du tonnerre, la vitesse de l'éclair, et dont la vaillance est sans égale.

rām rām jo gāve tere
man ko vo bhāve
aisā var vo pāve
śraddhā amṛt pāve

Ceux qui chantent le nom divin de Rama ont Ta faveur. Tu leur accordes la conscience éveillée et le nectar de l'immortalité.

atulit bal kā dhām
kiñcit nahi abhimān
kar ye śakti pradān
dhṛḍh bhakti kā dān

O Demeure d'une Puissance inégalée, il n'y a en Toi pas la moindre trace d'orgueil ! Bénis-nous, accorde-nous la force et une dévotion inébranlable !

Hara hara śivanē (tamoul)

hara hara śivanē karuṇāmayanē
jñānakkaṭalē śaraṇam

Shiva, Tu es plein de compassion, Tu es l'océan de la connaissance, nous prenons refuge en Toi.

aṭimuṭi kāṇaśivanē - unakku
abhiṣēgankaḷ seyavōm
aḷantiṭa iyalā paramē unakku
azhagiya ātaigaḷ neyvōm
arivukkarivām arivē unnai
arintiṭa kaṇṇīr pozhivōm
anpukku vaśamāgum kanivē un
aṭimalar paṇindē uyvōm

Shiva, dont on ne peut percevoir ni le début ni la fin, nous accomplirons pour Toi abhishekam (un rituel). Réalité suprême qui jamais ne chancelle, nous tisserons pour Toi de beaux vêtements. Toi en qui demeure toute connaissance, Shiva, nous verserons des larmes et aspirerons à Te connaître. Dieu miséricordieux qui ne cède qu'à l'amour, nous obtiendrons la libération en adorant Tes pieds.

hara hara om namaḥ śivāya
bhava hara om namaḥ śivāya
śivāya namaḥ om
harāya namaḥ om
bhavāya namaḥ om
parāya namaḥ om

Hārati gaikonumā (telugu)

hārati gaikonumā ammā
mangaḷārati gaikonumā ammā

O Mère, daigne accepter l'arati (hommage) que nous T'offrons.

bhānuniki dīpamu avasaramā
mā madilō cīkaṭi māpammā
nī rūpamu yedalō veligincu
dīpāla hārati gaikonumā

Le Soleil a-t-il besoin de la lumière d'une lampe ? Daigne dissiper les ténèbres de nos cœurs et les illuminer de Ta présence divine. Daigne accepter notre arati (hommage) offert avec des lumières.

svayamugā karugutunainā
parulaku parimaḷamu pancēvu
ī guṇamu mā naijamavvāli
dhūpāla hārati gaikonumā

Comme le bâton d'encens qui brûle, Tu répands alentours Ta divine fragrance. Puissions-nous acquérir cette vertu. Daigne accepter notre arati offert avec de l'encens.

śeṣamu lēśamainā migulaka
ahamunu pūrṇṇamugā kariginçu
nīlō pūrttigā līnamujēyu
karppūra hārati gaikonumā

Quand le camphre brûle, il ne laisse aucun résidu. Puisse notre ego être réduit à rien, et puissions-nous ainsi ne plus faire qu'un avec Toi. Daigne accepter notre arati offert avec du camphre.

dīpāla hārati gaikonumā
dhūpāla hārati gaikonumā
karppūra hārati gaikonumā
mangaḷa hārati gaikonumā

Daigne accepter notre arati offert avec des lumières. Daigne accepter notre arati offert avec de l'encens. Daigne accepter notre arati offert avec du camphre. Daigne accepter notre arati, cet hommage propice.

Harē śankha cakra dhāri (kannada)

harē śankha cakra dhāri
harē dēva kṛṣṇa

O Hari, Toi qui portes le disque et la conque, O Seigneur Krishna !

biḷigiri ranga kṛṣṇa
uṭupiya svāmi kṛṣṇa
guruvāyūra kṛṣṇa
nanna ninna celva kṛṣṇa

O Krishna venu à Biligiri sous la forme de Ranga, le Seigneur d'Udupi. O Krishna de Guruvayur, Toi que nous chérissons.

kṛṣṇa kṛṣṇa gopi kṛṣṇa
kṛṣṇa kṛṣṇa gopala kṛṣṇa

Krishna ! O Gopikrishna ! O Gopalakrishna !

mīrābāyi bhajipa kṛṣṇa
rādhā dēvi smaripa kṛṣṇa
āṇḍāḷu sēvipa kṛṣṇa
ninna nanna canda kṛṣṇa

O Krishna célébré par Mirabaï, le Bien-aimé de Radha Devi. O Krishna, dont Andal est l'humble servante, Toi que nous chérissons.

kanakana natha kṛṣṇa
sūradāsa kaṇḍa kṛṣṇa
narasi mehta nāpta kṛṣṇa
nammellara amṛta kṛṣṇa

O Krishna, Toi que vénère Kanakas ! Krishna, Toi que le dévot Surdas a vu malgré sa cécité ! Krishna, Aimé de Narsi ! C'est Amrita Krishna (immortel) que nous chérissons !

nammellara amṛta kṛṣṇa
snighdhāpānga lōla kṛṣṇa
mandasmita vadana kṛṣṇa
citta cōra īśvara kṛṣṇa

Amrita Krishna que nous chérissons tous nous regarde avec amour. Amrita Krishna au visage souriant est le Seigneur qui capture les cœurs.

Harim śyāmavarṇṇam (sanskrit)

harim śyāmavarṇṇam vidhum vārijākṣam
mudā cārurūpam sadāmālyagātram
priyam lokapālam atīndram mukundam
vasum vaiṣṇavam viṣṇumādyam namāmi

Je salue Vishnu le Primordial, le Trésor des Vaishnavas. O Hari au teint sombre, aux yeux de lotus, Toi qui plais à tous. Ta forme magnifique est toujours parée d'une guirlande, et Tu es toujours joyeux. Protecteur du monde, Tu nous es cher, les sens ne peuvent T'appréhender. O Mukunda !

kare pāñcajanyam tanau pītavastram
mahāviśvarūpam mahāviṣṇudevam
trayīpālanātham bhuvam pālayantam
vasum vaiṣṇavam viṣṇumādyam namāmi

Je salue Vishnu, le Dieu primordial, le trésor des Vaishnavas, vêtu de soie jaune, qui porte la conque Panchajaya. Il révèle Sa forme universelle, le grand dieu Mahavishnu, le Protecteur des trois Vedas et de la Terre.

gale puṣpahāram sadā dhārayantam
caturbāhurūpam hṛṣīkeśadevam
samudre vasantam murārim mahendram
vasum vaiṣṇavam viṣṇumādyam namāmi

Je salue Vishnu, le Dieu primordial, le trésor des Vaishnavas, qui porte toujours des guirlandes de fleurs autour du cou. Le Dieu aux quatre bras, le Maître des sens, Celui qui demeure dans l'Océan de lait, l'ennemi du démon Mura, O grand dieu !

anante śayānam jagadrakṣakam tam
gadāśamkhacakram ca padmam dharantam
sadānāradādiprapūjyam harīndram
vasum vaiṣṇavam viṣṇumādyam namāmi

Je salue Vishnu, le Dieu primordial, le trésor des Vaishnavas, allongé sur le serpent Ananta, le Protecteur de l'univers ! Il brandit la massue, porte le disque et un lotus ; Narada et les autres sages L'adorent constamment ; Il est le meilleur des dieux !

jagadpālakam tam ramākāntadevam
gurum śrīpatim divyavaikuṇṭhanātham
daśākāradevam trilokādipālam
vasum vaiṣṇavam viṣṇumādyam namāmi

Je salue Vishnu, le Dieu primordial, le trésor des Vaishnavas, Il soutient les mondes, Il est le Seigneur de Lakshmi ! Le Guru, l'époux de Sri, Celui qui demeure à Vaikuntha, qui a pris la forme des dix incarnations et qui protège les trois mondes.

Hariyuva nadiya (version gujarati)

khalla khalla vahetī nadīo bole
pyāru evu śiv nām
rāghav rāmanā hṛdaymā dhabke
har har har har har nām

kaṇ kaṇ mā che vās teno
jagtamā rame nām tenu
śiv śiv bhajile o man re
dekhile sarvamā te śivane

har om śiv om har om namaḥ śivāya
har om śiv om har om namaḥ śivāya

tāru māru ahī śu che
je che te ek śiv to che
śivmā gurune tu dekhile
gurumā śivne tu jāṇile
har om śiv om har om namaḥ śivāya

Har pal har kṣaṇ (hindi)

har pal har kṣaṇ har ghaṭanā me
daras ho jāye terā
samajh na pāye viṣayom me rat
pagalā hai man merā – kanhā
pagalā hai man merā

A chaque instant, chaque seconde, en toute situation, puissé-je avoir Ton darshan, O Krishna. Les objets du monde ont rendu mon mental fou.

tujh ko pāne kī khātir
kuch aur nahī karnā hai
apnā sārā boj tumhāre
carṇo me dharnā hai
tū uskā hi banjātā hai
jo ban jāye terā
dars ho jāye terā

Il suffit de déposer ses fardeaux à Tes pieds pour T'obtenir. Tu appartiens alors au dévot et il T'appartient. Je T'en prie, accorde-moi Ton darshan.

tum to dayā ke sāgar ho prabhu
sādhu jan sab kahte
nām tumhārā jiske dil me

us dil me hī rahte
jyoti kiraṇ ban tum hi camakte
man me ho jo andherā
dars ho jāye terā

Tu es un océan de compassion, disent les ascètes. Tu résides dans le cœur où Ton Nom est adoré en permanence. Dans le mental où règnent la confusion et les ténèbres, Tu brilles, rayon de lumière. Je T'en prie, accorde-moi Ton darshan.

Harsut akhila (hindi)

harsut akhila amangala har
mud mangala dātā
hāthī mukh hasmukh sundar
candra mukuṭ vālā

O Seigneur Ganesh, Fils de Shiva, Tu élimines tout ce qui est défavorable et accordes ce qui est propice. O Dieu au visage d'éléphant, au beau sourire, Tu portes sur le front le croissant de lune !

āgē baḍhe pagpag par bole vignarāj kī jai
pāve vidyā vijay viśvame lāve śānti gaṇeś

Avançons, chantons à chaque pas : « Victoire au Seigneur qui détruit les obstacles ! Puisse notre quête de la connaissance aboutir ! » Le Seigneur Ganesh apporte la paix au monde.

jai ekadant kī jai
jai vakratūṇḍ kī jai
jai vighnarāj kī jai
jai divyarūp kī jai

Gloire à Toi, qui n'as qu'une seule défense, Dieu au gros ventre ! Tu détruis les obstacles, Ta forme est divine, gloire à Toi !

tume vandan śankar nandan sundar dantikāy vande

Nous chantons Tes louanges, O Fils du Seigneur Shiva. Nous nous prosternons devant celui qui possède une belle défense !

kalmaṣ bhañjan kari vadana
karma bandha hārī
dhavala kalebar dharma niketan
bhīma deh bhārī śrī gaṇeśa varadānī

Tu élimines les impuretés, Dieu au visage d'éléphant, Tu défais les liens du karma. Tu as le teint blanc, un corps puissant, et Tu es l'Incarnation du dharma (la justice divine). O Seigneur Ganesh ! Tu accordes des faveurs.

vighna nivārak śvetāmbaradhar
tū antaryāmī
bhagat janāvan gaṇapati śivsut
ho prasann svāmī śrī gaṇeśa varadānī

Tu élimines les obstacles ; vêtu de blanc, Protecteur des dévots, Tu demeures en nous. O Seigneur des Ganas, Fils de Shiva, puisses-Tu être satisfait !

Hē mañjunāthā (Konkani)

hē mañjunāthā karttā praṇām
kailāsavāsa karttā praṇām

O Seigneur des cimes enneigées (Shiva), je me prosterne devant Toi, qui demeures sur le Mont Kailash !

vyāgrāmbara tū dhāraṇ kōrnu
sarppā bharaṇāna śōbhita jhāvnō
vṛśabhāva vāhanāri savāri evnu
jaṭājūṭadhara yōre dhāvun

Vêtu d'une peau de tigre, Tu es paré de serpents et Ton véhicule est le taureau sacré. Viens vite, afin que le monde exulte !

hē mañjunāthā kailāsavāsa

hē mañjunāthā kailāsavāsa

O Seigneur des cimes enneigées, Toi qui demeures sur le Mont Kailash !

paśupati tū paramadayāḷu
kaśśi sāgūre manāntle taḷamaḷ
karttā smaraṇa sarvākāḷu
dākkāyi karuṇa kōrṇuka vēḷu

Seigneur des animaux, Ta bonté est sans égale. Comment exprimer mon désespoir ? Je ne pense qu'à Toi, pourquoi tardes-Tu à venir ?

himaparvatā vairi ityatu baslā
bhagutāle bhagutiku parvatu kirlā
manamandirāntu baisūn paḷe
daruśana mātrāna dhanyatī dhōḷe

Il réside sur les sommets de l'Himalaya. Ces montagnes se sont tournées sous l'effet de la pure dévotion de ce dévot. Regarde dans le temple de ton âme et tes yeux seront sanctifiés par la contemplation du Seigneur.

jaya jaya śambho he mañjunāthā
hē mañjunāthā kailāsavāsa

Gloire à Toi, O Seigneur Manjunatha !

He śrīnivāsa (kannada)

he śrīnivāsa he ṛṣikēśa
karuṇadi pālisō hē pāṇḍuranga
bhavasāgaradi bendu bendu nondenayya
tande bandu salahayya śrī mukunda

O Srinivasa, O Rishikesa (noms de Vishnu), daigne prendre soin de nous avec compassion, O Panduranga. J'ai beaucoup souffert, brûlant dans l'océan de la vie et de la mort. Je T'en prie, viens me consoler, O Sri Mukunda.

kāmakāñcanagaḷige mōhitanāgi nā
ninnanu stutisadē matihinanāde
janmada lakṣyava tiḷiyade vyartthavāgi
pāramārtthava toredu ninnane marete

Les désirs et l'avidité ne m'ont apporté que la désillusion. J'ai eu la sottise de ne pas me souvenir de Toi. Ignorant le but de cette vie, je l'ai gaspillée. Je T'ai oublié et j'ai perdu de vue le But ultime.

hē śrīnivāsa hē ṛṣikēśa hē padmanābha hē pāṇḍuranga

O Srinivasa, O Rishikesa, O Padmanabha, O Panduranga!

mōhada baleyalli siluki oddāḍide
dāriya kāṇade baḷalide toḷalide
nijavanu aritu śaraṇu bandihenīga
tvaritadi kāyō hē pāṇḍuranga

Pris au piège dans la toile des désirs, je me suis égaré. J'ai perdu de vue le chemin et j'en ai souffert. Maintenant, je comprends la vérité et je m'abandonne à Toi. Je T'en prie, viens et sauve-moi dès maintenant !

viṭhala pāṇḍuranga viṭhala pāṇḍuranga

Noms de Vishnu

Holi hai āyī (hindi)

ye hai vraj ke holī holī holī
kāhā kī anokhī holī holī
āvo sab mil kānhā sang
khele ye holi nirāli

C'est la fête de Holi à Vraj. C'est la fête sans égale de Holi avec le Seigneur Krishna. Rassemblons-nous et jouons ce jeu exceptionnel de Holi avec Krishna !

holi hai āyī rangīlī...
nikli kānhā kī ṭoli
rādhā sang vraj khele āj
fāgun kī ye holī
holī... holī... holī... holī... hoy... hoy... hoy...

Holi est arrivé, avec toutes ses couleurs, Krishna et Ses amis sont sortis. Radha et tout Vraj jouent aujourd'hui - c'est la fête de Holi dans le mois de Phagun.

yahān vahān gopiyān dauḍe
āpas me rang vo fenke
hāthon me lekhe pichkārī
rang chiṭke giridhāri
holī... holī... holī... holī... hoy... hoy... hoy...

Les gopis ont couru çà et là, en s'aspergeant mutuellement de couleurs. Un piston en main, le Seigneur Giridhari (qui a soulevé la montagne), a répandu des couleurs partout.

rang me ḍubāye kānhā
jo bhī āye vahān
khele aisa madhur holī
vraj vāsī hogaye rangīle
holī... holī... holī... holī... hoy... hoy... hoy...

Le Seigneur Krishna a plongé tout le monde dans la couleur. Le jeu de Holi fut si doux que tous les habitants de Vraj ont pris des couleurs.

kānhā kyā rang jamāye
vraj me khuśiyā chāyī
ānand se nāc uṭhe dekh ke
prabhu kī mastī bharī holī
holī... holī... holī... holī... hoy... hoy... hoy...

Krishna a mis des couleurs partout, Tout le Vraj s'est réjoui. Tous sont venus voir Holi et les jeux espiègles du Seigneur.

jaya rādhe rādhe rādhe rādhe śyām rādhe
govinda gopāla hari kṛṣṇa murāre

Hṛdayātīl amūlya (marathi)

hṛdayātīl amūlya ṭhēvā
māgtō tulā punhā punhā
tuzhī bhaktī dēī amhā – āī
tuzhī bhaktī dēī āmhā

J'implore le Trésor inestimable du cœur, sans cesse je T'implore. O Mère, accorde-moi la dévotion.

jyās nā kāhī ant nasē kāhī pār
tē prēm māgtō punhā punhā
tuzhī bhaktī dēī āmhā

Ce trésor sans limite n'a pas de fin. J'implore cet amour, je le demande sans cesse. O Mère, accorde-moi la dévotion.

zō asē aḍhaḷ acal
vinayaśīl niścal
tō viśvās māgtō punhā punhā
tuzhī bhaktī dēī āmhā

La dévotion est résolue, elle ne chancelle pas, elle est humble et silencieuse. J'implore cette foi, je l'implore sans cesse. O Mère, accorde-moi la dévotion.

antarīcyā antarāt
hṛdayācyā gābhāryāt
śōdhatō tulā punhā punhā
tuzhī bhaktī dēī āmhā

Tu demeures au tréfonds de moi, dans le sanctuaire du cœur. Je Te cherche, je Te cherche sans cesse. O Mère, accorde-moi la dévotion.

tuzhe prem dēī āmhā
tuzhī bhaktī dēī āmhā
tuzhā viśvās dēūn āī
rakṣan kar āī

O Mère, accorde-moi l'amour, la dévotion et la foi, et ainsi protège-moi.

Hṛdoye ācho mā tumi (bengali)

hṛdoye ācho mā tumi
tobu pāina tomāre
ekī khelā tomār
kemone bujhibo, tumi nā bojhāle

Bien que Tu demeures en mon cœur, je n'y sens pas Ta présence. Comment puis-je comprendre Ton jeu si Tu ne me l'expliques pas ?

kakhono dāo je dhorā
kakhono adhorā lūkāo chokote kotha?
keno je tumi omon karo mā?
a kemon dhārā tārā, a kemon dhārā?

Tu es parfois toute proche et parfois Tu te caches, Tu sors des limites.

tārā tārā tāro tāro tāro mā

O Tara, sauve-moi, je T'en prie !

snehamoyi tumi karuṇāmoyi
tobe keno chalonā, niṭhūr chalonāmoyi?
śudhu tomār mojā ār amar ṣājā?
a kemon khela tārā, a kemon khela?

Tu es pleine d'amour et de compassion, pourquoi donc me tromper ainsi cruellement ? Tu t'amuses et moi je suis puni ! Quel jeu est-ce là, Tara ?

ār keno karo chalonā?
tomār chele āmi ṣeṭā bhūlonā
tomāy āmi kobhu chāḍbonā
jatokhon nā tumi debe dhorā

Pourquoi me duper ainsi ? N'oublie pas que je suis Ton fils, après tout. Tant que Tu ne viendras pas, je n'abandonnerai pas ma poursuite.

Illāmai enbatilum (tamoul)

illāmai enbatilum uḷḷāḷ avaḷ
illāmai āgavē illātavaḷ
kallātavan anbōṭaizhaittālavaḷ
nillātu parivōṭu selvāḷ avaḷ

Elle existe même dans le néant, il n'y a donc pas de néant pour Elle. Elle accourt aussitôt à l'aide de celui qui L'appelle, même si c'est un être fruste.

pollātavan pōttra mayankātavaḷ
nallōruṭan avanai iṇaikkindravaḷ
ariyāmai rōgattin marundānavaḷ
piravāmaikkuriya vazhi tānānavaḷ

Elle est insensible aux flatteries d'un homme méchant. Elle l'aide au contraire à se relier à l'Âme suprême, à élever sa conscience. Elle est le remède à la maladie de l'ignorance. Elle seule permet d'échapper au cycle de la naissance et de la mort.

arugāmayāl neñcil pularvāḷ avaḷ
tīmai viḷai seyalinai porukkātavaḷ
tuvaṇḍu viṭum aṭiyārin balamānavaḷ
akhaṇḍajapam seyvittu kanivāḷavaḷ

Si nous sommes près d'Elle, Elle finira par se manifester dans notre cœur. Elle ne tolérera aucune action nuisible. Elle est le soutien des dévots qui ont perdu tout espoir. Elle aime les inciter à répéter sans cesse le Nom de Dieu et Elle leur accorde Sa grâce.

varaṇḍuviṭṭa idayattil nīrānavaḷ
aruḷamudam tiraṇḍuvarum kāṭṭāravaḷ
marayōtum periyōr mun nirppāḷavaḷ
kurai kūruvōreyum sahippāḷavaḷ
sirai iruntu viṭuvikka varuvāḷavaḷ
ammā endrāl kural taruvāḷ avaḷ

Elle est l'eau qui vivifie les cœurs desséchés. Elle est une rivière de nectar qui coule en abondance. Elle écoute les âmes qui chantent les hymnes des Vedas. Aucune critique ne L'affecte le moins du monde. Elle nous délivre de la prison des attachements matériels. Elle répond aux appels sincères de Ses dévots.

Indu nammamma (kannada)

indu nammamma na mūrige bandaḷu
harṣada varṣava karedihaḷu

Ma Mère est venue aujourd'hui dans notre ville. Elle y a répandu une pluie de joie.

makkaḷa kāṇalu tavakisī nannamma
bēgane lōkava suttāṭi bandaḷu
hōdalli bantalli muddina maḷegaredu
duḥkhavu mithyavu entutā nuṭivaḷu

Ma Mère, désireuse de rencontrer Ses enfants, parcourt le monde entier à une grande vitesse. Partout où Elle va, Elle répand Son amour et Ses baisers, et nous dit que la souffrance n'est pas réelle.

kaicācci baḷigenna seḷedukoṇḍihaḷu
maṭilalī malagisī maidaṭa vidaḷu
muddū maguvē bhayapaṭadirentu
tabbimuddāṭī prasāda koṭṭaḷu

Elle m'a pris la main pour me tirer vers Elle, Elle m'a mis la tête sur Ses genoux et m'a tapoté le dos. Elle m'a dit : « Mon enfant chéri, ne crains rien. » Elle m'a pris dans Ses bras, m'a donné un baiser et du prasad.

ībhavasāgara dāṭisu tāyē
dīnaḷa īmore kēḷamma tāye
mōhakke bedaruve kapaṭakke hedaruve
dāriya kāṇadē dikkeṭṭu aledihe

O Mère, aide-moi à traverser l'océan de l'attachement aux biens de ce monde. O Mère, daigne écouter cet être faible et impuissant. Je crains l'attachement et l'illusion. Je me suis égaré et j'erre, sans but.

mithyava nīgū satyava tōrū
kattale nīgū beḷakannu tōru
mṛtyuva nīgū amṛtatva nīḍū
lōkakke śānti nīḍu – tāyē
samastake sukhava nīḍu tāyē

Guide-nous de l'illusion à la Vérité ; des ténèbres vers la Lumière ; de la mort à l'Immortalité. Puissent tous les êtres, dans tous les mondes, être heureux.

Iniyoru janmam (version kannada)

innondu janma nīḍadiru kṛṣṇa
madamōha rāṭige dūḍadiru
nīḍidare nina dāsānudāsiya
janmava enage karuṇisayyā

nina nāma manadali sthiravāgali kṛṣṇa
nina pādapatmā sadā beḷagali
sakalava ninna pratibheyāgi kanḍu
samaniladali mana sadā nillali
kṛṣṇa... karuṇānidhē

karajōḍisi kaimugive

avaniyilupakāra pradavāgali janma
avināśa sukhadāna ennindāgali
adakāgi janma nīḍuve yādare
agaṇita narajanma enage nīḍu

Inkē irukkum (tamoul)

inkē irukkum unnaikkāṇā alaikirārē śankarā
enkēcenṭru etanai kāṇpār yārarivār śankarā
ankē inkē alaintu ōṭi taḷarumvarai śankarā
śankēseviṭan kātilpōla muzhankiṭumē śankarā

O Shankara (le dieu Shiva) – Tu es ici même mais les humains errent partout en quête de Toi. Où vont-ils ? Que verront-ils ? Nul ne le sait. Les gens errent çà et là jusqu'à épuisement, comme une conque sonne aux oreilles d'un sourd.

āśaiyatan āttralālē tavaruseyvār śankarā
arivin āttral kūṭumbōtu uṇarntiṭuvār śankarā
uṇarntavarō varuntumbōtu tiruntiṭuvār śankarā
tiruntiyavar unataruḷāl uyarntiṭuvār śankarā

O Seigneur Shiva, poussés par la force de leurs désirs, les humains commettent des erreurs. Ils comprennent leurs fautes quand ils acquièrent plus de connaissance. Ceux qui ont acquis la vraie connaissance et sont capables de voir leurs bévues, changent quand ils s'en repentent et, par Ta grâce, atteignent un statut supérieur.

tannil unnai kaṇḍukoḷḷa tavariyavar śankarā
mattravarai tāzhntavarāy kaṇḍiṭuvār śankarā
tannil unnai kaṇḍukoṇḍa uttamarō śankarā
enkum etilum unnaikkaṇḍu vaṇankiṭuvār śankarā

O Seigneur Shiva, ceux qui n'ont pas réussi à Te trouver en eux-même considèrent les autres comme inférieurs. Les êtres parfaits qui T'ont trouvé en eux-mêmes Te vénèrent partout et en toute chose.

śankarā śiva śankarā śiva satguru nāthanē śankarā
śankarā śiva śankarā tiru kailāsa nāthanē śankarā

O Shankara, l'Absolu, O Shiva, Maître parfait, O Shankara, l'Absolu, O Shiva, Seigneur du Mont Kailash !

Iratte tupanaru (tulu)

īrattē tūpanāru ammā īrattē kāpunāru
sakala jīva rāśiga ādhārō īrē
nambuduḷḷe ammā īrēnu pādonē
śuddha bhakti kōrdu kāpulēmma dēvi

O Mère, n'est-ce pas Toi qui prends soin de moi et me protèges ? Tu es le seul support de tous les êtres. Mère, Tu es mon seul refuge. Accorde-moi la dévotion pure et sauve-moi.

dinja duṇḍu uḍuluḍu duhkha duritōlu
enka enna panpi malla svārtthōlu
parōpakāra malpare manasa kōrpadu
kanalē namana badukugu śānti saukhyonu

Livré à des pensées orgueilleuses et égoïstes, mon cœur s'est empli de chagrin et de conflits. Accorde-moi un cœur qui aspire à aider autrui. Je vivrai ainsi dans la paix et le bien-être.

janmōlētu yānu nashta malte ammā
īrēna pāda smaraṇē malpande
sampattu sambandhō dālu kēnujamma dēvi
nijala kanala smaraṇē kōrdu kāpulēmma dēvi

J'ai gâché de nombreuses vies sans penser à Toi constamment, sans m'abandonner à Tes pieds. Je ne désire ni la richesse ni les bonnes relations. Bénis-moi, afin que je pense à Toi dans les états de veille et de rêve, et ainsi sauve-moi.

Iruvudu eraḍē (kannada)

iruvudu eraḍē nōḍu ī jīvanadalli
iruvudu eraḍē nōḍu karma māḍu
karmaphala uṇṇu karmaphala uṇṇu

Deux éléments composent cette vie : les actions et les fruits de ces actions.

uttama nāḷe bēke? indu
uttama karmava māḍu
manassige bandante māḍi nāḷe
mahādēvanannu dūradiru

Vous désirez des lendemains qui chantent ? Alors faites aujourd'hui de bonnes actions. Ne suivez pas aujourd'hui les caprices du mental pour ensuite blâmer Dieu.

rāṭṭe tirugisi daṇivāyte? ā
rāṭṭeya kai biṭṭu kūru
manasanu summane kūrisi attā
mahanta tōrida karma māḍu

Es-tu fatigué de tourner la roue ? Alors mets-la de côté et assieds-toi. Fixe le mental en un seul point et suis les instructions du guru.

baḍavi nānu nī
maḍagidantiruvē
ennuta ūru biḍalu
nī siddhavāgu

« Je ne suis qu'un mendiant. Là où Tu me mettras, là je resterai. » Sur ces mots, soyez prêt à partir à tout instant.

Jagamantalō (telugu)

yo mām paśyati sarvatra sarvam ca mayi paśyati
tasyāham na praṇaśyāmi sa ca me vā praṇaśyati

Pour celui qui Me (le Soi suprême) perçoit dans toute la création et qui perçoit toute la création en Moi, Je ne suis jamais invisible, et un tel être ne M'est jamais invisible. (Bhagavad Gita, 6, 30)

jagamantalō ammanu cūḍu
ammalōnē jagamunu cūḍu
sarva devatalalō ammanu cūḍu
ammalōnē sarva dēvatalanu cūḍu

Vois la Mère divine en tout, vois tout en la Mère divine. Vois tous les dieux en la Mère divine et la Mère divine en chaque dieu !

prati aṇuvulō ammanu cūḍu!
andarilōnu ammanu cūḍu
ammalōnē annī cūḍū
viśvamantā vunnadi cūḍū

Perçois la Mère divine en chaque atome, perçois-La en toute personne. Perçois tout ce qui arrive comme se produisant en la Mère divine, perçois l'univers entier en Elle.

dongalō doralō ammanu cūḍu
pēdalō rōgilō ammanu cūḍu
ō manasā ō manasā
ammalōnē sarva mānavulu
vunnaru cūḍu

Vois la Mère divine sous la forme du voleur, vois-La sous celle du roi. Vois-La sous la forme du pauvre et du malade ; O mon mental, ne vois qu'Elle dans toute l'humanité.

pakṣulalō ceṭṭlalō ammanu cūḍu
nadulalō koṇḍalalō ammanu cūḍu
ō manasā ō manasā

ammalōnē sarva bhūtamulu
vunnavi cūḍu

Vois la Mère divine dans les oiseaux, dans les arbres ; vois-La dans les rivières, les montagnes. Vois tous les êtres en Elle seule.

nīlō ammanu cūḍū bāgā cūḍu
ammalōnē nīvu vunnavu cūḍu bāgā cūḍu
vunnadi ammē cūḍū bāgā cūḍu
antā tānē cūḍu bāgā cūḍu
nīvannadi lēdu cūḍu bāgā cūḍu
cūsedi evarō cūḍu bāgā cūḍu
bāgā cūḍu ammanu cūḍu

Regarde en toi et vois la Mère divine. Regarde attentivement et tu verras que tu es à l'intérieur de la Mère divine. Regarde ! Elle seule existe. Regarde profondément, tu sauras alors que « tu » n'existes pas en tant qu'individu. Perçois Celui qui perçoit, connais Celui qui connaît, regarde avec vigilance, regarde profondément et tu verras que seule Mère existe.

Jagjananī ambā bhavānī (2015)

ālō mī darśnālā

O Mère universelle, nous sommes venus pour Ton darshan.

vāṭ pāhū kitī ambā
darśan dē tū malā

Nous T'attendons depuis si longtemps ! O Bhavani, daigne nous accorder Ton darshan.

andhārātun rastā chuklā
jhālō bējār

Je m'étais égaré dans les ténèbres.

ṭēch lāglī tarīhī nāhi
sōḍū nirdhār

Les difficultés qui se présentent ne m'accablent pas.

pāy śīṇlē cāl cālunī ālō
tujhiyā dāri

Mes jambes faiblissent et pourtant, je suis venu voir Amma.

vyākuḷ jhālā jīv ambā
kṛpā karī majhvarī

Mon cœur souffre, daigne m'accorder Ta bénédiction.

phulē bhaktīchi nirmaḷ
arpaṇ tujhiyā charṇī

J'éprouve pour Toi un amour pur. Je T'offre cet amour à travers les fleurs que je dépose à Tes pieds.

jyōt ḍōḷyānchī ambābāī
ōvāḷū āratī

Mes deux yeux sont des flammes avec lesquelles je T'offre l'arati.

besūr mājhī vāṇī tarī
gāvūn tujhīch gāṇī

Je ne sais pas chanter et pourtant, je chante Ta gloire.

ambē bhavānī mahān
mahimā pāvan kar tū malā

O Amma, j'ai entendu célébrer Ta gloire, daigne répandre Ta bénédiction.

Jag janani (punjabi)

jag janani tū de bhakti tū
bhay haruni tū de śakti tū
merī dāti tū de mukti tū

Mère du monde, accorde-moi la dévotion. Toi qui détruis la peur. Accorde-moi la force. O ma Mère, accorde-moi la libération.

aj phir caḍeyyā sī sūraj
aj phir sūraj hai ḍubeyā
beṭhā sī uḍikā vicc
hanjūvā dī jyot layī

Aujourd'hui encore, Le Soleil s'est levé, le Soleil s'est couché. Je reste assis ici et j'attends. J'allume la lampe avec mes larmes.

pancī vī terā, nām pukkāraṇ
pavan vī sāh roke khaḍī huṇ
tāre vī paye hār baṇāvaṇ
daras tere nū tarasaṇ

Même les oiseaux crient Ton nom, même le vent a cessé de souffler. Les étoiles ont formé pour Toi une guirlande, brûlant de T'apercevoir.

kinne hī me janam gavāye
māyā jāl vicc vāng machulī
e janam tere caraṇāvicc arupit
kare arddās e das

Combien de vies ai-je gaspillées, jouant à cache-cache dans ce jeu de Maya (le monde illusoire).Ton serviteur prie pour que cette vie puisse être offerte à Tes pieds de lotus.

Jai jai rāma (kannada)

jai jai rāma sannuta nāma
jānaki jīvana vandanam
kuśalavatāta kuśalapradāta
daśaratha putrasu vandanam

Victoire à Rama au nom digne de louanges, Lui qui est la vie de Janaki. Prosternations au père de Kusha et de Lava, au fils de Dasharata à celui qui rend les actions habiles.

raghupati rāghava rāja rām
patita pāvana sīta rām

Gloire au roi Rama, Seigneur de la dynastie des Raghus, qui élève les malheureux, gloire à l'époux de Sita.

lōka bhayankara rākṣasa mardana
lōka śubhākara vandanam
karuna samudra suranara vandita
carana sarōjake vandanam

Salutations à Rama, qui tue les démons et que le monde craint, qui apporte au monde ce qui est propice. Prosternations aux pieds de lotus de Rama, océan de compassion que les êtres célestes et les humains vénèrent.

raghupati rāghava rāja rām
patita pāvana sīta rām

Gloire au roi Rama, Seigneur de la dynastie des Raghus, qui élève les malheureux, gloire à l'époux de Sita.

ayōdhyavāsi ahalyōdhāraka
vānara sēvita vandanam
mangalānga hē ananga pālaka
tunga vikrama vandanam

Salutations à Rama, citoyen d'Ayodhya, qui libéra Ahalya et que servent les vanaras (le clan d'Hanuman, qui vit dans la forêt). Prosternations à Rama aux membres propices, au protecteur de Kamadeva (le dieu de l'amour), à celui dont la vaillance est immense.

raghupati rāghava rāja rām
patita pāvana sīta rām
jai jai rām sīta rām
jai jai rām sīta rām

Gloire au roi Rama, Seigneur de la dynastie des Raghus, qui élève les malheureux, gloire à l'époux de Sita. Gloire au Seigneur Rama et à la déesse Sita !

Jamunā ke taṭ par (hindi)

jamunā ke taṭ
par nāce mohan
rādhā gopiyo ke sang

Sur les rives de la rivière Yamuna, l'enfant à la forme enchanteresse (le seigneur Krishna) dansait avec Radha et les gopis (les bergères).

cāndnī rāt hai
phailī hai bāt ye
"kānhā calē khelne
rās unke sang "

Sous le clair de lune, on chuchotait à Vraj que Krishna était allé danser la rasa lila avec les gopis.

kānhā kē cintan
me khogayā man
hoṭoṅ me lete gayī
nām har kṣaṇ

L'esprit sans cesse occupé de Krishna, Son nom constamment sur les lèvres.

gopiyā nācī bhūle tan man
khele divya rās hoke magan

Les gopis dansaient dans un abandon total d'elles-mêmes, oubliant corps et esprit. Elles s'absorbèrent totalement dans la rasa lila sacrée.

kānhā khele rās... rās rās rās... rās mahārās

Telle fut la rasa lila jouée par Krishna, la grandiose rasa lila.

ātmā paramātmā kā thā ye sanyōg
dekh-ke cakit rah gaye tīn lok

C'était l'union du jivatma (l'âme individuelle) et du Paramatma (l'âme suprême). En voyant cela, les habitants des trois mondes furent.

sāre jag bhūl gaye apnā śok
ānand me ḍubo diyā kānhāne sab kō

Le monde entier oublia son chagrin. Le seigneur de Vraj plongea tout le monde dans la béatitude.

suddha hogaye jab tan man prāṇ
har gopīke pās ā khaḍe gopāl

Quand le corps, l'esprit et le souffle vital des gopies furent purifiés, le divin berger vint se placer à côté de chacune d'elles.

bhakti se nāce ve sab ek sāth
ye thā kānhā kā adbhut mahārās

Ils chantèrent et dansèrent ensemble. Ce fut la stupéfiante et grandiose rasa lila de Krishna.

Jamuna kināre (hindi)

jamuna kināre muraḷi bajāne
madhuban me nit rās racāne
gopī ghar navanīt curāne
giri kānan me dhenu carāne

Il est venu jouer de la flûte sur les rives de la Yamuna, danser avec béatitude dans les jardins, voler du beurre dans les maisons des gopis, faire paître le bétail sur la montagne.

navghan nīla kaḷebar āyā
vṛndāvan kā pyārā
kṛṣṇa kṛṣṇa kṛṣṇa kṛṣṇa kṛṣṇa
kṛṣṇa kṛṣṇa kṛṣṇa kṛṣṇa kṛṣṇa

L'Enfant chéri de Vrindavan, l'Enfant au teint bleu sombre est venu ! O Krishna.

āyā sāvrā, pyārā sāvrā
ayā pās bajāyā bāsuri

Il s'est approché en jouant de la flûte, l'Enfant chéri au teint sombre.

māyā me nij rūp chipāke
nitnit navnav līlā karne
mere dilme jyoti jagāne
gokul me to śor macāne

Il cache Sa forme réelle derrière un voile d'illusion, Il se livre sans cesse à de nouvelles lilas (jeux divins) pour faire naître la lumière dans mon cœur et créer le tumulte à Gokul.

madhurhasī se sabko lubhāne
muh me sārā viśv dikhāne
braj jan manme madhubarsāne
govardhan giri karme lene

Il conquiert tous les cœurs par son tendre sourire, Il a montré l'univers entier contenu dans Sa bouche (à Yashoda). Il répand la béatitude dans les cœurs des habitants du Vraj, Il a soulevé la montagne sur Sa main.

Janani sakal (hindi)

jananī sakal jag jananī
bhagat man kumud cāndani nandini
mṛdul śubhad pada yugala
magan dilśaraṇa māngat śankarī

Mère, Tu es la Mère de l'univers. Quand le dévot Te regarde, son cœur est dans la béatitude. Mon cœur aspire à prendre refuge à Tes pieds si doux et propices, O Mère Shankari.

śaraṇ dāyani śankarī – śiva
hṛday rañjini sundarī
mahiṣa mardini śāmbhavī – sur
bipati hāriṇi vaiṣṇavī

Tu es Shankari, qui donne refuge aux dévots ; Tu as captivé le cœur du Seigneur Shiva. Tu as tué le démon Mahishasura et Tu élimines les obstacles qui se dressent devant nous, O Mère Vaishnavi.

jananī jananī jananī jananī jananī jananī jananī
jananī jananī jananī
jananī jananī jananī jananī jananī

O Mère

aruṇ kamal sam vadanī
taruṇ ravi sadṛś śōbhit rūpiṇī
adhar madhur hasi sahita
naṭan tava bhuvana mōhana bhairavī

Ton visage est pareil à un ravissant lotus, Ton corps a l'éclat du Soleil levant. Ton rire est d'une douceur extrême et Ta danse divine enchante le monde.

janan maraṇ sab haraṇi
amṛtamayi jagat kāraṇi jōginī
kamal bhavan man ramaṇi
dhaval śubh vasan dhāriṇi bhārati

Tu nous emmènes au-delà de la naissance et de la mort, O Toi l'Immortelle, Tu es la cause de tout cet univers, Tu pratiques une ascèse éternelle. Tes yeux de lotus captivent mon cœur ; Tu es parée de vêtements blancs, couleur propice, O Bharati !

śaraṇam ambikē śaraṇam ambikē caraṇam
dēvi śaraṇam śaraṇam śaraṇam

O Mère, Déesse, nous prenons refuge à Tes pieds !

Janmāntarapathikan (malayalam)

janmāntarapathikan ñān tēṭiṭum
ambikē nin caraṇam
janma marīcikayām kanavakalān
nin kṛpa tān śaraṇam

Pèlerin, je chemine depuis de nombreuses vies en quête de Toi.. Le flot de Ta grâce est mon seul refuge, daigne dissiper le mirage de ces naissances successives.

sankaṭamōcinī nin kaṭamizhitan
amṛtoḷi puraḷānāy
ulkkaṭa mōhamatonnuṇḍennil
uḷkkaṭalāyennum

Mère, Toi qui dissipes toutes les peines, il y a en moi un océan d'espoir : l'espoir d'être englouti par la splendeur de Ton regard, ne serait-ce qu'une fois.

ennile ñānākē ninnilaliññiṭaṇē
en matiteḷiyān anpoḷi paṭarān
amma kaniññiṭaṇē – ennum
amma kaniññiṭaṇē

Que mon "moi" se fonde entièrement en Ton Soi. Sois miséricordieuse, et rends mon mental si pur que la lumière de Ton Amour y brille.

nīrava niśatan vīthiyilalayum
oru virahārtta vilāpam
priya jana caraṇadhvanitēṭīṭum
vijana vimūka vihāram

Je ne suis qu'un cri étouffé qui erre dans les rues des nuits silencieuses. Un foyer vide- qui guette les pas familiers d'un être cher.

viṇtala śobhini nī
mṛṇmaya bhājika ñān
nin mṛduhāsa nilā mazha pozhiyān
amma kaniññiṭaṇē – ennum
amma kaniññiṭaṇē

Tu brilles avec tant d'éclat dans la nuit, si haut dans le ciel et moi, ici-bas, je ne suis qu'une simple poterie de terre. Répands Ta grâce et remplis-moi des frais rayons de Ton doux sourire. Amma daigne répandre sur moi aussi Ta compassion.

Japonām japonām (bengali)

rāmāya rāmabhadrāya rāmacandrāya mānase
raghu nāthāya nāthāya sītayā pataye namo namaḥ
japo śrīrām bhajo śrīrām gāvo śrīrām

Hommage au Seigneur Shri Rama (qui incarne le fils, l'ami et le roi parfaits), l'Être idéal, l'Epoux de Sita (Sita symbolise toute la grandeur et la noblesse du féminin).

japonām japonām japonām
japo śrīraghu rām
rām rājārām rām sītārām
rām rādheśyām rām jay jay rām

Chantons le nom de Shri Rama. Chantons le nom de Shri Rama... Chantons sans cesse le nom du Seigneur Rama.

amār monnette rām prānnettī rām
śob kicū tāyī rāghovo rām
amṛto madhuronām bhajo abhirām
paromo śānti śubh borive monno prāṇ

Notre seul ami véritable est Rama. Dans le chagrin, celui qui nous accompagne est Rama. Chantez sans trêve le nom du Seigneur. Votre cœur sera alors rempli d'une paix éternelle.

otī bālośālī dhanurdhārī rām
potito pāvvonno śītārām
śoronne lāo prabhu cāronne āśāyye
śarv pāp hore amṛto rām nām

L'incarnation de la Force est le Seigneur Rama qui tient un arc (ce qui symbolise qu'Il est prêt à détruire le mal et à protéger ce qui est juste). Epoux de Sita, Il élève la conscience des pécheurs. Celui qui atteint les pieds sacrés du Seigneur a trouvé le Refuge. Le nom immortel de Rama nous lave de tous les péchés.

jay jay rām rām rām
jay jay rām rām rām
jay jay rām rām rām jay jay rām

Gloire au Seigneur Ram ! Gloire à Sita Ram !

Japo re (hindi)

japo re japo re japo re japo
rām kā nām japo
subah ke vakt japo
aur har śyām japo

Chantons, chantons, chantons le nom de Rama ! Chantons-le nuit et jour !

rām nām japune se
hote he kaṣṭ dūr sabhī
rām nām japune se dil
ko mile surūr sabhī
rām jī kā nām japo
subah aur śyām japo

Chanter le nom de Rama met fin à la souffrance et donne la paix du cœur. Nuit et jour, chantons Son nom !

rām nām aisā he jiskī
na koyi kīmat he
rām nām esā he jo
khud hī ek dolat he
rām jī kā nām japo
subah aur śyām japo

La valeur du nom de Rama est sans égale, Son nom est en lui-même la plus grande des richesses. Nuit et jour, chantons Son nom !

rām kā nām japo
rām rām rām rām rām kā nām japo

Jaya jagadīśvarī (marathi)

jaya jagadīśvarī jaya paramēśvarī
dēī nija sukha prēma
sēvā tava di dhāmā
jaya jagadīśvarī jaya paramēśvarī (2)

Gloire à la Mère de l'univers ! Accorde-nous la grâce de T'aimer et de servir Tes pieds.

gāna vilōlinī bhakti gītapriya
puravī jana manō kāmanā
gāū mukhī tava nāmā
jaya jagadīśvarī jaya paramēśvarī (2)

Mère, Tu aimes les chants dévotionnels et Tu aimes le chant. Daigne exaucer mon désir : puissé-je chanter Ton nom. Gloire à la Mère de l'univers !

śaraṇ mī ālō tava guṇa aikunī
sakala bhakta viśrāmā
dē prēm bhakti āmhā
jaya jagadīśvarī jaya paramēśvarī (2)

J'ai pris refuge en Toi après avoir entendu louer Tes qualités divines. Tu accordes refuge à tous les dévots. Accorde-nous l'amour et la dévotion envers Toi. Gloire à la Mère de l'univers !

sañjīvana sukha sat pada dāvisī
jāgavī ātmārāmā
param jyōti param dhāmā
jaya jagadīśvarī jaya paramēśvarī (2)

Tu nous montres l'état de béatitude éternelle, l'état d'éveil du Divin, du Soi intérieur.

Jaya janani caitanya (telugu)

jaya janani caitanya kusumapriyē
manōpuṣpam arpayāmi

O Mère divine qui aime l'offrande de la conscience du Soi, je T'offre la fleur de mon mental.

nī navvē pūvvulai śānti varṣiñcanī
nī karuṇē mā hṛdilō puṣpiñcanī
jñāna kusumā-lugā vikasiñcanī
suguṇa-mulu sugandha-mai veda-jallanī

Puisse Ton beau sourire répandre sur moi une pluie de fleurs de paix ; puisse Ta compassion s'épanouir comme des fleurs dans mon cœur ; puissent ces fleurs éclore grâce à la connaissance et toujours émettre le parfum des nobles vertus.

prēma makaranda-mai niṇḍipōnī
nigraha manu-mullu kāpāḍanī
mṛdubhāva purēkula śōbhalō
hṛdi pūvai pādālu kaḍagani

Puissent ces fleurs être remplies du miel de l'amour et protégées par les épines de la maîtrise de soi. Puissent les magnifiques pétales de ces fleurs être doux et tendres. Puissé-je adorer Tes pieds de lotus avec ces fleurs de pureté, O Mère !

Jaya jaya rāma jānaki rāma (kannada)

jaya jaya rāma jānaki rāma
mēghaśyāma raghukula sōma

Gloire à Toi, Rama, au teint sombre comme les nuages, Tu es l'astre lunaire du clan des Raghus.

āgali ennaya hṛdaya rāma
nitya ninnaya prēma dhāma
dēha vīṇeya mīṭalu rāma
mūḍali sumadhura tārakanāma

Puisse mon cœur devenir Ta demeure d'amour pour l'éternité. Que seul Ton nom salvateur soit joué sur le luth de mon cœur.

rāma ennalu gadgata svaravu
hṛdayadi bhaktiya bhāvada honalu
nayanadi prēmada mēghada maḷeyu
bārade ā dina karuṇārāma

O Rama, ma gorge se serre à prononcer Ton nom. Quand viendra le jour où de mon cœur jaillira un torrent de ferveur, où mes yeux laisseront couler la pluie des nuages de l'amour ?

janamana rañjaka jagadabhirāma
janimṛti nāśaka jayajaya rāma
bhaktajana prāṇadhana rājārāma
ānandarūpanē ātmārāma

Tu es le Seigneur qui veille au bonheur de tous les êtres. O Rama, gloire à Toi, qui anéantis la naissance et la mort ! Tu es le trésor le plus précieux de Tes dévots. O Rama, établi dans le Suprême, Tu es l'Incarnation de la béatitude.

Jaya māt bhavāni (Sanscrit)

bhaktim dadātu me premam dadātu me
viśvāsam dadtvā mama rakṣām karotu jagadambā

Accorde-moi la dévotion, accorde-moi l'Amour, O Mère de l'univers, protège-moi en me donnant la foi.

jaya māt bhavāni namāmi śive
śivaśankari śāmbhavi pāhi rame
praṇamāmi śubhankari śrī laḷite
jaya he asurāri mahēśa priye

Victoire à Mère Bhavani, je me prosterne devant la Déesse propice. Protège-moi Mère, Shankari, épouse de Shiva. Je me prosterne devant Sri Lalita qui accorde ce qui est favorable. Gloire à la Déesse, opposée à tous les traits de caractère négatifs.

amṛteśvari śrīkari pālayamām
śaraṇāgata pālaya śrī amṛte

O Déesse éternelle qui accorde la prospérité, daigne me protéger. Divine, Immortelle, protège ceux qui ont pris refuge en Toi !

jaya he tripureśi maheśi ume
varadātri nirantari muktiprade
manamohini kṣīrapayodhi sute
amṛteśvari śrīkari pālayamām

Tu accordes des faveurs, Déesse éternelle qui donne la Libération. Je me prosterne devant Celle qui captive les cœurs, Celle qui a surgi de l'océan de lait.

bhuvaneśi kṛpākari haimavati
paśupāśavimocini mantramayi
bhavasāgaratāriṇi śrī janani
amṛteśvari śrīkari pālayamām

O Pārvatī, Déesse de l'univers, dans Ta compassion, Tu brises les chaînes qui nous attachent à ce monde. Tu es la forme du mantra. O Mère divine, Tu nous fais traverser l'océan de la transmigration.

hṛdayeśvari bhairavi bhāvaghane
śivaśakti svarūpiṇi prāṇadhane
sachidānandarūpiṇi bhaktipriye
amṛteśvari śrīkari pālayamām

O Bhairavi, Déesse de mon cœur, Tu es habile à multiplier les divines manifestations (bhava), Tu as la forme de Shiva et de Shakti, Tu es la richesse de la force vitale (prana). Tu es existence, connaissance et béatitude, Tu aimes la dévotion.

Jevhā vāṭṭ (marathi)

jēvhā vāṭṭ disatu nāhī
uttar gavsat nāhi
āṭhav mūrtī viṭhōbācī
sād ghāl prēmācī
viṭṭhala pāṇḍuranga
viṭṭhala pāṇḍuranga

Quand nous sommes dans une impasse, quand nous ne trouvons pas de réponse, rappelons-nous la forme splendide de Vitthala et appelons-Le avec amour. Appelons-Le par les doux noms : Vitthala, Panduranga !

jēvhā āt rite bhāsē
kāhi sucēnāse hōtē
sēvā kar tū janāñcī
smarūn prēma viṭṭhāīce
viṭṭhala pāṇḍuranga
viṭṭhala pāṇḍuranga

Quand vous êtes dans un état de vide intérieur et n'êtes plus capable de penser, aidez autrui en vous rappelant l'amour que vous éprouvez pour Vitthala ; appelez : Vitthala, Panduranga !

jevhā sarv sukhē zhālē
kāhi uṇīv nāhi bhāsē
vāc śabda santāñcē
śōdh kā jagāyazhē
viṭṭhala pāṇḍuranga
viṭṭhala pāṇḍuranga

Quand tout va bien et qu'il ne vous manque rien, lisez les paroles des saints et cherchez le but de la vie. Rappelez-vous les doux noms : Vitthala, Panduranga !

pāṇḍuranga pāṇḍuranga pāṇḍuranga

Kadiranu enagende (kannada)

kadiranu enagende udisidarēnu
tingaḷanu enagāgi beḷagidarēnu
ninna kṛpā kiraṇa enna hṛdayava
hūvāgi araḷisadiralu ammā

Le Soleil se lève, la Lune brille (pour moi), mais que m'importe ? Tant que la fleur de mon cœur ne s'est pas épanouie sous l'effet des rayons de Ta grâce, à quoi bon ?

jīvana nadiguṇṭu aṭe taṭe anēka
viparītanēka viparyāsanēka
suḷiyali silukadantiralu nā ammā
vilavilā horaḷāḍutiruve ammā

Dans la rivière de la vie, nombreux sont les obstacles, les contradictions, les paradoxes. Je me débats, je tourne en rond, pour éviter d'être pris dans le tourbillon.

śaraṇu bandavagē nī karuṇe tōrammā
pāpa maguvendu ennatta nōṭamma
hūvāgi aralaḷi hṛdayavu indē
minugali kṛpā kiraṇa ammā

Mère, fais preuve de compassion envers ceux qui ont pris refuge en Toi ! Jette-moi un regard, vois mon état pitoyable. Permets à la fleur de mon cœur de s'épanouir, répands sur moi la lumière de Ta grâce.

Kāla bhairavā (kannada)

kāla bhairavā jaya jaya kāla bhairavā
kāmēśvara sambhūta kāla bhairavā

Victoire à Kala Bhairava (une incarnation de Shiva), qui a émané du Seigneur Shiva !

brahma garva bhanga gaida ugrasvarūpiyē
nāgābharaṇa bhūṣita śiva kāla bhairavā
śaktipīṭha rakṣakanē śyāmavarṇa haranē
chāyā hṛdaya nandana guru kāla bhairavā

Kala Bhairava, à la forme féroce, a détruit l'ego du Seigneur Brahma. Autour du cou, Kala Bhairava porte un serpent en guise de collier. Ce dieu au teint sombre protège la demeure de Devi. Kàla Bhairava est le guru de Saturne.

sarva dharma pālaka sakala sampat kāraka
bhikṣāṭana mūrttiyē digambaranē
astikavaca-dhāriyē āpat nirmūlanē
sarvakṣētra pālakanē kāla bhairavā

Il protège le dharma (la justice) et Il est l'origine de toute richesse. Vêtu d'espace, Il est le symbole du moine mendiant. Revêtu de l'armure de Ses os, Il est le gardien qui pare à tous les dangers. Kala Bhairava protège tous les temples.

lōbha-mōha kōpa-tāpa śoka nāśakā
śvāna vāhana śambhu kāla bhairavā
kāśinātha darśanakē mārgadarśi kārakanē
kāla bhaya nivārakā kāla bhairavā

Il balaye l'avidité, l'illusion, la colère, la souffrance et le chagrin. Kala Bhairava a la forme de Shiva, et Sa monture est un chien. Sans le darshan de Kala Bhairava, il est impossible d'obtenir la vision du Seigneur de Kashi (Shiva). Il détruit la peur de la mort.

Kālam kanalu (version tamoul)

kālam kanalinai pozhikkiradu
jīvan taṇalirku tavikkiradu
vāzhvenum vīthiyil muḷḷum pūvum
vāri vidaiykkirudu
vidhiyinai yār manam ninaikkirudu
vidhiyinai yār manam ninaikkirudu

seydadirkkēttra palan varum nēram
sirittiṭuvōm cilar azhuvōm
vidhiyadan tīrppum vinaiyadan palanum
nizhalinai pōl pintoṭarum
nizhalinai pōl pintoṭarum

kāṇunkaḷ samamāy sukha-dukhankaḷ
kālattin kōlam idellām
anubhavam palavidhamākum - nāmō
anubhava sāṭcikaḷ āvōm
anubhava sāṭcikaḷ āvōm

āsaikaḷ neyyum piravittaḷaiyadu
aruttāl azhindiṭum tuyaram
ātmavicāra vazhiyinai tazhuvi

aṭaivōm paramānandam
aṭaivōm paramānandam

Kalamurali (version tamoul)

kuzhalisaiyāl emai mayakkum mukundā
nīyāṭum arankāgaṭṭuṁ en manaṁ

pulavar punaindadu puṣpavimānaṁ
en uḷḷamē undan ratnavimānaṁ
īṭiṇaiyillā ezhilmigu vaiyam
nī naṭaṁ puriyum nāṭṭiya mēṭai

oru piṭi avalāl peruṁ pēraḷittāy
oru sir ilaiyai amudena koṇḍāy
tuyaraṁ migundu kaṇṇīr sindum
draupadikaḷ – tuyar nīkki aruḷvāy

Kala nuṇḍi kala loniki (telugu)

kala nuṇḍi kala lōniki
kalakālamu kadilē kavi
mēlukō! mēlukō! suprabhātam
nīku jñāna suprabhātam

O Poète, nous passons d'un rêve à l'autre, éternellement. Lève-toi, réveille-toi ! Bonjour ! Puisse le soleil de la sagesse se lever en toi !

kannulu kāñcē kala okkaṭi
kannulu kānani kala okkaṭi
avi pagaṭi kalalu konni
rātri kalalu konni konni
rātri kalalu konni konni

Nous rêvons les yeux ouverts, nous rêvons les yeux fermés. Certains rêves défilent toute la journée, d'autres la nuit, quand nous dormons.

gatamunu tovvē kalalanni
bhavitanu allē kalalanni
manassu kalpanalē anni
kala alalu kallalu anni
kala alalu kallalu anni

Les rêves nous replongent dans le passé ou bien imaginent un futur. Ce ne sont que des créations de l'imagination. Illusoires, les rêves s'évanouiront, comme les vagues de l'océan.

janma-janmalu kalalu kalalu
jagamu-jīvulu kalalu kalalu
satī sutulu kalalu kalalu
illu oḷḷu kalalu kalalu
illu oḷḷu kalalu kalalu

Les différentes vies, le monde et ses créatures, épouse et enfants, maison et corps, tout cela ne sont que des rêves !

kalalu evarikō telusukō?
nīvu evarivō telusukō?
telusukō! mēlukō! suprabhātam
nīku jñāna suprabhātam

Qui est le rêveur ? Trouve-le. Introspecte pour savoir qui tu es. Connais-toi toi-même ! Lève-toi ! Réveille-toi ! Puisse le soleil de la sagesse se lever en toi !

Kālī kālī kālī (gujarati 2015)

kālī kālī kālī tane
śāne kahe mā
tārā jevū sundar nathī
koyī ā jagmā

O Kali, pourquoi T'appelle-t-on Kali (celle qui est sombre) alors qu'il n'existe dans cet univers aucune beauté comparable à la Tienne ?

kāḷī mā o kāḷī mā
ami bhari tāri drașți
karuṇābharyā tārā nayn
tujhthī chūpū nathī
kayī ā jagmā

Tes yeux sont remplis de nectar divin et de compassion ; rien n'est voilé à Ton regard.

kāḷī kāḷī mārī kāḷī
vālī kāḷī pyārī kāḷī
kāḷī mā o kāḷī mā

Ma Kali, ma Kali bien-aimée, ma Kali adorée.

tū mārī vālī kāḷī
tū mārī bhoḷī kāḷī
bhoḷī chattā śāṇī kāḷī
tārā jevū nathī koyī

Tu es ma Kali bien-aimée ; Tu es pure innocence et cependant, nul n'est aussi astucieux que Toi en ce monde.

tū kāḷī mahākāḷī
darśan de de mātārānī
dauḍī dauḍī āv kāḷī
tane pokārū laḷi laḷi

Tu es Mahakali ; accorde-moi Ton darshan O Mata rani Accours vers moi, je T'appelle, O Kali.

rūmjhum rūmjhum āv kāḷī
rās ramvā āv kāḷī
jay jay kāḷī mahākāḷī
kāḷī kāḷī jay ho kāḷī

Viens Kali, avec Tes bracelets de cheville qui tintinnabulent. Viens danser avec nous, O Kali, Gloire à Toi, Kali !

Kāḷi karuṇākarī (tamoul)

tāyunnai nāḍivantēn tañcamena tēḍivantēn
intapūvulakam tavikkutammā
bhuvanēśvari nī kāttiḍammā

Je suis venu prendre refuge en Toi, O ma Mère, la Terre entière souffre. O Déesse du monde, daigne nous protéger.

kāḷi karuṇākarī karumāri bhairavī
āyi mahāmāyi dēvī
vāri vāri aruḷai vazhankum kāḷi bhairavi

O Kali, pleine de compassion ! O Karumari, Bhairavi, Devi, déesse de Maya ! Kali, Bhairavi, Tu répands une grâce infinie.

caṇḍi cāmuṇḍi caṇḍamuṇḍa marddinī
rudrē bhadrē durgādēvī
ninpāda silambolikka āḍiḍuvāy

O Chandi, Chamundi ! Tu as anéanti les démons Chanda et Munda. O Déesse Durga, daigne danser avec Tes bracelets de chevilles qui tintinnabulent !

ulakaḷanta uttamanin sōdari
ulakamellām kāttunirkkum nāyaki
paṇivataṇai koḍuttu paṇpinaiyum vaḷarttu
maṇattūymai ākkiḍuvāy dēviyē – atil
karuṇayōḍu kuḍiyiruppāy śaktibhairavī

Tu es la Sœur de Celui qui a mesuré l'univers entier en deux pas (Vamana, une incarnation de Vishnu) ; tout l'univers T'attend. Accorde-moi l'humilité, puissent les nobles vertus s'éveiller en moi. O Déesse, Energie primordiale, sois miséricordieuse envers moi, purifie mon cœur et viens y demeurer.

uyirānāy uravānāy ulakānāy
guṇamānāy kulamānāy tiruvānāy
uruvamāka ānavaḷ aruvamāka ānavaḷ
guruvaḍivāy vazhinaḍattum dēviyē – untan
aruḷai maṭṭum vēṇḍukirōm śaktibhairavī

Tu es ma vie, ma parente, mon monde, mon caractère, ma famille, ma Déesse. Tu es à la fois dotée d'une forme et sans forme. O Devi, Tu as pris la forme de notre guru pour nous guider ; nous prions uniquement pour obtenir Ta grâce.

bhuvanēśvarī sarvēśvarī paramēśvarī
hṛdayēśvarī
aruḷmazhai pozhintiḍuvāy bhairavī
dākṣāyaṇī kātyāyanī māhēśvarī bhavatāriṇī
tiruvaruḷ tantiḍuvāy bhairavī

Tu es la Déesse de l'univers, la Déesse de tout, la Déesse de mon cœur. O Bhairavi, daigne répandre Ta grâce ! Tu nous fais traverser l'océan du samsara. Daigne nous accorder Ta bénédiction.

Kāḷi māteyē (kannada)

kāḷi mātēyē kāruṇya kīrtiyē
vāñchita phala dāteyē amṛtānanda mūrtiyē

O Mère Kali, Tu es célèbre pour Ta compassion. Tu exauces les désirs, Tu es l'incarnation de la béatitude immortelle.

ninna makkaḷu nāvu namma irisu satya mārgadi
kaṣṭaveṣṭe barali koḍu śakti śānti nemmadi
svārtha biḍisi tyāga beḷesi naḍēsu namma avirata
kāma-krōdha mōha-lōbha mada-matsara kaḍiyuta

Nous sommes Tes enfants, veille à nous garder sur le chemin de la vérité. Quelles que soient les difficultés qui surgissent, donne-nous la force et la paix. Daigne éliminer notre égoïsme ; puisse l'attitude du sacrifice de soi croître en nous. Garde-nous constamment sur ce chemin. Daigne nous libérer de la luxure, de la colère, de l'illusion, de l'avidité, de l'orgueil et de l'envie.

kāli mā jai jai kāli mā
kāli mā jai jai durge mā

Victoire à Mère Kali ! Victoire à Mère Durga !

janani ninna bēḍutihevu bhaktiyinda bhajipevu
irisu namma mukti-pathadi eḍebiḍadē satatavu
māyayinda dūramāḍu svārthavillade duḍivevu
sulabhamukti mārga tōru dēvi ninna stutipevu

O Mère, par nos hymnes de dévotion, nous T'implorons : Garde nous toujours sur la voie qui mène au salut. Daigne écarter de nous l'illusion, et nous ferons des efforts désintéressés. Tandis que nous chantons Ta gloire, aie la bonté de nous montrer une voie facile qui mène à la libération.

eḷiyavarkkeṇtrum naṇbananṭrō nī
eḷiya kuzhalilum pozhivāy amudai
mayirpīli aṇiyum yadukula bālā
līlai seydālum yōgiyanṭrō nī

Kallum Avanē (tamoul 2015)

kallum avanē kaṭavuḷum avanē
ellām śivamayamē
ellām śivanē ellām śivanē
ellām śivamayamē

Il est l'idole de pierre, Il est aussi Dieu. Tout est Shiva.

sattenum sollum śivamayamē
cittenum sollum śivamayamē

Le mot « Existence » est Shiva, le mot « Conscience » est aussi Shiva.

akattinil ānanda
naṭanam puriyum
anbin vaṭivum śivamayamē

Celui qui danse en extase à l'intérieur de nous est Shiva ; Il danse sous la forme de l'Amour.

Kānalēkunnānu ammā (telugu)

kānalēkunnānu ammā – kūnanu
karuṇatō daricērccavammā
karigēdi kṣaṇamani tarigēdi bratukani
marigēdi ahamani murigēdi svārthamani

Qui est le rêveur ? Trouve-le. Introspecte pour savoir qui tu es. Connais-toi toi-même ! Lève-toi ! Réveille-toi ! Puisse le soleil de la sagesse se lever en toi ! Le temps file, la vie passe, mon ego me brûle, l'égoïsme pourrit mon être.

kaṭikacīkaṭi dāri krūramṛgamula dāḍi
janmakarmamula ūbi dāṭa taramā talli

O Mère, la nuit est d'un noir d'encre, des bêtes féroces m'attaquent, aide-moi, je T'en prie, à traverser ce cycle de la vie et de la mort.

māṭa vinanī-manasu māya marmapu mūsugu
sahakariñcani-tanuvu karmaphalamula muḍupu

Mon cœur ne m'écoute pas. Sous l'effet du voile de cette mystérieuse maya, mon corps ne coopère pas et je suis pris dans les liens de mon propre karma et de ses fruits.

karuḍugaṭṭina ahamu kuriyaniyadu-kṛpanu
dikkevvarika nāku nā cēy vadalaku

Mon ego refuse de fondre et ne permet pas à Ta grâce de couler. Qui donc sera mon refuge ? Je T'en prie, ne lâche jamais ma main.

sarvamu nīvē jagadambā
caraṇamē śaraṇamu jagadambā

Tu es tout pour moi, O déesse de l'univers. Tes pieds de lotus sont mon unique refuge.

Kanasu maṇigaḷa (kannada)

kanasu maṇigaḷa māle māḍide
ninna muddu koraḷige
bēga bandu svīkarisu
bayake īḍērisu

Avec les perles des rêves, j'ai fait une guirlande pour orner Ton cou si beau. Viens promptement l'accepter. Daigne satisfaire ce désir intense.

hṛdaya mandira oppa māḍide
pīṭhavidō kādide
ōṭi bandu alamkarisu
bayake īḍērisu

Le temple de mon cœur est ouvert et un siège T'y attend. Accours l'orner de Ta présence. Daigne satisfaire ce désir intense.

attu kareva kaṇṇugaḷige
ninna darśana nīḍu
baḷige bandu eduru nintu
bayake īḍērisu

Daigne m'accorder Ton darshan, à moi qui ai les yeux remplis de larmes. Viens à mes côtés. Daigne satisfaire ce désir intense.

duḥkha buguḍa mṛtyu rōga
bhavada bhaya nivārisu
prēma dinda baḷasi nanna
ninnalondu māḍiko

Daigne mettre un terme à mes peurs, à mes chagrins et à la peur de la mort. Unis-moi à Toi. Daigne satisfaire ce désir intense.

Kaṇḍariyātana (tamoul)

kaṇḍariyātana kaṇḍēn śivanē
kaṇkaḷ panittana nandriyil aranē
kaṇḍēn ārivin kaṇṇāl śivanē
kāṇacheytatu mukkaṇ āranē

J'ai vu la Vérité avec l'œil de la sagesse. C'est Toi, avec Ton troisième œil, qui m'as permis de la voir.

aranum ariyum vērendrirundēn
aruvē uruvil iraṇḍena kaṇḍēn
bhaktiyum jñānamum pakay endrirundēn
muktiyai īndra tāy tandaiyum kaṇḍēn

Je concevais Shiva et Vishnu comme différents. Je comprends maintenant que le Sans-forme se manifeste sous ces deux aspects. J'imaginais que la dévotion et la connaissance étaient contradictoires. Je vois maintenant qu'elles sont la mère et le père de la libération spirituelle.

enkō kayilaiyil nī endrirundēn
inke ennūḷḷēyum irukka kaṇḍēn
ālayachilayē nī endrirundēn
anbē śivamāka irukka kaṇḍēn

Je croyais que Tu demeurais au Mont Kailash. Je vois maintenant que Tu résides aussi en mon cœur. Je croyais que Tu étais limité à l'idole du temple. Je comprends maintenant que Ton essence est l'Amour vrai.

hara hara hara śankarā śiva śiva śiva śankarā
śankarā śiva śankarā śankarā abhayankarā

Gloire au Seigneur Shiva ! Victoire à Shankara ! Gloire à Celui qui protège !

Kaṇṇā kaṇṇā kaṇṇā (tamoul)

kaṇṇā... kaṇṇā... kaṇṇā... ōṭi vā
gānakkuzhal gītam pāṭi vā
ālilaiyin tūyinṭravā
akhilam - tanai kāttavā
vāri aṇaikkum karankaḷ pōttruvōm - emai
vāri aṇaikkum karankaḷ pōttruvōm

Krishna, accours je T'en prie, en jouant de Ta flûte. Toi qui as dormi sur la feuille de banyan, Toi qui as protégé l'univers. Célébrons la gloire des mains qui nous étreignent.

vānam toṭṭu ninṭravanai
vaiyyam tanai aḷarndavanai
vāyinilē aṇḍamellām
tāyai kāṇa ceytavanē
vāri aṇaikkum karankaḷ pōttruvōm – emai
vāri aṇaikkum karankaḷ pōttruvōm

C'est Lui qui a touché le ciel, c'est Lui qui a mesuré le monde ; Il a montré à Sa mère l'univers entier contenu dans Sa bouche. Célébrons la gloire des mains qui nous étreignent.

puḷḷil ēri parandavanai
bhūvulagam kāttavanai
eḷḷil nirai eṇṇaiyai pōl
enkum nirai mādhavanai
vāri aṇaikkum karankaḷ pōttruvōm – emai
vāri aṇaikkum karankaḷ pōttruvōm

Sa monture est un aigle, Il a protégé le monde. Comme l'huile est contenue dans la graine de sésame, Il est partout présent dans l'univers. Célébrons la gloire des mains qui nous étreignent.

rādhē rādhē kṛṣṇā rādhē rādhē
rādhē rādhē kṛṣṇā rādhē rādhē
kṛṣṇā kṛṣṇā... rādhā kṛṣṇā

Kaṇṇan kaḷḷa kaṇṇan (tamoul)

yaśodayin cinna kaṇṇan
gōpiyarin cella kaṇṇan
bṛndāvanattin cuṭṭi kaṇṇan
enkaḷ uḷḷam kavarnta kaḷḷakaṇṇan

Petit Krishna de Mère Yashoda ! Krishna chéri des Gopis ! Espiègle Krishna de Vrindavan ! Krishna qui a volé nos cœurs !

kaṇṇan kaḷḷa kaṇṇan avanai
kaiyyum kaḷavumāy piṭittiṭa vēṇumaṭī kaḷḷa kaṇṇan
mella mella vantē uḷḷattai
sollāmalē koḷḷai koḷkindravan

Krishna, ce petit coquin de Krishna ! Il faut le prendre sur le fait. Il vient à pas de loup et dérobe notre cœur, sans prévenir.

ennē azhaku enpān – vekkattil
kaṇkaḷai mūṭum oru kaṇattinilē
kannam kiḷḷi celvān
peṇṇē un vīṭṭukkuḷḷē uriyil vaittirukkum
veṇṇaippānaiyinai tiṇṇam tiruṭi celvān

Le Seigneur Krishna célèbre ta beauté, et quand tu rougis et fermes les yeux, Il te pince la joue et s'enfuit en courant ! O gopi, Il ne manquera pas de voler chez toi tous les pots de beurre, avant de s'enfuir !

rādhe rādhe kṛṣṇa kṛṣṇa rādhe govinda bhajo
rādhe gopāla bhajo rādhe kṛṣṇa

O Radha Krishna! Krishna ! Chantez les noms divins de Radha et de Govinda !

enna piḷḷai peṭrāy yaśoda
maṇṇum viṇṇum munnar kāṇāta
aṭṭahāsam tānkavillai
kaṭṭikarambu avan cuṭṭittanankaḷellām
muṭrum sahikkavillai tiṭṭa manam varavum illai
rādhe rādhe rādhe rādhe kṛṣṇa

O Yashoda ! Que ton fils est coquin ! Son espièglerie n'a pas son pareil dans l'univers entier, ni dans l'infini du temps, elle est donc intolérable ! Et pourtant, même si les tours de ce doux Petit sont difficiles à supporter, le cœur n'accepte pas de le gronder !

Kaṇṇanu naivēdyam (malayalam)

kaṇṇanu naivēdyam kaṇṇīrāl-arppiccu
kaṇṇima cimmāte kāttirunnu
innu-varum kaṇṇan innu-varum – ennu
cintayil cittam layiccirunnu dūre
kālocca kātōrttu kāttirunnu

Ayant fait à mon Krishna l'offrande sacrée de mes larmes, j'attends, j'attends sans cesse ; je Le cherche du regard, sans ciller. Je n'ai qu'une pensée : mon Krishna viendra aujourd'hui, Il viendra sûrement et j'attends.

ēkānta sāndramām ātmāvil-utirunna
mahitamām madhurānubhūti-pōle
taḷiriṭum tarunira, itaḷiṭum malarnira
iḷam maññutirunnila-viralukaḷāl – pūkkaḷ
himarēṇu vitarunnitaḷ viralukaḷāl

Cette aspiration est un doux ravissement qui jaillit de la solitude de mon âme. Elle est pareille aux gouttes de rosée qui tombent des arbres et des fleurs dans une douce lumière, ou aux rais de lumière qu'émettent des gouttes de rosée.

yamunayil-ōḷattil sindūram cālikkum
sāyamī sandhyayil manda mandam
arikilēykkārō naṭann-aṇayum pōle
akale ninnoru kālccilambu nādam – kaḷa
madhuramāmoru kālcilambu nādam

Je contemple le flot doré et vermillon de la rivière Yamuna dans le soleil couchant ; et j'ai la sensation que quelqu'un approche ; j'entends le tintement de Tes bracelets de cheville, ce son si doux.

taraḷitāmakunnen hṛdayam nin mṛdulamām
karatārin sparśanattālē
ariyanilāvēttu kuḷirunna candana –

taḷirukaḷ tazhukunna pōle - iḷam
taḷirukaḷ tazhukunna pōle

Et quand mon cœur brisé sent la douce caresse de Tes mains, cela évoque la caresse des feuilles d'un arbre de santal parfumé, dans la fraîcheur du clair de Lune.

Kaṇṇā un ninaivil (tamoul)

kaṇṇā un ninaivil nān pāṭinēn - nittam
untanadu cindai vēṇḍinēn
kaṇgaḷ nanaikinṭratē kālkaḷ taḷarukinṭratē
kāṇumeṇṇum illaiyō kaṇṇā
kālam innum kaniyavillaiyō

Krishna, l'esprit absorbé en Toi, je chante. Je prie : « Puissé-je penser constamment à Toi. » Les yeux mouillés de larmes, les jambes tremblantes, je chancelle. Quand Te verrai-je, O Krishna? Le moment n'est-il pas venu ?

nīyum senṭra disai kaṇkaḷ kāṇumen kaṇṇā
ēkkam tānkavillaiyē kaṇṇai
tūkkam tazhuvavillaiyē
oraṭi vaikkayilē nūraṭikaḷ vaippavanām
kēṭṭatum uṇmayillayō kaṇṇā
kalmanam karaiyavillaiyō

Krishna, je Te suis du regard lorsque Tu pars. Mon désir est si ardent qu'il est intolérable, j'en ai perdu le sommeil. N'est-il pas vrai que Tu fais cent pas vers nous lorsque nous en faisons un vers Toi ? Ton cœur ne fond-il pas ?

inṭru en munnē vandiṭuvāy - urugum
en nilai kaṇṭiṭuvāy - taḷarum
ennaiyum tānkiṭuvāy - uyirum
un padam sērttiṭuvāy

Daigne m'apparaître aujourd'hui. Vois ma douleur, soutiens-moi lorsque je chancelle et accepte ma vie, que j'offre à Tes pieds.

Kaṇṇeḍuttu pārammā (tamoul)

kaṇṇeḍuttu pārammā, piḷḷai idu unadammā
sevi koḍuttu kēḷammā, tāy nī enadammā
bandhuvenḍru sondamenḍru vērevarum vēṇḍāmammā
tuṇaiyāka tāyē nīyē ennuḍen iruppāyammā

O Mère, regarde-moi, je suis Ton enfant. Daigne m'écouter, je T'appartiens. Hormis Toi, je ne veux ni ami ni parent. Mère, il suffit que Tu restes avec moi.

pārvatiyē paripūraṇiyē śankariyē sarvēśvariyē

O Mère Pārvatī, Shánkari, déesse de l'univers !

arivillai aramum illai pūjai tavam eduvum illai
sukhabhōga sindanaiyil un ninaivēdum vandadumillai
nal vākku sollittandu nal vazhi kāṭṭittandu
kai koḍuttammā nī enḍrumē kāttiḍuvāy

Je ne suis riche ni en sagesse ni en bonnes actions. Embourbé dans les plaisirs, je ne pense pas à Toi. Avec de tendres paroles, daigne me guider en me prenant par la main, et protège-moi pour l'éternité.

pārvatiyē paripūraṇiyē śankariyē sarvēśvariyē

O Mère Pārvatī, Shánkari, de l'univers !

ennaiyē tandēn ammā unnaiyē taruvāy ammā
nān unnai aṭaiyum nāḷum eppōdu varumammā?
uyir veḍiyum vēḷai tāyē un darisanamē taruka
piravillā nilai tandu karai sēra varum taruka

Je m'offre à Toi. Daigne T'offrir à moi. Quand viendra le jour où nous ne ferons plus qu'un ? Quand je rendrai mon dernier souffle, daigne m'accorder Ta vision. Bénis-moi en m'accordant la libération, afin que je ne renaisse plus jamais.

pārvatiyē paripūraṇiyē śankariyē sarvēśvariyē

O Mère Pārvatī, Shánkari, déesse de l'univers !

Kaṇṇē kalankātē (tamoul)

kaṇṇē kalankātē
kaṇṇanindra nammun varuvānē
kaṇṇan vantāl tan arulmazhaiyālē
nammai nanaippānē

O chère amie, ne sois pas triste. Kanna viendra aujourd'hui, c'est certain. Quand Il viendra, Il nous inondera d'une pluie de grâce.

yanumai nadiyin karaikaḷiranḍum
viragattaṇalin vēdanaiyālē
karugavē viṭuvānō
kaṇṇan indra nammun varuvānō
kaṇṇā kaṇṇā kaṇṇā kaṇṇā

Notre Kanna bien-aimé permettra-t-Il que les rives de la Yamuna souffrent le martyr sous la canicule de la séparation et de l'attente passionnée ? Le Seigneur Krishna viendra-t-Il aujourd'hui ? Kanna.

gōkulam gōpiyar gōvarddhanamalai
bṛndāvanattil taḷirviṭum ālilai
ellām marappānō
allāl kaṇṇan nammun varuvānō
kaṇṇā kaṇṇā kaṇṇā kaṇṇā

Krishna va-t-Il oublier Gokul, les gopis, la montagne Govardhana et les tendres feuilles de banyan de Vrindavan ? Va-t-Il tout oublier ? Ou bien viendra-t-Il aujourd'hui ? O Kanna.

kaṇṇan palappala līlaikaḷ purintiṭa
mayankiyē irundōm mati marantiruntōm
akantai aravē akandriṭum vēḷaiyil
akattil varuvānō kaṇṇanindru
akattil varuvānō
kaṇṇā kaṇṇā kaṇṇā kaṇṇā

Nous avons vécu sous l'effet d'un charme, oubliant tout, transportées par les jeux divins et charmants de Krishna ! Quand nous serons délivrées de l'ego, de l'individualité, Krishna viendra-t-Il dans notre cœur ? Viendra-t-Il aujourd'hui dans notre cœur ?

Kaṇṇinakattoru (malayalam)

kaṇṇinakattoru kaṇṇuṇḍē – atu
kaṇṇaneyariyum kaṇṇāṇē
manassinakattoru pāṭṭuṇḍē – atu
kaṇṇane vāzhttum pāṭṭāṇē
hṛdayamatinnoru pūvāṇē – atu
kaṇṇanucūṭān karutunnē
karaḷiliruppatu collaṭṭē – atu
kaṇṇaneyorkkum vyathayāṇē

A l'intérieur de mon œil, il y a un œil : celui qui connaît Krishna. Dans mon cœur, il y a un chant : un chant de louanges à Krishna. Mon cœur est aujourd'hui devenu une fleur ; je la garde précieusement pour que Krishna la porte. Laissez-moi vous confier ce qui m'habite : une nostalgie profonde de Krishna, liée aux souvenirs que j'ai de Lui.

pīlittalamuṭi kāṇaṭṭē – atu
kaṇṇāl kāṇān kotiyāṇē
ōṭakkuzhalatumīṭṭaṭṭē – atu
kēṭṭāl manamitunirayunnē

pītāmbaram atucūṭaṭṭē - atu
matiyilaṇakkyān kotiyāṇē
karaḷiliruppatu collaṭṭē - atu
kaṇṇaneyorkkum vyathayāṇē

Que je puisse Le voir, avec Ses plumes de paon, entendre Sa musique ; j'aspire de tout mon être à cette vision. Que j'entende la mélodie de Sa flûte ; si je l'entends, mon cœur débordera de joie ! Qu'il soit vêtu de soie jaune ; j'aspire à Le prendre sur Mes genoux. Laissez-moi vous confier ce qui m'habite : une nostalgie profonde de Krishna, liée aux souvenirs que j'ai de Lui.

karaḷituninnututikkunnē - atu
kaṇṇā ninnuṭecuvaṭāṇē
manamitu satatam aṇakkyunnē - atu
kaṇṇā ninnuṭe kaviḷāṇē
kanalukaḷ karaḷilanakkyunnē - atu
kaṇṇā ninnuṭe smṛtiyāṇē
karaḷiliruppatu collaṭṭē - atu
kaṇṇaneyorkkum vyathayāṇē

Le rythme de mon cœur, ce sont les pas de mon Krishna. Mon cœur caresse sans cesse le doux visage du bébé Krishna. Plongé dans le souvenir de mon Krishna, mon cœur est en train de devenir une braise ardente. Laissez-moi vous confier ce qui m'habite : une nostalgie profonde de Krishna, liée aux souvenirs que j'ai de Lui.

Kaṇṇīruṇangātta (malayalam)

kaṇṇīruṇangātta kaṇṇumāy nin kazhal
neñcakam nīri ninachirippū
mandahāsattinde pontariveṭṭattāl
añcitamākkukenn-antarangam

Je demeure immobile, les yeux remplis de larmes ; le souvenir de Tes pieds brûle dans ma poitrine.

cintayil cēru puraḷāte tāraka
puñciri śōbhayāl śuddhiceyyū
centāraṭikaḷil vīṇu namikkuvōr -
kkantarangattil amṛtavarṣam

Dans le cœur de celui qui garde ses pensées pures, qui se concentre uniquement sur la lumière de Ton sourire et s'abandonne à Tes pieds de lotus, se répand le nectar de l'immortalité.

kaṇṇīrezhuttinde kāraṇa srōtassil
kānāmanēka yugānta svapnam!
āśakaḷ āṭṭikkurukkiyēkātmaka –
mākki nin kālkkal ñān kāzhcaveppū!

A la source de ces larmes, je vois les rêves de nombreuses vies passées ! Je dépose tous mes désirs à Tes pieds, désormais seuls sublimes à mes yeux.

antarangattile andhakāram nīkki
bandhurāngi, nīyuṇarnnu velka!
bhaktiyum muktiyum nin kṛpānugraham
citta viśūddhiyum nin kaṭākṣam

O Être enchanteur, éveille-Toi en moi afin que s'évanouissent les ténèbres de mon cœur. La dévotion, la libération, sont des bénédictions conférées par Ta grâce ; un regard de Toi peut nous accorder la pureté intérieure.

Karīndra vadanā (hindi)

karīndra vadanā ravīndu nayanā
surendra vinutā gaṇeśvarā
natārtti haraṇā
bhavābdhi taraṇā

tume hamārā praṇām hai

O dieu à la tête d'éléphant, Tes yeux ont l'éclat et la gloire du soleil, et le roi des dieux (Indra) Te vénère, O Ganesha… Tu détruis les négativités et nous aides à traverser l'océan de la transmigration, salutations à Toi.

gaṇa nāyakā jaya gaṇādhīśā
gaṇapati gaṇapati gaṇapati jay jay
girijātmajā sakaladeveśā
gaṇapati gaṇapati gaṇapati jay jay
varadāna lōla sura vāgīsha
gaṇapati gaṇapati gaṇapati jay jay
praṇavātmajā śivasutā vande
gaṇapati gaṇapati gaṇapati jay jay

Victoire à Ganapati, Seigneurs des ganas. Fils de Pārvatī, déité qui préside à tous les dieux. Victoire à Toi, Ganapati, qui donnes des faveurs, sage éloquent. Victoire à Ganapati, Seigneurs des ganas. Obéissance à Toi, Fils de Shiva, Celui qui réside dans le pranava mantra Om, le son primordial.

paripāhi śrī gaṇeśa devā devā
pūjyapāda vāraṇāsyadeva
bālacandracūḍa nātha deveśā

Protège-nous, O Seigneur Ganesha dont nous vénérons les pieds sacrés, Toi qui as une tête d'éléphant, et qui portes le croissant de lune.

sitāro kā nāth kirīt terā
girīndr terā vihār hai
munīndr sārā tumāre cākar
hame bhī tere banāye dev

Ta couronne est sertie d'étoiles, Tu résides dans les montagnes, tous les sages sont Tes serviteurs, fais en sorte que nous nous abandonnions à Toi.

tumārī āgyā alamghya jo hai
karegi rāstā sugam sadā
hame tumārā pādābj hī hai
sadā sahārā vināyakā

Si nous T'obéissons, notre voyage sera facile. Tes pieds sacrés sont à jamais notre refuge.

jay jay gaṇeśa jay jay gaṇeśa

Victoire au Seigneur Ganesha!

Karuṇaiyil pirandu (tamoul)

karuṇaiyil pirandu karuṇaiyil vaḷarndu
karuṇaiyil niraivadu ānmīkam
kalmanam kasindu kadavukaḷ tirandu
uḷḷoḷi kāṇbadu ānmīkam

La spiritualité naît de la compassion, est nourrie par la compassion et s'épanouit grâce à la compassion. Elle fait aussi fondre les cœurs de pierre et ouvre les portes du cœur, révélant la lumière intérieure.

kānbadil ellām kaṭavuḷaikkaṇḍu
sēvaikaḷ seyvadu bhaktivazhi
kaṭavuḷin karuṇai mazhaiyinil nanaiya
sēvayallādu ēdu vazhi

La voie de la dévotion consiste à voir Dieu en tout et à servir autrui avec cette vision. Sans le service désintéressé, comment pourrait-on recevoir la pluie torrentielle de la grâce divine, et se laisser inonder par elle ?

kāṇbadai ellām tānāy kaṇḍu
sēvaikaḷ seyvadu jñāna vazhi
kaṇṇukaḷ vizhunda tukaḷinai akattra
kaivaruvadu pōl inda vazhi

La voie de la connaissance consiste à voir son propre Soi en tout et à servir autrui avec cette vision. Cela revient à ôter la poussière que nous avons dans l'œil.

tanniṭam kāṭṭum karuṇaiyil piraikkum
pirariṭam kāṭṭum karuṇaiyil vaḷarum
inidāy vaḷarum ānmīkam - adu
iraiyaruḷālē niraivākum

La compassion que nous avons pour nous-mêmes donne naissance à la spiritualité. Elle est nourrie de la compassion que nous manifestons envers autrui. C'est ainsi que l'on progresse spirituellement. Mais seule la Grâce de Dieu nous donne la connaissance complète de la spiritualité.

Kāruṇya murtte (version kannada)

kāruṇya mūrtti śyāmala varṇṇā
kaṇṇu tereyō kṛṣṇā
duḥkhanivāraka nallave nī - ena
tāpava kaḷē kṛṣṇā

namagellā āśraya nīne
candāvare nayana śrīkṛṣṇa
pūjege anudina kambani haniyē
puṣpāñjalī ō kṛṣṇā
tāpava kaḷē kṛṣṇā

iruḷali baḷalide nānu
mānasamōhana gōpāla
īrēḷu lōkava āḷuva śrīdhara
kaṇṇu tereyō kṛṣṇā
tāpava kaḷē kṛṣṇā

Kārunya rupiṇi (malayalam)

kārunya rupiṇi ammē
kāḷukayāṇende cittam
ninneyōrttalppavum kēzhān
prēmattin nīruravilla

O Amma ! Incarnation de la compassion ! Mon cœur aspire à pleurer de nostalgie pour Toi, mais aucune rivière d'amour ne coule dans mon cœur.

ērunnu mōhamitennum
śuddhasnēhamē ninne ariyān
māya tan mūṭupaṭam nī mātti
ennil teḷiyunnatennō?

Le désir croît en moi de Te connaître O pur Amour. Quand ôteras-Tu le voile de l'illusion, quand brilleras-Tu clairement en moi ?

śuddhasaundaryamē ninne kaṇḍu
uḷḷam kuḷirkkunnatennō?
ā maṭittaṭṭilī kuññu
viśramam koḷḷunnatennō?

O forme pure et belle, quand mon cœur sera-t-il régénéré à Ta vue? Quand permettras-Tu à cet enfant de se reposer dans Ton cœur ?

Kaṭaikkaṇ pārvai (tamoul)

kaṭaikkaṇ pārvai ondrē pōtum
ammā untan aruḷ vizhiyāl
kanimozhi ondrē pōtumammā
kavailakaḷ parantōṭum
kavailakaḷ parantōṭum

Un regard lancé du coin de Tes yeux divins, ou encore Tes douces paroles suffisent pour que nos souffrances s'évanouissent.

amma untan aruḷ pārvai
pala mozhi pēsiṭum, un seyalkaḷ ellāmammā
pala poruḷ uṇarttiṭum
pala poruḷ uṇarttiṭum

Mère, Ton regard divin en dit plus long que bien des mots. Mère, Tes actions nous font prendre conscience de bien des vérités.

spariśanam ondrē pōtumammā
akamatai kuḷirvittiṭum tiruvaṭi toṭṭa pozhutil
karma vinai parantōṭum
karma vinai parantōṭum

Mère, il suffit que Tu nous touches pour que notre cœur en soit apaisé et pacifié. En nous prosternant à Tes pieds divins nous nous libérons du fardeau de nos actions passées.

jai jagadīśvari jai bhuvanēśvari
jai paramēśvari jai amṛteśvari

Kāttrāka nān (tamoul)

kāttrāka nān irundāl enna seyvēn - ammā
nī pōkum iṭamellām nānum varuvēn

Si j'étais la brise, que ferais-je ? O Amma, je Te suivrais partout !

nilamāka nān irundāl enna seyvēn - ammā
un pādam tāmgikkoṇḍu pūrittiruppēn
neruppāka nān irundāl enna seyvēn - ammā
un kōyil dīpamāka suṭarviṭuvēn

Si j'étais la terre, que ferais-je ? O Amma, je me réjouirais de porter Tes pieds. Si j'étais le feu, que ferais-je ? O Amma, je brillerais dans la lampe de Ton temple.

visumpāka nān irundāl enna seyvēn – unakku
vānavillāl tōraṇam kaṭṭi makizhvēn
nīrāka nān irundāl enna seyvēn – undan
pādābhiṣēkam seyyum pannīr āvēn

Si j'étais l'éther, que ferais-je ? O Amma, avec ravissement, je décorerais le ciel d'un arc-en-ciel. Si j'étais l'eau, que ferais-je ? O Amma, je serais l'eau de rose pour l'ablution de Tes pieds.

pūvāka nān irundāl enna seyvēn – ammā
mālaiyāki un tōḷil sāyndu koḷvēn
kuyilāka nān irundāl enna seyvēn – ammā
unnōṭu bhaktigānam pāṭi makizhvēn

Si j'étais une fleur, que ferais-je ? O Amma, je serais une guirlande sur Tes épaules. Si j'étais un coucou, que ferais-je ? O Amma, je chanterais avec délices des chants dévotionnels avec Toi.

Kāvaṭiyām kāvaṭi (tamoul)

kāvaṭiyām kāvaṭi kantavēlan kāvaṭi
śēvarkoṭi azhakanukku vaṇṇamayil kāvaṭi
vēdanaiyē vāzhkaiyalla bhaktiyatu urutuṇaiyē
vēṇḍutalāy vēlavan sannidhiyil kāvaṭi

Offrons le Kavadi au Seigneur Kandavelan (Cérémonie et offrande faites pendant l'adoration de Kandavelan, autre nom du dieu Murugan). Offrons le kavadi paré de plumes de paon colorées au beau dieu dont le drapeau est orné d'un coq. Il n'est pas nécessaire que la vie soit remplie de souffrance, la dévotion envers le Seigneur nous protège. Offrons le Kavadi à la présence divine de Celui qui brandit le javelot.

pālum tēnum pañcāmṛta kāvaṭi
pazhamum śarkkarayum vibhūtiyil kāvaṭi

candana kāvaṭiyum puṣpakāvaṭiyum
ṣaṇmukhan sannidhiyil azhaku kāvaṭi

Offrons le Kavadi de lait, de miel, et de Panchamritam. Offrons le Kavadi de fruits, de sucre de canne et de cendre sacrée. Offrons le Kavadi de bois de santal, le Kavadi de fleurs, le beau Kavadi en la présence divine du dieu Shanmukha aux six visages.

kāvaṭiyāṭu kandan cēvaṭi tēṭu
kāvaṭiyāṭu kumaran tiruvaṭi nāṭu
karuṇai vēlan ārmukhan malaraṭi tēṭu

Le Kavadi cherche les pieds sacrés du Seigneur Kandan (Vainqueur des puissants ennemis) Le Kavadi cherche les pieds divins de Kumaran (Dieu à la jeunesse éternelle). Cherchons les pieds de lotus du Seigneur Velan, aux six visages, plein de compassion.

tinayum tiraviya pannīrāl kāvaṭi
maccamūm sarppamum iḷanīrāl kāvaṭi
mayūra kāvaṭiyum santāna kāvaṭiyum
śaravaṇan sannidhiyil muttu kāvaṭi

Offrons le Kavadi de millet, d'argent et d'eau de rose. Offrons le Kavadi de poisson, de serpent et d'eau de coco. Offrons le Kavadi orné de plumes de paon et le Kavadi de bois de santal. Offrons le Kavadi orné de perles en la présence propice de Saravana.

iṭumbanavan eṭuttānē mutal kāvaṭi
irupuramāy tōḷinilē sumantānē kāvaṭi
śivagiri orupuramum śaktigiri marupuramum
śivaśakti pālanin vēlkāvaṭi

Tel le démon et dévot Idumba qui porta le Kavadi de perles, je porte le Kavadi sur mes deux épaules. Un côté représente le mont Shivagiri et l'autre Shaktigiri. Vel (javelot) kavadi du fils de Shiva et de Shakti

Kayilaiyilē śivaperumān (tamoul)

kayilaiyilē śivaperumān
uṭanuraiyum umaiyavaḷē
tuyilizhantu entan uḷḷam, vāṭuvatai ariyāyō?

O déesse Uma, Tu demeures avec Shiva au mont Kailash. Ignores-Tu que notre cœur meurt de soif, et ne nous laisse pas dormir ?

mañcaḷilē piṭittuvaitta
piḷḷaiyinau koñcukirāy
añcavaikkum kōpakkāra
kumaranaiyum keñcukirāy
intapiḷḷai iḷayapiḷḷai
eṭuppārtaṁ kaippiḷḷai
nontapōtu vantaṇaikka
tāymanatil īramillai

Tu es aux petits soins pour Ganesha (dont la forme est modelée avec du curcuma). Tu as imploré le dieu terrible et coléreux Subrahmanya de ne pas quitter le mont Kailash. Pourtant, quand ce petit enfant souffre, le cœur de sa Mère reste sec. Tu ne viens pas me prendre dans Tes bras.

ennainalla piḷḷaiyākka
annaiyāṭum nāṭakamō
erimalaipōl kōlamkāṭṭi
irankuvatum unmanamō
enakkāka vēṇḍavillai
nānarivēn tāymanatai
piṇakkāka nīṭippatu
unperumaikkazhakumillai

Est-ce un rôle joué par ma Mère, pour que je devienne un bon fils ? Une fois que Tu as manifesté Ta colère avec la force d'un volcan (mais ce n'est qu'une apparence), Ton cœur fond de compassion.

Je ne prie pas pour moi-même. Je connais le cœur de Mère. Il n'est pas bon pour Ta réputation que cette dispute continue.

Kehendā hai mukh (punjabi)

kehendā hai mukh
dil vi eho bōle
śaraṇ maiyyā dī paj paj āvō

Mon cœur et mes paroles disent : Hâte-toi de prendre refuge en Mère. Absorbe-toi dans le nom divin de Mère.

mā nām vicch līn hō jāvō
jay mātādī jaykār bulāvō

Chante les louanges de Mère et proclame : Gloire à la Mère divine.

jay mātā dī jaykār bulāvō
jay mātā dī jaykār bulāvō

Gloire à la Mère divine!

lāgi lagan tere prem dī maiyyā
man hōyā bairāgi – mērā man hōyā bairāgi

O Mère, absorbé dans Ton amour, mon mental est devenu solitaire.

phikkē – paigayē dūjē ras sāre
anant prem dā pāgi – hōyā anant prem dā pāgi

J'ai goûté le nectar de Ton amour infini, et les plaisirs du monde ont perdu tout attrait.

jad vī usārē ghar sukhān de
dukhān ne dittī tad tad dastak

Chaque fois que j'ai construit une maison de bonheur, le chagrin a frappé à la porte.

tere divya prem de mahal vicch maiyyā
dukh vī hō gaye nat mastak

Mais dans le palais de Ton amour divin, la souffrance elle-même s'incline.

tū hī ādi tū hī ant maiyyā
vicch māyā dā sāgar maiyyā

Tu es le commencement et la fin, entre les deux se trouve l'océan infini de Maya.

mere samarpaṇ dī
kiṣti maiyyā
baṇ nāvak tū karāde pār

Je T'en prie, guide la barque de mon abandon à Dieu et aide-moi à traverser l'océan de Maya.

miṭ jāṇā hai vicch miṭṭī de
phir kyon tu pajdā jāve

Je retournerai un jour à la poussière et pourtant, je recherche encore les plaisirs.

terī hī līlā dā paḍudā
huṇ kaun hōr bacāve

Tout cela fait partie de Ton jeu divin ; qui d'autre que Toi peut me protéger ?

Kēḷiraṇṇā (kannada)

kēḷiraṇṇā... kēḷirammā...
kalitanada mātonda kēḷirellā
hiriyaru racisida jīvana rīti
pālisi paḍeyonna kīruti

Écoute frère, écoute mère (forme de respect pour s'adresser à un homme ou à une femme. ..) Écoutez le mode de vie créé pour nous par les Anciens ; suivons-le et élevons-nous jusqu'aux cimes (de la conscience).

kaḷavaḷisidaru kaḷedu hōguvadu
kaḷedē hōguvadu kēḷu
bāyendu karedaru bhāgyadallilladu
baruvadē illayentu kēḷiraṇṇā
dvēṣavu tānu rāgadanteya
bandhisi biḍuvudu eccara
vairava tōruva nararigu nīnu
nagutali namisibiḍu kēḷiraṇṇā

Vous aurez beau vous battre pour retenir vos possessions en ce monde, vous les perdrez un jour. Ce qui ne vous est pas destiné, vous aurez beau le désirer, vous ne l'obtiendrez pas, O écoute frère…

śiva śiva endu śiva nāma japisu
bēgane baruvudu bhakuti
bhavaranannu bēḍutaliddare
dorakuvutallā mukuti kēḷiraṇṇā

Répéter constamment le Nom du Seigneur t'apportera rapidement le trésor de la dévotion. Prier pour des choses de ce monde ne nous mènera pas à la libération. Écoute, O frère…

śiva śiva hara hara
śiva śiva bhava hara

Ke rādhā mane tu (gujarati)

ke rādhā mane tu śyāmne maḷāvi de
ke rādhā mane ghanaśyāmne maḷāvi de

O Radha, je T'en prie, conduis-moi à Krishna, conduis-moi à Krishna dont le teint a la couleur sombre des nuages de pluie.

śyāmsundar mukh
mor mukuṭ-dhārī
mīṭhi madhuri bansi bajāve
te bansi bajaiyāne
jasumatilāl kanaiyāne
ke rādhā mane bansi bajaiyāne maḷāvi de

Son visage est magnifique, Son teint est sombre, Il porte sur Sa couronne une plume de paon et joue sur Sa flûte de douces mélodies. Mène-moi à ce joueur de flûte. O Radha, mène-moi à ce joueur de flûte.

go dhenun cāre vālo
gopi sang rāce
maṭki phoḍe citcore
te citcorne
te naṭkhaṭ gvālne
ke rādhā mane te citcorne maḷāvi de

Il mène les vaches paître, Il joue avec les gopis, Il casse leurs pots et vole leurs cœurs. O Radha, mène-moi à Celui qui dérobe les cœurs. Oh Radha, mène-moi à Celui qui dérobe les cœurs.

vāki teni vāsalaḍi
vāki kamar teni
vāki tenī hṛdayni ḍagar
te bāke bihārine
vṛndāvan sancārine
ke rādhā mane bāke bihārine maḷāvi de

Il tient Sa flûte de travers, Sa posture n'est pas droite, les voies qui mènent à Son cœur ne sont pas droites non plus! Mène-moi à ce magnifique Enfant dont les voies sont impénétrables Oh Radha, mène-moi à ce magnifique Enfant.

ke rādhā mane tum śyāmne maḷāvī de
ke rādhā mane ghanaśyāmne maḷāvī de

ke rādhā mane bansī bajaiyāne maḷāvī de
ke rādhā mane te citcorane maḷāvi de
ke rādhā mane bāke bihārīne maḷāvi de

O Radha, conduis-moi à Krishna, conduis-moi à Krishna dont le teint est sombre comme les nuages de pluie. Oh Radha, mène-moi à ce magnifique Enfant.

Kēśava bēgane (kannada)

kēśava bēgane bā bārō mādhava bēgane bā bārō
nage mukha tōruta yādavanē ōḍi ōḍi bā bārō

Viens vite, Keshava, issu du clan des Yadavas, accours vers moi en souriant !

haṇṇu hampalu savibeṇṇe - ninna
naivēdyakendē tandihenu
taḍavēke prabhuve karuṇeya tōrisi
darśana bhāgyava nīḍemagē

Je T'ai apporté en offrande des fruits et du beurre. O Seigneur, pourquoi tardes-Tu à me montrer de la compassion ? Aie la bonté de me donner Ton *darshan*.

śrī nidhi śrī hari kṛṣṇā
jai jai hari hari kṛṣṇā

O Krishna ! Trésor de vertus ! Gloire au Seigneur Krishna !

hagalu iruḷu eḍebiḍade - ninna
hāḍuta hogaḷuta nā nalidē
maunavētakē gōvindā
tvaritadi bā paramānandā

Nuit et jour, je chante constamment Tes louanges. O Govinda, pourquoi gardes-Tu le silence ? O Béatitude suprême, viens vite !

divya nāmava japisuta nā - ninna
nirmala prēmava bēḍutihē
śauriyē śaravēgadi bā
śāśvata śaraṇāgati nīḍū

Je chante Ton nom divin, je ne désire que l'Amour pur. O courageux Krishna, accours tel une flèche et accorde-moi l'abandon total de moi-même.

Kēśava nāmamu (telugu)

kēśava nāmamu klēśaharaṇamu
pāḍavē manasā harināmakīrttanam
śrī vēnkaṭēśa hari hari
śrīnivāsa prabhu hari hari

O mon mental, chante les noms du Seigneur ; ils effacent tous les chagrins. O Shiva ! O Seigneur qui nous fera traverser l'Océan de la transmigration ! O Seigneur Venkatesa ! Srinivasa !

paripari vidhamula bhavarōga mulaku
harināma kīrttanē siddhauṣadham
cittaśāntiki śrīharināmamu pāḍavē manasā...
harināma kīrttanam

Chanter le Nom du Seigneur, c'est le remède à tous les maux de la terre. Pour trouver la paix, chante les Noms du Seigneur, O mon mental.

cañcalamanasunu sthirapara cuṭaku
harināma kīrttanē ēkasādhanam
satvalabdhiki śrīhari nāmamu pāḍavē manasā...
harināma kīrttanam

Pour équilibrer le mental instable, le seul outil est la récitation des Noms du Seigneur. O mon mental, chante les noms du Seigneur.

ā padarājīva mula cēruṭaku
harināmakīrttanē rājamārgam
satyasiddhiki śrīharī nāmamu pāḍavē manasā...
harināma kīrttanam

Chanter les Noms du Seigneur, telle est la voie royale qui permet d'atteindre Ses pieds de lotus. Pour réaliser la Vérité, chante les Noms du Seigneur, O mon mental.

Koṭānukoṭī (version gujarati)

koṭānukoṭī varṣo thakī satyane
śodhī rahyo manuṣya, śodhī rahyo manuṣya

dhyānanimagn banī tārī divya dhārāmān
vahāvā nij ātmāne
saghaḷu tyajī ṛṣiśvaro te to
antarhit varṣo tapas kare

ghorvātā janjāvātmān
sūryatejas sam jyot tārī
niścal banī jaltī rahe sadā
tāg teno koī kāḍhī nā śake

puṣpa latāo, pūjānā sthāno
uttama nūtana mahā mandiro
yugonā yugathakī rāh jūe tārī
tu to kyaya dūre dūre

Kōṭṭaiyenṭrē (tamoul)

kōṭṭaiyenṭrē āṇavamāy kuṭiyiruntālum - itu
ōṭṭai ombatuḷḷa vīṭu ambalavāṇā
vēṭṭayāṭa kālanvantu ninṭriṭum pōtum - ivar
sēṭṭayatu kuraivatillai ambalavāṇā

« Le corps est une forteresse. » C'est sous l'empire de cette illusion, que les humains nourrissent de l'orgueil mais en vérité, le corps n'est qu'une demeure à neuf ouvertures.

māṇḍavarkku azhutiṭuvār ambalavāṇā - tānō
māḷvatillai enṭriruppār ambalavāṇā
vēṇḍumsottu talaimuraikku malaiyaḷavenṭrē
vēṇḍātana seytiṭuvār ambalavāṇā

Les gens pleurent les morts en pensant qu'eux-mêmes ne mourront jamais, O Shiva ! Ils commettent de nombreuses actions indésirables dans le but d'accumuler des richesses suffisantes pour de nombreuses générations !

ambalakkuttā ṭuvōnē ambalavāṇā - em
akattil naṭampurivāy ambalavāṇā
ambarattin rahasyattai ambalamākki
ānandamām nilai aruḷvāy ambalavāṇā

O Shiva, Tu exécutes la danse cosmique à la cour des dieux ; daigne venir danser au cœur de mon être. Daigne nous révéler le secret ultime et nous accorder la grâce de la béatitude éternelle, O Seigneur Shiva !

śiva śiva śiva śiva cidambarēśā
hara hara hara hara kanakasabēśā

O Seigneur Shiva, Seigneur de Chidambaram, Toi qui détruis le mal, Seigneur de la resplendissante assemblée divine !

Koyi sūṇe nā sūṇe (gujarati)

koyi sūṇe nā sūṇe
tujthi nathi kayi aṇsuṇu
koyi jāṇe nā jāṇe
tujthi nathi kayi aṇjāṇu
koyi dekhe nā dekhe mā
tujthi nathi kayi andekhu

Que quelqu'un écoute ou non, il n'est rien que Tu n'entendes pas, O Mère. Que quelqu'un sache ou non, il n'est rien que Tu ignores. Que quelqu'un regarde ou non, il n'est rien que Tu ne voies pas.

suṇu dukhiyonā dukh karu sahūni sahāy
evo bhāv amne āpo mā nissvārtth sevā
karvā tatpar te hāth, mā amne āpo

O Mère, accorde-nous un cœur prêt à écouter les chagrins d'autrui et à aider les malheureux. Accorde-nous des mains qui s'empressent d'aider autrui.

dekhu tujhne sahumā, karu sahuno ādar
evidṛṣṭi amne āpo hṛdaymā cabi tāri
mukhmā nām tārā ānkho mā tū ne tū

O Mère, accorde-nous de Te voir en chacun, et de considérer tous les êtres avec respect. Que ton image soit dans nos cœurs, Ton saint nom sur nos lèvres. Puissent nos yeux ne voir que Toi en toute chose.

Kṛṣṇa kanaiyyā (malayalam)

nāhaṁ vasāmi vaikuṇṭhe
yogināṁ hṛdaye na ca
mad bhaktā yatra gāyanti
tatra tiṣṭhāmi nārada, tatra tiṣṭhāmi nārada

Je ne réside ni à Vaikuntha ni dans le cœur des yogis, mais Je demeure là où Mes dévots chantent Mon nom, O Narada !

kṛṣṇa kanaiyyā sundarabālā
vṛndāvana candrā vā, nīlamegha varṇṇā vā
nandakiśorā karmukil varṇṇā
rādhikalolā vā, rādhikālolā vā

Oh Krishna, bel Enfant, Lune de Vrindavan, Tu as le teint bleu, couleur des nuages. Viens, Fils de Nanda, au teint sombre comme les nuages de pluie. Délices de Radha, viens !

bhaktacitta corā yaśodabālā
navanītacorā vā, kṛṣṇa navanītacorā vā
gopakumārā kāḷiyadamanā
sundara rūpā vā, sūndara rūpā vā

Toi qui dérobes le cœur des dévots, Fils de Yashoda, petit voleur de beurre, Krishna, viens ! Petit pâtre, vainqueur du serpent Kaliya, petit Enfant au corps splendide, viens !

vaṁśīdhārī dvārakanāthā
muraḷīmanoharā vā, kṛṣṇa muraḷīmanoharā vā
sajjana sevita madanagopālā
govarddhana giridhārī govarddhana giridhārī

Tu tiens une flûte, Seigneur de Dvaraka, et Tu nous enchantes de Ta musique, viens ! Toi que servent les êtres bons, O ravissant petit pâtre, Tu as soulevé la montagne Govardhana !

Kṛṣṇā karuṇadi kṛpe (kannada)

kṛṣṇā... karuṇadi kṛpe tōru
bēḍida varagaḷa nī nīḍū
nandakumārā navanītacōrā
vṛndāvana sañcāra kṛṣṇā

O Seigneur Krishna, daigne répandre Ta grâce et m'accorder la faveur à laquelle j'aspire. Tu es le fils de Nanda, petit voleur de beurre, Tu musardes dans Vrindavan.

krōdhavarjjita kaustubhadharanē
rādhāmādhava rājīvanētranē
yadukulatilaka yaśōdabālakā
madanamōhana śrī madhusūdana hari

Tu as vaincu la colère, Toi qui portes le joyau Kaustubha. O Seigneur de Radha, Tes yeux ont la forme des pétales de lotus. Scion de la dynastie des Yadus, Fils chéri de Yashoda, Tu nous subjugues. Tu as tué le démon Madhu.

dīnōdhāranē dēvakitanayanē
rādhāmanōhara rāsavilōlanē
gōparipālaka gokulanandanā
pāvanāmga hare pāṇḍuranga viṭhalā

O Fils de Dévaki, Tu élèves la conscience de ceux qui ont chuté. Tu as captivé le cœur de Radha et dansé la célèbre rasa lila, comme un jeu. Tu as protégé le clan des vachers, Enfant chéri de Gokul. O Toi aux membres purs, Tu es aussi Panduranga Vitthala.

kṛṣṇa kṛṣṇa rādhā kṛṣṇa
kṛṣṇa kṛṣṇa rādhā kṛṣṇa
kṛṣṇa kṛṣṇa rādhā kṛṣṇa
kṛṣṇa kṛṣṇa rādhā kṛṣṇa

Kṣaṇakṣaṇavu (kannada)

kṣaṇakṣaṇavu anukṣaṇavu
makkaḷa smaraṇe māḍuva
makkaḷigāgi bāḷuva dēviya
kaṇḍīdirā kēḷīdirā – ō nōḍīdirā

Connais-tu une déesse qui ne pense qu'à Ses enfants, qui ne vit que pour eux ? Avez-vous entendu parler d'une telle déesse, l'avez-vous vue ?

mantrarūpiṇi ātmarūpiṇi
caitanyarūpiṇi dēviya
ānandarūpiṇi śaktiya ammana
kaṇḍīdirā kēḷīdirā – ō nōḍīdirā

Elle est l'incarnation du mantra, Elle est l'incarnation du Soi. Elle a la forme de la Conscience. Elle est Amma. Avez-vous entendu parler d'une telle déesse, l'avez-vous vue ?

śvāsaniśvāsavu nisvārtthadegāgi
mī saliṭṭiha dēviya
ellarigāgi bāḷuva tāyiya
kaṇḍīdirā kēḷīdirā – ō nōḍīdirā

Avez-vous rencontré cette déesse, dont chaque respiration est un sacrifice, qui ne vit que pour servir tous les êtres ? Avez-vous entendu parler d'une telle déesse, l'avez-vous vue ?

Kūgi karedē (kannada)

kūgi karedē nānammā – nī
kāṇadādē hēgammā
āgadāgadu nannamma – innu
sahisalārenu nannammā

O ma Mère chérie, je ne cesse de T'appeler. Pourquoi restes-Tu invisible ? Je ne peux pas endurer cela plus longtemps, O Mère.

kaṇṇu tumbi bandarē nannammā
mana tumbi taruvē nīnammā
īga maretiruvudu yākammā – ninna
meccisuvudu atu hēgammā

O Mère, si seulement Tu comblais mes yeux de la vision de Ta forme. Si seulement Ta présence emplissait mon cœur. Pourquoi m'as-Tu oublié maintenant ? Comment parvenir jusqu'à Toi ?

ninna pāda appi nānu karediruvē
nanna mana bayakeya nī tiḷidiruvē
tiḷidu tarede nī haṭa hiḍidiruvē
adaroḷagē yēnū nī bayasiruvē

Je T'appelle en serrant Tes pieds contre mon cœur. Tu connais le désir qui m'habite. Et cependant, Tu T'obstines et refuses de le satisfaire. Que désires-Tu donc, O Mère ?

ammā... heḷammā... ammā... bārammā...
ammā... heḷammā... ammā... bārammā...

O Mère, dis-moi, Mère ! Viens, O Mère !

Kuzhandaiyena (tamoul)

kuzhandaiyena umayē unai pārāṭṭavā
āruyirē mārbil unai tālāṭṭavā
bālāmbikai dēvi tripurasundari
bālādēvi śrī śōḍaśi

Oh Bala Devi, Sri Shodashi, O Âme de mon âme, puis-je Te vénérer sous la forme de la « Petite Devi » ? Te chanterai-je une berceuse, tout en Te serrant contre moi ?

makaranta maṇamsērttu pūñcōlai koṇarntu
muttē nān pūcchūṭṭi koṇḍāṭavā
kapaṭamillāmal nī kulunki sirittāy
kaṇpaṭṭiṭum kannattil poṭṭu vaikkavā
kaṇpaṭṭiṭum kannattil poṭṭu vaikkavā

Outre le parfum du jasmin, irai-je chercher des fleurs colorées pour en orner Tes tresses ?! En voyant ton rire innocent, le mauvais œil pourrait bien tomber sur Toi ; pour Te protéger, vais-je mettre un point noir sur Ton menton ?

ponnāna pādaṅkaḷ puṇṇākiṭāmal
en kaikaḷ nilam vaittu vazhi amaikkavā
koñcum calankaikaḷ isaiyil nī mayanki
ōṭātē kaṇṇē urankiṭavā
ōṭātē kaṇṇē urankiṭavā

Tes petits pieds adorables pourraient se blesser en marchant sur le sol nu ; vais-je mettre mes paumes par terre, pour que Tu marches dessus ! Pour entendre Tes bracelets de cheville tintinnabuler, Tu cours partout ; daigne revenir et Te reposer !

Lālāli lālalē (malayalam)

lālāli lālalē lēlēli lēlalē
lālāli ūla lēlēli lēlalē

tāru viriññatupōloru paital
tāne kiṭannu cirikkunnu
kaṇṇu marachuḷḷa kaḷḷiyarakkaññi
kaiyukaḷ nīṭṭiyaṭuttetti
kayyālaṅgārnneṭī mārōṭe cērnneṭī
neñcinkal koṭum nañcūrum pāleṭī

Le bébé Krishna, aussi tendre qu'une fleur fraîchement éclose, était tout seul et souriait. La démone Putana, feignant des sentiments maternels, tendit les bras vers Lui. Elle prit le bébé dans ses bras et le tint contre sa poitrine, remplie de lait empoisonné.

pūvitaḷ pōluḷḷa cuṇḍumukarnnatu
pūtana taṇṇuṭe prāṇanāṇallō
kāḷāya rūpatte pūṇḍuḷḷa pūtam

kallumalapōle vīṇoṭuṅgi
meyyārnnaṅgāṭeṭī mēḷattil pāṭeṭī
kaṇṇande līla ōrttōrttu pāṭeṭī

Ces petites lèvres, tendres comme des pétales de fleur, ont sucé le prana (la force vitale) de la démone Putana. Femmes, célébrez et dansez, chantez sur ce rythme ! Chantez en vous rappelant sans cesse les jeux divins de Krishna.

ōrō dinattinde cāṭurumbōḷ
cāṭāyi vannuḷḷa mallanumappōḷ
tāmarattuṇḍu pōluḷḷoru kālāl
tāvum taviṭu pōlākechitari aṅgane
meyyārnnaṅgāṭeṭī mēḷattil pāṭeṭī
kaṇṇande līla ōrttōrttu pāṭeṭī

Les jours ont passé, le démon Shakasura est venu sous la forme d'une roue. Les petits pieds de lotus de Krishna en ont fait de la sciure, qu'Il a éparpillée aux quatre vents. Femmes, célébrez et dansez, chantez sur ce rythme ! Chantez en vous rappelant sans cesse les jeux divins de Krishna.

kāḷindi tanneyaṭakki vāṇīṭunna
kāḷiya sarppat tekkaṇḍīllēṭī
vāya piḷartti vizhuṅgumeṭī
vālināl cuttivalikkumeṭī
kārikālan pāmbeṭī kākōḷakkayareṭī
paṭūkūttan paṭam ōrōnnāykkāṇeṭī

Voyez-vous le serpent Kaliya, qui règne sur les eaux de la rivière Kalindi ? La gueule grande ouverte, il avale sa proie autour de laquelle il enroule d'abord sa queue pour l'attirer à lui. Il est terriblement venimeux ; voyez ses capuchons énormes qui se lèvent, un par un.

kāñciyum mālayumākeyulachum
kāttupōl aṅgōṭṭum iṅgoṭṭu māññum
kāḷiyan pāmbindeyāḷum phaṇaṅgaḷ
tāṇatu ceñcōra kunkumamārnnē
centāril cēvaṭī onnonnāy vechaṭī
kaṇṇande nṛttam ellārum kāṇeṭī

Krishna danse comme le vent, ses bijoux se balancent. Les capuchons du serpent Kaliya sont piétinés un par un, jusqu'à ce que le sang en jaillisse. Voyez, Krishna danse avec aisance, il y pose ses pas comme sur de tendres fleurs rouges.

māripeytiṅgu mānam muriññē
māniṭam-onnāyiyāke valaññē
tanniṭam kaiyyilāy māmalayēnti
tannōṭu cērttē gōkulattē
meyyārnnaṅgāṭeṭī mēḷattil pāṭeṭī
kaṇṇande līla ōrttōrttu pāṭeṭī

Le ciel s'est fendu, et des pluies torrentielles s'abattent ; il tonne et le monde est plongé dans la détresse. Le Seigneur porte la montagne Govardhana sur la main gauche, entouré des gens de Gokul. Femmes, célébrez et dansez, chantez sur ce rythme ! Chantez en vous rappelant sans cesse les jeux divins de Krishna.

pālitu kaṭṭukuṭikkum kurumbane
pārichuralilāy keṭṭiyiṭṭē
muttatte māmaram tettiyiṭṭē
muttum ciriyōṭe ninniṭunnē
tāḷattil colleṭi covārnnaṅgōteṭī
kaṇṇande līla ōrttōrttu pāṭeṭī

Krishna, le petit espiègle, est attaché à un mortier pour avoir volé du lait. En traînant après Lui le mortier, Il déracine d'énormes arbres, avec un grand sourire. Femmes, célébrez et dansez, chantez sur ce rythme ! Chantez en vous rappelant sans cesse les jeux divins de Krishna.

pīlipūvukaḷ vaṇḍaṇimāla
ōṭattaṇḍatumōmanachuṇḍil
ottulayunna ponnarayāṇam
kaḷḷakkaṇṇanekkāṇeṭī peṇṇē
meyyārnnaṅgāṭeṭī mēḷattil pāṭeṭī
kaṇṇande cuttum āṭānāy kūṭeṭī

Une plume de paon dans les cheveux, une guirlande odorante au cou, qui attire les abeilles, il tient sa flûte contre ses lèvres, sa ceinture en or ondule gracieusement à chacun de ses mouvements. Venez vous joindre à nous, femmes, dansons autour de Kanna !

Lāl cunar (hindi 2015)

lāl cunar tere sirpe sohe
jhilmil sendur māthe pe camke
pyār chalkatā nenon se tere
sūrat sāvalī hardam damake

La tête parée d'une écharpe rouge, un point étincelant de vermillon sur le front, Tes yeux débordent d'amour et Tes regards sombres ne passent jamais inaperçus.

pyārī mā merī kāḷī mā
tere pāv paḍhūm mujhe de darśan

O ma Mère si aimante, O Mère Kali ! Je me prosterne à Tes pieds, accorde-moi Ton darshan !

mahākāl kī tū mahākāḷī
kāl ke manc pe nācne vālī
sṛṣṭi ye sārī nṛttya hai terā
jang-jangam sab rūp hai terā

Tu es la Maha Kali de ces temps puissants. C'est Toi qui danses sur la scène du temps. Cette création est Ta danse, rien d'autre. Tout ce qui existe, animé ou inanimé, est une forme de Toi.

ek hāth men hai asi karāl
dūje men sāje śūl vikarāl
tū śatru-dal par ṭūṭ paḍe to
bac nikale, hai kiskī majāl

D'une main, Tu tiens une coupe et de l'autre une épée sans merci. L'ennemi que Tu attaques ne peut T'échapper.

sneh barastā in naynōm se
cāhe vo seṭh ho yā kangāl
terī nasar bandh paḍ jāye to
pal men sab ho jāte nihāl

Tes yeux répandent sur tous, riches ou pauvres, l'amour inconditionnel. Un regard de Toi, et tout rentre aussitôt dans l'ordre.

Lallē Lallē (tamoul 2015)

lallē lallē lālē ā
lallē lallē lālē ā
lallē lallē lālē lallē
lallē lallē lālē
pīlitirukiveccā koṇḍalkeṭṭatukaṇḍō ā
muttum mālēm kaṇḍō ā
muttum mālēm cinnam cinnam

Avez-vous vu la couronne sur sa tête, la couronne ornée d'une plume de paon ? Avez-vous vu Sa perle et Son collier ? Que c'est beau !

kāyalmīnē tennumbōle nīlakkaṇṇatukaṇḍō ā
ōmal puñciri kaṇḍō

Avez-vous vu le sourire enchanteur de Krishna au teint bleu ? On dirait un poisson qui saute dans la rivière !

ā ōmal puñciri minniminni
uṇṇikaṇṇā āṭū ā uṇṇikaṇṇā āṭū

Danse, petit Krishna ! O petit Krishna, danse avec Ton sourire enchanteur resplendissant !

māratte mālakkeṭṭinu
vāṭāmalaruṇḍō ā cūṭān malaruṇḍō ā

Y a-t-il des fleurs fraîches pour faire une guirlande et en parer Son petit buste ?

cūṭum malarukaḷ piñci piñci
uṇṇikaṇṇā āṭū ā uṇṇikaṇṇā āṭū

Danse, O petit Krishna, qu'importe si les fleurs tombent de la guirlande !

maññāpizhiññānalla kōṭippaṭṭatukaṇḍō ā
ponnarayāṇam kaṇḍō ā

Avez-vous vu Son vêtement de soie jaune ? Avez-vous vu Sa ceinture en or ?

ponnarayāṇam cillam cillam
uṇṇikaṇṇā āṭū ā uṇṇikaṇṇā āṭū

Quelle magnifique, magnifique ceinture en or ! O petit Krishna danse, petit Krishna danse !

ōmal coṭiyil muttum ōṭattaṇḍatu kaṇḍō ā
ponnin kaivaḷa kaṇḍō

Avez-vous vu la flûte de bambou qui embrasse Ses lèvres ? Avez-vous vu les bracelets en or de Krishna ?

ponnin kaivaḷa cinnam cinnam
uṇṇikaṇṇā āṭū ā uṇṇikaṇṇā āṭū

Ces bracelets en or sont si beaux ! Petit Krishna danse, O petit Krishna danse !

kālilaṇiññānallā kiṅgiṇikālttaḷakaṇḍō ā
muttaṇi kiṅgiṇi kaṇḍō ā

Avez-vous vu les bracelets qu'Il porte aux chevilles? Avez-vous vu la perle ?

muttaṇi kiṅgiṇi cillam cillam
uṇṇikaṇṇā āṭū ā uṇṇikaṇṇā āṭū

Cette perle ! Splendide, splendide ! Petit Krishna danse, O petit Krishna danse !

nīlakkaṭambin mītē nīlakkāraṇi kaṇḍō ā
pāṭum pāṭṭukaḷ kēṭṭō ā

Avez-vous vu l'Enfant au teint bleu qui danse dans l'arbre kadamba, au feuillage bleuté ?

pāṭum pāṭṭukaḷ koñci koñci uṇṇikaṇṇā āṭū ā
uṇṇikaṇṇā āṭū

Avez-vous entendu Son chant ? Petit Krishna danse, O petit Krishna danse !

cembaññiñcāraṇi pādam
cēlil veykkaṇa kaṇḍō ā

Avez-vous vu comme Ses doux petits pieds dansent ? C'est magnifique !

ā cuvaṭukaḷ vaykkū tañci tañci
uṇṇikaṇṇā āṭū ā uṇṇikaṇṇā āṭū

A pas rythmés, danse petit Krishna, danse !

veṇṇakkāy nīṭṭum kayyukaḷ
tiṇṇameṭuppatu kaṇḍō ā
kaṇṇukaḷ cimmaṇa kaṇḍō ā

Avez-vous vu les menottes qui se tendent pour avoir du beurre et prennent tout ce qu'elles peuvent contenir ?

kaṇṇukaḷ cimmi cimmi cimmi
uṇṇikaṇṇā āṭū ā uṇṇikaṇṇā āṭū

Avez-vous vu les petits yeux qui cillent ? Ils cillent, cillent ! Petit Krishna danse, O petit Krishna danse !

mullappum pallukaḷ kāṭṭi
ottu cirippatu kaṇḍō ā
tatti naṭakkaṇa kaṇḍō ā

Avez-vous vu Son sourire et Ses dents, blanches comme le jasmin ?

tatti naṭannu pinnēm pinnēm
uṇṇikaṇṇā āṭū ā uṇṇikaṇṇā āṭū

Avez-vous vu Ses petits pas d'enfant ? A petits pas, danse, O petit Krishna, danse !

Lemmu nara kishōramā (telugu 2015)

uddharēd ātmanātmānam
nātmānam avasādayēt

Que chacun élève sa conscience vers le Soi ; que personne n'abaisse sa conscience (vers ce qui est transitoire)

lemmu nara kishōramā mēlukō!
nīvē ātmavani telusukō!

Lève-toi et éveille-toi, O lion mortel ! Sache que tu es l'atman, le Soi.

gamyam cēruvaraku āgaku!
ātmavu! ātmavu nīvu! nīvē ātmavu!

Ne t'arrête pas avant d'avoir atteint le but. Atman ! Atman ! Tu es l'Atman !

māyā pañjaramu viraci garjiñcu!
hṛdayadaurbalyamu vīḍi ghōshiñcu!

Libère-toi de la cage de l'illusion et rugit ! Surmonte ta faiblesse et proclame la Vérité !

nī anantaśaktini bāhyaparici cūpiñcu!

Manifeste l'énergie infinie qui est en toi !

viśvamu nīvēnani erukato jīviñcu!
ātmavu nīvē ātmavu!

« Tu es en vérité l'univers » Vis avec cette conscience ! Tu es l'Atman !

dēhamu nīvukādu ātmavi nīvu!
bandhamu nīkulēd

Tu n'es pas le corps, mais l'Atman ! Tu n'es pas enchaîné : tu es l'Atman !

ahamunu vīḍicūdu sākṣhivi nīvu!
ānandasvarūpuḍavu amṛtaputruḍavu!

Renonce à l'ego et sache que tu es le témoin. Tu es l'incarnation de la Béatitude, l'héritier de l'Immortalité.

ātmavu nīvē ātmavu!

Tu es l'Atman !

Madhura mohanam (Sanscrit)

madhura mohanam manojña sundaram
vimala vigraham vibudha vanditam
hṛdi tamoharam cāru cinmayam
jagannātha he yacha darśanam

O Seigneur de l'univers, bénis-moi, accorde-moi Ta vision ! Les sages vénèrent Ta forme douce et pure, enchanteresse, d'une captivante beauté ; Tu dissipes les ténèbres du cœur, Ta nature est conscience.

vṛṣakulē vibhūm gopa raṇjanam
divya bhūṣaṇam pītāmbaram
sahaja śobhitam parama pūjitam

bhajati mānasam tava padāmbujam
jagannātha he yacha darśanam

Chef du clan des vachers, Ta présence fait leurs délices, Tu portes des ornements divins et des habits jaunes. Tu rayonnes de splendeur, Tu es digne de la plus haute adoration et mon cœur vénère Tes pieds de lotus. O Seigneur de l'univers, bénis-moi, accorde-moi Ta vision !

śrī kṛṣṇā muraḷīdharā veṇugopālā
jagadīśā janārdanā jaganmohanā

Seigneur Krishna, Joueur de flûte, petit vacher, Seigneur de l'univers, Janardana, Tu enchantes le monde entier.

khala vidūṣaṇam doṣa vāraṇam
punita pāvanam bhava vimocanam
bhakta mānase śīghra gāminam
bhajati mānasam tava padāmbujam
jagannātha he yacha darśanam

Destructeur des êtres vils et de la négativité, très saint, Tu nous libères de cette existence pleine de souffrances. Tu accours dans le cœur rempli de dévotion. Mon cœur vénère Tes pieds de lotus.

Mādhuri (gujarati)

mādhuri mādhuri kānā, mādhuri mādhuri kānā
mādhuri mādhuri tāri vāsalaḍi
mādhuri mādhuri kānā mādhūri mādhuri kānā
mādhuri lilā tāri vṛjavāsi
mādhurī... lilā tāri mādhuri

O Krishna, si charmant ! Ta flûte nous charme. O Krishna, si charmant ! Tes lilas (jeux divins) nous charment.

eri yaśodā, bhari bajārmā
phoḍi teṇe maṭki māri
chāśathi nahāy rahi hu gavālaṇ
māvalaḍi ō māvalaḍi

Une fermière se plaint à la mère de Krishna : « Hé, Yashoda ! Il a cassé mon pot au milieu de la place du marché ! Devant tout le village, j'ai pris un bain de babeurre ! »

maṭki phoḍine āve
mākhaṇ corine khāve
chatā na hāthāve nandano lālo
tophān kānānā sūṇi
bāvari yaśodā bani
māvalaḍi ō māvalaḍi
mādhūri... lilā tāri mādhuri

« Il casse les pots il vole et il mange le beurre, mais ce fils de Nanda, jamais on ne l'attrape. » Yashoda écoute la liste des espiègleries de Krishna, et elle en perd la tête. O Krishna si charmant, Tes lilas (jeux) nous charment.

suṇ ō maiyā, dhenu carāvi
hu hamṇā te āvyo
kyāre phoḍi me maṭki teni
māvalaḍi ō māvalaḍi

Krishna répond : « O Maman chérie, écoute ! Je rentre juste de faire paître les vaches. Quand aurais-je donc cassé son pot, maman chérie ?

tu māri maiyā, hu tāro lālo
nāno bhoḷo ne bhāḷo
kānāni vātmā mohāy yaśodā
māvalaḍi ō māvalaḍi
mādhūri... lilā tāri mādhuri

« Tu es ma mère chérie, je suis ton cher enfant, si petit et innocent. » Yashoda est conquise par les babillages de Krishna. O Krishna si charmant, Tes lilas (jeux) nous charment.

ḍhoḷ bāje ḍhoḷ bhāje, ḍhōḷ bhaje ḍhōḷ
govāḷiyāni manḍaḷimā koṇ macāve śor
mākhaṇ cor te nandakiśor te, yaśodāno lāl

Les tambours jouent. Dans le groupe des petits vachers, qui est le plus farceur de tous ? C'est celui qui vole du beurre, le fils de Nanda.

rādhānā śyāmni
nandanā kūmārni
yaśodānā lālni jai...
he mirānā nāthni
giridhar gopālni
raṇchoḍarāyni jai...

Victoire à Radhe Shyam ! Victoire au fils de Nanda Gopa ! Victoire au fils chéri de Mère Yashoda ! Victoire au Seigneur de Mira ! Victoire à Celui qui a soulevé le mont Govardhana. Victoire au Seigneur Ranchodrai, Celui qui a abandonné le champ de bataille.

Mahāmahima (kannada)

mahāmahima ḷiruvē nī
makuva moreya kēḷu nī

O Mère, Tu es la Grandeur incarnée, daigne écouter la prière de cet enfant.

paruṣa rasa vidyekaḷali
pravīṇe yāda dēvi nī
prēma karuṇe sparśa nīḍi
cinnavāgisu enna nī

Tu es le Maître de toutes les formes de connaissance. Étreins-moi, afin que Ton contact divin me purifie comme de l'or.

sṛṣṭi marmma arita māye
tapōnidhi tāyi nī
śuddha bhakti jñāna nīḍi
prasāda vāgisu enna nī

Tu es la Mère de la dévotion, Tu connais le secret de la Création. Accorde-moi la pure dévotion, la pure, connaissance, et fais que mon existence soit une bénédiction pour la création.

parama padada sīmeyalli
virājamāna guruvu nī
śaraṇu śaraṇu bhāva nīḍi
dhūḷi yākisu enna nī

Tu es le Maître qui nous guide dans le voyage éternel de la vie. Accorde-moi une attitude d'abandon de moi-même et fais de moi la poussière de Tes pieds de lotus.

Mahāmāyi mahākāḷi (telugu)

mahāmāyi mahākāḷi mahādēvi sarvamayi

O grande Déesse, Tu es omniprésente !

īta rāni pasivāḍinamma
nēnu māyakaḍali dāṭalēnamma
īta nērpi daricērccavamma
nā deggaravuṇḍi dāri cūpavamma

O Mère, cet enfant ne sait pas nager. Je ne peux pas traverser l'océan de l'illusion. Aide-moi je T'en prie à atteindre l'autre rive, apprends-moi à nager. Reste près de moi et montre-moi le chemin.

rakṣiñcavamma karuṇiñcavamma

Mère sauve-moi ! Sois miséricordieuse !

prārabdhapu alanu dāṭalēnu
nēnu nādanu suḍula īdalēnu
triguṇa makaramula neggalēnu
śakti yuktinicci nērppavamma ītanu

Je suis incapable de surmonter les vagues du destin, impuissant face aux tourbillons du « moi » et du « mien ». Je suis incapable de vaincre les crocodiles des trois gunas. O Mère, accorde-moi la force et le discernement ; apprends-moi à nager.

Māhā nāṭakam (telugu)

māhā nāṭakam, māyā nāṭakam
māhāmāyi āṭe jagannāṭakam

La pièce grandiose, la pièce de théâtre illusoire, la pièce universelle jouée par la Mère d'illusion !

vividha pātralu sṛṣṭiñci
triguṇa mulatō āṭe nāṭakam
evari pātrayento yentakālamō
antu teliyani vicitra nāṭakam

Tu inventes des rôles variés, Tu joues avec les trois gunas. A quel point sommes-nous impliqués et pour combien de temps ? O drame merveilleux, infini.

jīvitam lō natiñci, nāṭakam lō jīviñci
amma manato āṭu nāṭakam
manapātrakku jīvampōsi manalanu
māyā bhrāntulanu cēsina nāṭakam

Nous jouons dans la vie et nous vivons dans la pièce, le jeu où Mère joue avec nous. Elle donne vie à nos rôles, Elle joue avec nous, Elle nous plonge dans la confusion !

Māi bhavānī (marathi)

māi bhavānī premasvarūpiṇi ude g ambe ā-ī
āsura mardini amṛtavarṣiṇi ude g ambē ā-ī

O Mère Bhavani, épouse de Bhava (Shiva), dont la vraie nature est Amour. Éveille-Toi O Mère Amba (Maha Lakshmi) Toi qui tues les démons (asuras). O Tu répands constamment sur nous le nectar de l'amour. Éveille-Toi O Mère Amba! (Maha Lakshmi)

ādi śakti ambābāyīcā jāgar karto āmhī
jñāna bhaktīce de vardān lekar tujhī āmhī
tuljhā bhavāni śambhu mohinī mahādevī māte
sukhdāyiṇī jagadambe tū yogeśvarī māte

O Mère Amba, nous T'invoquons, Toi la Puissance primordiale. Daigne nous accorder comme faveurs la connaissance et la dévotion. O déesse Bhavani de Tuljhapur, Tu charmes le Seigneur Shambhu (Shiva). O grande déesse, Mère, Toi qui donnes tous les bonheurs, O Mère de tous les mondes, déesse Durga, objet de notre adoration.

udē g ambē udē g ambēudē g ambē bāyī

Éveille-Toi, O Mère.

abhīṣṭadāyini ariṣṭanāśini mahālakṣmī māte
jñāna śakti tū sattva svarūpiṇī śārade māte
ānandadāyini hṛdaya nivāsini reṇuke māte
prāṇadāyini muktipradāyini mahākālī māte

Mère Lakshmi, Tu exauces tous nos désirs et effaces tous les maux. Mère Saraswati, Tu es la puissance de la connaissance, l'incarnation de la pureté et de la sagesse. Mère Renuka, Tu donnes le bonheur et demeures dans nos cœurs. Mère Kali, Tu es la force qui donne la vie et Tu accordes la libération.

udē g ambē udē g ambēudē g ambē bāyī

Éveille-Toi O Mère.

Manadinuḷḷil (tamoul)

manadinuḷḷil unnuḍantān nānum pēsuvēn
magizhndirukkum vēḷaitanil unnai koñcuvēn
ekkavalaiyenḍrālum eḍuttu colluvēn
akkaṇattil adutīra amaidi koḷḷuvēn

Dans mon cœur, c'est à Toi seule que je parle. Quand je suis heureux, j'aime jouer avec Toi. Quelles que soient mes inquiétudes, je Te les confie et en un instant, elles s'évanouissent et je suis en paix.

annam uṭṭi viḷaiyāḍa poruḍkaḷum tantāy
annaiyunai marandadilē nānum mūzhginēn
āḍikkaḷaittu ammā ena nānum kūvinēn
ādaravāy paḍukka annai maḍiyai tēṭinēn
maḍiyai tēṭinēn

Tu m'as donné de nombreux jouets pour m'amuser en ce monde. O Mère, je me suis noyé dans les distractions et je T'ai oubliée. Lassé de jouer, j'ai appelé « Mère ! » et je T'ai cherchée pour poser la tête sur Tes genoux.

nūru uravu iruntapōdum annaiyāgumō?
noḍippozhudum unai pirindāl vāzhamuḍiyumō?
pūraṇamām un anbil porunta vizhaigirēn
kāraṇankaḷ pārāda karuṇaikkaḍalenḍrō
karuṇaikkaḍalenḍro

Même s'il existe des centaines de relations, peut-on les comparer à la relation avec Mère ? Puis-je vivre un seul instant, séparé de Toi ? J'ai le désir brûlant de m'unir à Ton pur Amour. N'es-Tu pas un océan de compassion ?

Manakkōyil (tamoul)

mārukinḍra ulakil mārātavaḷ māriyammā
tēḍukinḍra manatil tōnḍriḍuvāḷ māriyammā
vēṇḍukinḍra varangaḷ tandiḍuvāy māriyammā
pāḍukinḍra pāḍalil maraindiruppaḷ māriyammā

Dans ce monde en changement constant, le seul élément stable est la Mère divine Mariyamma. Elle se révèle dans le cœur de celui qui La cherche. Elle nous accorde les faveurs que nous demandons. Elle est présente, voilée, dans les chants que nous chantons.

manakkōyil tirandu vaittēn māriyammā – atil
dinantōrum ezhundaruḷvāy māriyammā

O Mariyamma, les portes de mon sanctuaire intérieur sont ouvertes. Daigne T'y révéler chaque jour.

tirisūlam kaiyil ēndum sūliyammā – undan
tirupādam tozha vandēn māriyammā
māviḷakkai ēndi vandēn nīliyammā – endan
mana azhukkai nīkkiṭuvāy māriyammā

O Mariyamma, O Shuliyamma (Déesse qui brandit le trident), je suis venu vénérer Tes pieds. Je T'ai apporté un peu de pudding sucré. Daigne éliminer toutes les impuretés de mon mental.

māriyammā muttu māriyammā
māriyammā muttu māriyammā

O Mariyamma, Mariyamma chérie !

karumbu villai tānkum karumāriyammā undan
karuṇaikku ellai illai māriyammā
ponkal pānai ēttri vaittēn dēviyammā – undan
tunnai veṇḍi ēnkukirēn māriyammā

O Karumariyamma (Mère au teint sombre), Tu tiens l'arc en canne à sucre, Ta compassion est infinie. O déesse, je suis venu avec un pot de pongal (pudding). J'aspire à obtenir Ta grâce divine.

nōy noṭikaḷ tīrkkum muttu māriyammā - undan
sēy unnai azhaikkumbōdu vārum ammā
vēppilaiyai eṭuttu vandēn kāḷiyammā - vērā-
-rumillai enai kākka māriyammā

O tendre Mariyamma qui guérit toutes les maladies, Tu accours à l'appel de Ton enfant. O Mère Kali, je T'ai apporté des feuilles de neem. Personne d'autre ne peut me protéger.

Manamirukka ahankāram (tamoul)

manamirukka ahankāram nānirukkutu
nānirukka daivam vēru āgi nirkkutu
vēru āgi nirkkum daivam svayam jvalippatu
svayam jvalikkum daivamakam svayam nuzhaivatu

Le mental est le siège de l'ego, que nous appelons "je". Tant que demeure le sentiment du « moi », Dieu nous semble une entité séparée. Dieu, alors distinct de nous, est Sa propre source de Lumière. Cet Être lumineux entre dans le cœur de son plein gré.

svayam nuzhainta daivattāl dharmmam nirkkutu
dharmmam tazhaippatāle maṭṭum dayai viḷankutu
dayai viḷanka anpu ōnki kulam sirakkutu
kulam sirantu paramabhaktiyāl niraikkutu

Le dharma (justice) règne parce que Dieu est entré par Sa volonté. Grâce au dharma, la compassion règne. Grâce à la compassion, l'amour prédomine, et il en résulte la bonté. Grâce à la bonté, la dévotion suprême règne partout.

paramabhaktiyin tarangam amaidi sērkkutu
amaidi sēra sēra sēra manamoṭunkutu
manamoṭunkum nēram ahankāram tōrkkutu
ahankāram tōrkka marai daivam teriyutu

La vibration de la dévotion suprême apporte la paix. A mesure que la paix s'approfondit, le mental retourne à sa source. Quand le mental va profond, l'ego échoue misérablement. Quand l'ego est vaincu, Dieu se manifeste.

Manan karo man (hindi 2015)

manan karo man yatn karo man
ahankār ko dūr karo
guru caraṇan kā smaraṇ karo man

Réfléchis, O mon mental ! Rappelle-toi : Prends de la distance par rapport à l'ego. Médite sur les pieds de lotus du Guru.

guru vacanan kā dhyān dharo
hṛday me prem aur
bhakti bharo man
bhav sāgar kā pār karo

Médite les paroles du Guru, remplis ton cœur de dévotion et traverse l'océan du samsara.

bacpan khelat sovat khoyā
yauvan māyā moh me ḍuboyā
arth kām aur yaś ke lobhī
vṛddh bhayo api sudhi nahi pāyā

L'enfance est gaspillée dans le sommeil et dans les jeux, la jeunesse noyée dans les désirs illusoires. Occupés à courir après l'argent et la gloire, nous sommes devenus vieux et n'avons pas encore réalisé la vérité.

vyarth gavāyā jīvan sārā
ahankār kā bhār baḍhāyā
nām prabhu kā smaraṇ na āyā
ab to jāgo manvā morā

La vie que nous avons menée n'a aucun sens ; gonflés d'orgueil, jamais nous n'avons pensé au Seigneur. Il est encore temps, réveille-toi, O mon mental.

guru caraṇan kā smaraṇ karo man
guru vacanan kā dhyān dharo

Médite profondément sur les pieds de lotus du Guru, contemple les paroles du Guru.

Manasavāca karmaṇā (kannada)

āgalī vivēka sūryana udaya
araḷali hṛdaya kamala vimala

Puisse le Soleil du discernement se lever ; puisse la fleur pure du cœur s'épanouir.

manasavāca karmaṇā śaraṇembenu
nina ichage śaraṇu sankalpake śaraṇu

Je m'abandonne à Toi, O Mère, en pensée, en parole et en acte. Je m'abandonne à Ton désir et à Ta volonté.

śaraṇembenu kṛpārāśiyē
śaraṇembenu kṛpārāśiyē

O grâce débordante, Mère, je m'abandonne.

attitta nōḍadantē andhēyāgisammā
nina sānnidhyadi manava nillisu
bērellu aleyadantē bandhiyāgisammā
nina sēve mātradi tanuva nillisu

Rends-moi aveugle, que mon regard n'aille pas errer çà et là, puissent mes pensées être constamment fixées sur Toi. Fais-moi prisonnier, que je n'aille pas vagabonder. Puisse mon corps être constamment à Ton service.

nānu nānendu nuḍidare dēvī
'nina pāda' vendu tiddi nuḍisu
nānu māḍide nendare dēvī
'ninna prasāda' vadendu nuḍisu

Si je dis « moi, moi, » corrige-moi, que je dise : « Tes pieds. » Si je déclare : « J'ai fait cela » corrige-moi, que je dise : « C'est Ton prasad. »

Manasā vācā (version marathi)

manasā vācā karmaṇā
nirantar smarito tujalā
kā bare hā vilamba ā ī
dayā dākhaviṇyā majavarī

kitī varṣe aśī sarlī
nase svasthatā mājhyā manī
alpaśī sāntvanā de māte
kā bare hā vilamba ā ī
kā bare hā vilamba ā ī

ā ī maj asahya jhāle
nako maj he ase jīvan
aśakta mī tav parīkṣā jhelaṇyā
malā ātā he asahya jhāle
malā ātā he asahya jhāle

vādaḷī phasalelyā tārusam
bharakaṭṭale g man māze
bhramiṣṭa na hovo he jīvan

thoḍītarī de śāntī mazalā
thoḍītarī de śāntī mazalā

ambe mī nirādhār jagatī
tujavin nase kuṇī mazalā
thāmbavī tujhī parīkṣā ātā
de ūnī kar, ghe maj javaḷī
de ūnī kar, ghe maj javaḷī

Mānasavīṇiya (telugu)

mānasavīṇiya mrōgiñcavā prabhu
mañjuḷa gānamu ravaḷiñcagā
tegina tantrulanu atikiñcavā prabhu
tīyaṇi nādamu noḷikiñcagā

O Seigneur, joue sur la vina de mon cœur, afin que résonne la belle musique de la béatitude. O Seigneur, répare les cordes brisées de l'instrument. Qu'il n'en sorte que des sons mélodieux.

apaśrutulanni tolagiñcavā prabhu
susvaram mulanu paḷikiñcagā
mauna bhāvālakadaliñcavā prabhu
madhurarāgāla śrutiyiñcagā

O Seigneur, élimine toutes les fausses notes, que seules les notes harmonieuses résonnent. O Seigneur, éveille les sentiments intérieurs inexprimés, afin que soient créés les ragas enchanteurs.

amṛta dhārāla kuripiñcavā prabhu
ānanda vāhini nōlalāḍagā
niratamu nīpada sankīrttanammuna
satatamu nīrūpa sandarśanammuna

O Seigneur, répands le nectar de Ta grâce, que je sois submergé par le flot de la béatitude divine. Bénis-moi, afin que je chante toujours les louanges de Tes pieds de lotus. Bénis-moi en m'accordant la vision ininterrompue de Ta forme enchanteresse.

madhurima poṅgulu vāru ṭendamuna
praṇavamu jummani rēgu candamuna

Bénis-moi, afin que mon cœur déborde de béatitude et que la syllabe sacrée "Om" résonne dans tout mon être.

Manasē kēḷū (kannada 2015)

manasē kēḷū
bēgane mane sēru

Écoute, O mon mental, rentre vite à la maison.

kāla sariḍide dāri uḷidide
bēga bēgane naṭemunde

Le temps passe, mais le chemin reste à parcourir. Marche vite, avance.

manasē kēḷū
bēgane mane sēru

Écoute, O mon mental, rentre vite à la maison.

rāgadvēṣagaḷali
kāla kaḷeya bēḍa

Ne perds pas ton temps avec les passions et les aversions.

iṣṭāniṣṭāgaḷali
dinava dūḍa bēḍa

Ne gaspille pas tes journées à te laisser gouverner par l'attraction et la répulsion.

māyeyoḍḍuva belage
kāla toṭaradente

Ne trébuche pas sur l'obstacle de maya

nāmasmaraṇe baladi
munda munda kenaṭe

Continue à avancer, en employant la force tirée du souvenir du nom de Dieu.

manasē, ō manasē

O mon mental, O mon mental.

amma iruvaḷalli bā
entu karaytihaḷu...

Amma est là. Elle t'appelle.

māte maṭilu tāne
namagella nijada maneyū

Le giron de Mère n'est-il pas ta véritable demeure ?

Mandahāsavadane (namavali)

mandahāsavadanē tū mandahāsavadanē
mandahāsavadanē tū mandahāsavadanē
varadē varadē
varadē varadē

mandahāsavadanē mandahāsavadanē
mandahāsavadanē mandahāsavadanē

O Mère, dont le visage rayonne d'un sourire enchanteur ! Daigne m'accorder une faveur.

himagiri nandini hēmalatē
himagiri nandini hēmalatē

himagiri nandini himagiri nandini
himagiri nandini hēmalatē

Tu es la fille de la montagne aux glaciers, Tu es une liane dorée, Tu es la déesse Lalita.

Mangal vadana (hindi)

mangal vadana karuṇā mandir
sundar sur vandit tū
sakal varad kavitādāyak
sankaṭ gaṇ bhañjak tū

Ton visage est propice, Tu es un temple de compassion et les dieux vénèrent Tes beaux pieds. Tu accordes toutes les faveurs et le don de la poésie, Tu résous tous nos problèmes !

gaṇanātha śubhadāta śivabāla natapāla
jitakāma deva bālarūpa vedasannuta
gaṇanātha śubhadāta śivabāla natapāla
jitakāma deva bālarūpa vedasannuta

O Seigneur des Ganas, Toi qui donnes ce qui est propice, Fils de Shiva, Tu préserves la danse, vainqueur de kama (le désir). Ta forme est celle d'un enfant et Tu es célébré dans les Vedas !

amṛt kalaś kar me sohe
ankuś nav modak bhī
akhil vimal guṇ kīmūrat
rañjit raṇ vijayī

Tu tiens dans les mains un récipient qui contient le nectar de l'immortalité, l'aiguillon de l'éléphant et des modaks (faits de farine de blé et de sucre de canne). Tu symbolises les qualités universelles de pureté et de bonté, Tu es vainqueur dans la guerre.

caraṇ śaraṇ var de bārak
kinkar hamre cākar
kalabh vadan dikhalā gaṇanāthā
mangal bikhare jagme

Accorde-nous la faveur de prendre refuge à Tes pieds. Ainsi, les démons du mental deviendront nos serviteurs. Daigne nous montrer Ta forme divine, Seigneur des Ganas, afin que le bonheur et la joie se répandent dans le monde !

Manitā iraivan (tamoul)

manitā iraivan tān inbavūttru – atai
nī arintu endrum pōttru

O Homme ! La source réelle de béatitude, c'est le Suprême. Prends-en conscience et loue le Suprême.

maraikaḷ nāngum itarkku sāndru
atai nī arintu karai akattru
manatil māsennum karai akattru
itanālē uṇaralāmē inba ūttru

Les quatre Vedas en sont la preuve. Comprends-le et efforce-toi de libérer ton mental de ses impuretés. C'est ainsi que tu trouveras la source réelle de la béatitude.

orupōdum utavātun ulaka pattru
itai nī arintu appattrakattru

Les biens de ce monde ne sont pas de véritables bienfaits. Comprends-le et cultive le détachement.

unnuḷḷil uraikintra irai uṇarttu
itanālē uṇaralāmē inba ūttru

Invoque le Suprême qui demeure en toi. C'est ainsi que tu trouveras la source réelle de la béatitude.

Mano nā visāri (punjabi)

mano nā visāri tere dar te āye hā
mātā merā kaun sahārā tere sivā

Daigne me garder dans Ton cœur ; je suis arrivé jusqu'à Ta demeure. O Mère, y a-t-il quelqu'un d'autre dans ma vie ?

meri bigaḍi banāye kaun (tū hi banāye mā)
mere dard miṭāye kaun (tū hi miṭāye mā)
merā kaṣṭ haṭāye kaun (tū hi haṭāye mā)
mainu apnā banāye kaun (tū hi banāye mā)
merā viṣay vikār haṭāye merī mā
tū meri mā (jai devi mā)

Qui résout tous mes problèmes? Toi seule, Mère. Qui dissipe ma douleur et mes chagrins ? Toi seule, Mère. Qui anéantit mes inquiétudes et mes soucis ? Toi seule, Mère. Qui fait de moi Son enfant ? Toi seule, Mère. Toi seule mets fin à mes attachements.

banke tārā camko akkhā vich
dūr hove māyā dā kohrā
dekh tanū akhā bhar āyiyā
caraṇ pivā mai tere to to maiyyā
caraṇ pivā mai tere to to maiyyā

Comme une belle étoile, daigne briller dans mes yeux. Le brouillard de l'illusion disparaît. Il suffit que je Te regarde pour que mes yeux se remplissent de larmes. En lavant Tes pieds de ces larmes, je veux boire le nectar divin.

ik tū hī is duniyā vich, samjhe dil dī bolī
bākī sāre matlab de, riśtte nāte cūṭhe
mainū apṇe caraṇā vich biṭhāle hun māyiye
mainū apṇe dil vich, chipāle hun māyiye
mainū apṇe dil me, chipāle hun māyiye

Tu es la seule qui comprenne le langage de mon cœur. Les autres sont égoïstes et les relations humaines ne sont pas réelles. Donne-moi refuge à Tes pieds divins, Mère. Cache-moi dans Ton cœur !

Mantirattirkkilla (tamoul)

mantirattirkkilla īḍu - japam
seytiḍa seytiḍa inikkutu nāvu
ōm namaḥ śivāya enbōm - hara
ōm namaḥ śivāya enbōm

Il n'existe rien de comparable à un mantra. La répétition du nom sacré procure une douce béatitude. Chantons « Om namah Shivaya »

nīntiḍum jīvan kāṭṭāru
kaḍantiḍalām aḍailkkalamondra uṇḍu
aintezhuttai uccarittu - manamē
eḷitil akkarai ēru

Pour franchir l'océan terrifiant du *samsara* (la transmigration), il n'existe qu'un seul moyen. O mon mental, chantons le nom sacré et atteignons ainsi facilement l'autre rive.

ōm namaḥ śivāya enbōm
hara hara śivāya enbōm

Chantons « Om namah Shivaya »

talaividhikaḷ mārum nanku
vinaikaḷil vīriyyam kuraiyum endru
karaikkaṇḍōr sonnatē sollu - manamē
pūraṇa nambikkaikkoṇḍu

Ce nom a le pouvoir de modifier notre destin et d'atténuer les effets de notre mauvais karma. O mon mental, accorde une foi totale aux paroles de ceux qui ont déjà traversé l'océan du *samsara*, et chante le mantra.

Manujkāy hāthī (hindi)

manujkāy hāthī sirvālā
śok moh nāśak śiv bālā
ādidev vancit varadātā
dīn nāth vande gaṇarāyā

Tu as un corps humain et une tête d'éléphant, Fils de Shiva, Tu détruis le chagrin et l'attachement. O Seigneur suprême, Tu accordes des faveurs et protèges les malheureux ; nous nous prosternons devant Toi, Seigneur des éléphants.

śaraṇam śaraṇam śaraṇam śaraṇam śaraṇam
ganeśa śaraṇam

O Ganesh, nous prenons refuge en Toi !

cāra ved terī guṇ gāthā
tīn lōk vyāpit tavakāyā
dān bhāv mere man jāge
bār bār vande pad terā

Dans les quatre Vedas et dans les trois mondes, on chante Tes louanges. O Seigneur qui éveille en moi l'attitude du don, je me prosterne à Tes pieds encore et encore.

gyān dān denā tum devā
nāc gān rasikā sukumārā
yōgirāja jaya dīnadayālā
dījiye caraṇa dāsya hamēśā

O Seigneur, bénis-moi, accorde-moi la connaissance, Toi que la beauté de la musique ravit. O Roi des yogis, victoire à Toi, Dieu plein de compassion. Accorde-moi la bénédiction d'être le serviteur de Tes pieds !

Manuṣyan-iviḍe (malayalam)

manuṣyan-iviḍe janiccu bhōgam
koticcu-nēḍunnu
eḍukkuvān-illoḍukkam-onnum
tiriccupōkumbōḷ
taniccu-vannavar taniccu-pōkum tuṇaykkorāḷenyē
kaṇakkeḍuttāl perutta naṣṭam
manuṣya janmaṅgaḷ

L'être humain naît et passe sa vie à courir après les désirs, mais à la fin il repart les mains vides. Il est venu seul et il repart seul. Dans le livre de comptes final, le bilan de sa vie indique une grosse perte.

vitaccu koytaraniraccu dēham tyajiccu pōkunnu
vitaccu koyyān tiriccu vīṇḍum taniccu pōrunnu
manassu mēniyil bhramiccu mēnmēl
madiccu nīntunnu
urattavṛttikaḷ-alaccutuḷḷum samudra-nirgghōṣam

L'être humain sème, récolte, puis abandonne le corps. Il revient ensuite pour semer et récolter de nouveau. Plongé dans l'illusion, le mental aspire à satisfaire les désirs du corps. Rendu fou, l'être humain nage dans les vagues mugissantes de l'océan infini des désirs et des actions.

manuṣya-jīvitam-uḍaccuvārkkān uṇarttinōvāttān
orikkal-īśvaran-aḍukkal-ettum guru-prabhāvattil
aṇaññu tṛkkazhal vaṇaṅgiyuḷkkaḷam
uṇarnnu-śōbhikke
teliññu sadguru kaniññutūkum vijanmasāyūjyam

Afin de transformer la vie de l'être humain, afin de l'éveiller et de le libérer de la souffrance, Dieu vient sous la forme du guru. Si nous vénérons Sa forme divine, notre cœur s'ouvre et devient lumineux. Dans Sa compassion, Elle nous accordera la connaissance éternelle.

Mariyamma Mariyamma (Samayapurattale) (tamoul 2015)

samayapurattāḷē
sankaṭankaḷ nīkkiṭamma

O Mère qui demeure à Samayapuram (nom d'un temple du Tamil Nadu), daigne écarter les obstacles.

kaṇṇpurattāḷē
kavalaikaḷ pōkkiṭamma

O Mère qui réside à Kannapuram (nom d'un temple), daigne balayer nos soucis.

āyi mahāmāyi
aruḷkaṇṇai kāṭṭiṭamma

O grande Mère, regarde-nous avec Tes yeux pleins de compassion.

kāḷi triśūli kaṇ tirantu
pārttiṭamma

O Kali, Toi qui tiens le trident, ouvre les yeux et regarde-nous.

māriyamma māriyamma
śankarittāyē āyiram kaṇ koṇḍavaḷē

O Mère Shankari, Mariyamma, Toi qui as des milliers d'yeux.

tūya uḷḷam pūṇḍavaḷē māriyammā
tumbattai nī tuṭaittiṭa vā vā

O Mariyamma, déesse au cœur pur, Tu tiens des feuilles de nim (aux propriétés curatives)

vēppilai vīsiyē vā vā
nōyivēdanaikaḷ ellām tīra

Daigne venir nous libérer de nos souffrances.

karankaḷil tīccaṭṭi
ēntivantōm enkaḷuḷḷam
kuḷirntiṭa nī vā

Nous T'apportons des pots où brûle une flamme ; daigne nous réjouir en nous libérant de nos maladies.

kāttrāki nīkkamara enkum niraintavalē
ārāki pāvavinai tīrkka pirantavaḷē

Tu es omniprésente, comme le vent ; Tu es venue telle une rivière pour laver nos péchés.

aruvāki uruvāki karuvāki tiruvāki
pattrarukkum paruporuḷē māriyammā

Tu as une forme, Tu es aussi le Sans-forme, Tu es la cause ultime et la richesse.

sundari antari purantari bhayankari

Tu accordes ce qui est propice ainsi que la prospérité, Tu détruis la peur, O grande Mère !

jagam pukazh puṇyavati
akamalarum pankajākṣi

O Déesse aux mérites infinis, le monde entier chante Ta gloire ; O Déesse aux yeux de lotus,

akamanatil iruḷakattrum
kāmini kāmākṣi

Tu fleuris dans les cœurs, Toi qui exauces les désirs, daigne balayer les ténèbres qui règnent dans nos cœurs.

kavipāṭa kaḷiyāṭa
manamāṭa uraintāṭa

Nous T'appelons de tout notre cœur par nos chants et nos danses,

kanakāngi karumāri
māriyammā

O Karumari, Mariyamma au teint doré.

sundari antari
purantari bhayankari

Tu accordes ce qui est propice ainsi que la prospérité, Tu détruis la peur, O grande Mère !

matiyōṭu manam
makizhum pārin paramporuḷē

O Déesse suprême de l'univers, Tu réjouis le mental et l'intellect.

matimōha māyainīkkum
māyā svarūpiṇiyē

Tu es la source de maya. Daigne nous libérer de l'illusion.

matiyil nin tirunāmam
uraintiṭa vēṇḍumammā

Que Ton nom soit installé dans nos cœurs !

matillōka iṭarillāmal
kāttiṭum māriyamma

O Mariyamma, daigne nous sauver des pièges du monde

sundari antari
purantari bhayankari

Tu accordes ce qui est propice ainsi que la prospérité, Tu détruis la peur, O grande Mère !

sundari antari purantari bhayankari
śankari śrīkari śivankari abhayankari

Tu accordes ce qui est propice ainsi que la prospérité, Tu détruis la peur, O grande Mère !

sundari antari purantari bhayankari
śankari śrīkari śivankari abhayankari
āyi mahāmāyi
karumāri triśūli kāḷi ankāḷi
pozhivāyē aruḷmāri

Toi qui tiens le trident, Kali, Ankali, daigne répandre ta grâce !

Māya lōniki neṭṭakamma (telugu)

māya lōniki neṭṭak-amma!
ō mahāmāyi
daya cūpi kanipeṭṭ-ammā!
nī biḍḍan-ammā

O grande Magicienne, ne me jette pas dans l'illusion ! Sois compatissante et protège Ton enfant !

māya bommala madhya dimpiti-vammā
māyalāṭal-āḍamanṭi-vammā

Mère, Tu m'as placée au milieu de tous ces jouets illusoires et Tu m'as laissé jouer à tous ces jeux irréels.

āṭalalō lāgabaṭi ninnu maracitin-amma!
āṭanē nijam-anukoni bratikitin-amma

Absorbée par ces jeux, je T'ai oubliée. J'ai passé toutes ces années à prendre l'illusion pour la réalité.

bommalāṭalō alasi pilicitin-ammā
kottabommalu kuni ichitiv-ammā !

Lassée de ces jeux, je T'ai appelée et Tu m'as donné de nouveaux jouets.

ninnu maraci āṭalāḍi visigitin-amma
āṭalō yēmunnati ani telisinat-amma

Je n'ai plus envie de jouer et de T'oublier. J'ai compris que tous ces jeux étaient vains.

ī bommalu nākoddu
ī āṭalu nākoddu!
manic-ceḍalu nākoddu
bhava bandhālu nākoddu!

Je ne veux plus de ces jouets ! Je ne veux plus de ces jeux ! Je ne veux ni bien ni mal ! Je ne veux plus des attaches de ce monde !

māyā prapancam nākoddu!
janma maraṇālu nākoddu!
amma kāvāli! nāk-amma kāvāli!
amma kāvāli! amma prēma kāvāli

Je ne veux plus de ce monde illusoire ! Je ne veux pas de la naissance et de la mort ! Je veux Amma, je veux l'amour d'Amma ! Je veux Amma, je veux l'amour d'Amma !

Māyā ulagam (tamoul)

māyā ulagam kaliyuga māyā mayakkam
meytanai marantu pōytanai nāṭum māyā ulagam
sattiyattai tēṭi tēṭi enkenkō alaikirāy
kaṇmunnē iruppatai kāṇātēverukkirāy
iyarkkayōṭu iṇakkamindri vilaki vilaki nī selkirāy
poyyāna mukham kāṭṭi pōliyāka sirikkirāy

Le monde irréel est l'illusion du kali yuga, l'ère du vice et des tendances démoniaques. Tu erres en quête de la Vérité, mais tu ne la vois pas là, juste sous tes yeux. Tu t'éloignes de l'harmonie de la nature, tu affiches un faux visage et un sourire factice.

ādaravāy anpozhuka pēsa nīyum marukkirāy
ādhāramām iraipōruḷai teṭa maṭṭum ninaikkirāy
bandhapāśam nān enatu endrē tān uzhalkirāy
poyyāna ulakamendru kuraikūri alaikirāy

Alors même que tu désires chercher la vraie Source, tu te retiens de prononcer des paroles aimantes et réconfortantes. Tu vis pour tes relations, ton ego et tes attachements. Tu erres, et tu prends le monde pour la cause de tes problèmes.

nalvazhi kāṭṭinālum ērkkāmal suzhalkirāy
nittiyamāy unnil unnai kāṇāmal tavikkirāy
nalintōrkku sēvai seytu nallulakam nāṭalām
anpāna vāzhvinilē meyyulakam kāṇalām

Tu tournes en rond sans choisir le chemin juste que l'on te montre. Tu souffres sans connaître ton essence éternelle. Tu peux servir les malheureux et aspirer à un monde bon ! Tu peux voir la réalité en vivant avec amour !

Māye embāḷata (kannada)

māye embāḷata kaṇiveyalli
biḍugaḍē illā yārigu
sāvina davaṭe indā pārembutillā
duḥkha maḍugaṭṭidē hṛdayāntār-aḷadalli

Nul ne peut échapper aux pièges de maya. Impossible d'échapper aux griffes de la Mort. La douleur s'est infiltrée au tréfonds des cœurs.

sangharṣa manemāḍi sigutilla vimōcanē
kaṣṭagaḷa kaḷedu ānanda triśe nīgisalu
jagadoḷagēnanu huḍuku tihē
vivēkavā toredu koneyilladē

Empêtré dans les conflits, il est impossible de se libérer de la douleur et de satisfaire la soif de bonheur. Que cherches-tu sans fin dans le monde, en abandonnant ton discernement ?

ānanda nijasvarūpa vembudu tiḷiyatē
svataha tānu bērē cintane māḍi
huṭṭu sāvū maddhya naraḷidā
sujñāna dindariyō tatvamasī bōdhaneyinda

Ignorant que la béatitude est notre vraie nature, nous croyons être des individus. Tu es pris dans la souffrance entre la naissance et la mort. Grâce à la juste connaissance, comprends le sens du « *tat tvam asi* » (Tu es Cela).

Mayilirakaṇi mādhavanē (tamoul)

mayilirakaṇi mādhavanē
vēnkuzhal ūtiḍum nāyakanē
untan ninaivil anudinamum
enkaḷ manatil urutipera
untan aruḷai nāḍukirēn kaṇṇā

O Madhava, paré d'une plume de paon ! O Seigneur qui joue de la flûte ! O Krishna, je prie chaque jour pour que toutes mes pensées demeurent fixées sur Toi.

veḷḷai uḷḷa kaḷvā veṇṇai uṇṇa vārāi
yārum kāṇum munnē kaṇ maraintu selvāi

O petit voleur au cœur pur, viens, je T'en prie, manger du beurre. Mais Tu dois T'éclipser avant que quelqu'un Te voie.

kaṇkaḷum nīyē kāṭciyum nīyē
kāṇpavanum kaṇṇā nīyē

O Krishna, Tu es les yeux qui voient, l'objet vu et le voyant.

kaṇṇanindri inkē kāṇayārumuṇḍō?
kaṇṇan seyyum līlai kaṇkaḷ ariyumuṇḍō?

Qu'y a-t-il donc à voir, hormis Krishna ? Son jeu divin, peut-on le voir avec les yeux physiques ?

Mayil pīlī (malayalam)

mayil pīlī tūlikayākki
harināma mantraṅgaḷ ezhuti
mazhavillin varṇṇaṅgaḷāle
ezhuti nin citraṅgaḷ-ēre

Avec une plume de paon, j'ai écrit les noms et les mantras de Hari. J'ai fait de nombreux dessins avec les couleurs de l'arc-en-ciel.

arayālilakaḷ calikkē
kēḷkkunnita-ramaṇi kilukkam
mazhamukil vānil parakkē
kāṇmu nin śyāmaḷarūpam
kāṇmu nin śyāmaḷarūpam

Les feuilles de l'arbre banyan se balancent, et nous entendons les doux tintements de Tes bracelets. Les sombres nuages de pluie se répandent dans le ciel, et nous voyons Ta forme bleue divine.

kṛṣṇa hare jaya kṛṣṇa harē
kṛṣṇa hare jaya kṛṣṇa harē
kṛṣṇa hare jaya kṛṣṇa harē
muraḷi manohara kṛṣṇa harē

Gloire à Krishna ! Gloire au joueur de flûte qui captive nos cœurs.

muraḷiyil ozhukum rāgam
hṛdayamatil pakarum rāgam
māyilla hṛttil īdṛśyam
kāṇuvator apūrva puṇyam
kāṇuvator apūrva puṇyam

Les mélodies jaillissent de la flûte et se répandent dans le cœur. Jamais cette vision ne s'effacera de notre cœur. C'est une rare bénédiction pour ceux qui l'ont obtenue.

Mere guruvān di vāṇi (punjabi)

mere guruvāṅ di vāṇi sun lo – mere
guruvādi vāṇī sun lo
e hegī – cāṣnī nālon mīṭhī
e hegī - pānī nālon patlī
e hegī - sāre jagtī nyārī

Écoutez les paroles de mes grands maîtres ! Elles sont à la fois plus douces que le miel et plus fines que l'eau. Ces paroles ne sont pas de ce monde !

o bande tū hī karle, is dā simraṇ
savār le pāgānū sunkar kare vacan
lagjā pār tū muṣkilānū lāng kar
tarjā tū is jahāz te caṭkar - o

O Homme, apprends toi aussi ces paroles et chante-les. Chéris ton bonheur en écoutant ces paroles de vérité. Tu peux traverser l'océan de la transmigration en les écoutant et en y adhérant !

is vāṇī vich pariyā amarat
is dī rāh jo chalyā, o sokhā
nā rahe terā paisā mān dē śarīr
na pucche chūṭṭe sambandhi te śarīkh

Ces mots débordent de nectar spirituel ; qui les a pris pour ligne de conduite a rendu sa vie facile ! Richesse, réputation, corps, rien de tout cela ne restera ; ni les amis ni la famille ne nous suivront !

Mizhinīrilāzhnna (malayalam)

mizhinīrilāzhnna manatārilinnu
madhuvillayende jananī
tazhayāteyonnu tuṇayāyivannu
tazhukīṭukenne sadayam

O Mère, il n'y a pas de miel dans la fleur de mon cœur ; elle se fane dans les pleurs. Ne m'abandonne pas, viens à mon secours et caresse-moi avec compassion.

verute viriñña vanasūnamoṭṭu
niramārnnatalla vanajē
padatārilēykku patiyānorittu
kanivēkiyamba kaniyū

O Vanaja (un des noms de la Mère divine) les fleurs sauvages de mon cœur se sont épanouies au hasard et ne sont pas très colorées. Daigne me témoigner un peu de miséricorde afin que je puisse offrir la fleur de mon cœur à Tes pieds de lotus.

iruḷārnna neññiloḷiyāyirunnu
gatiyēkiṭunna jananī
karuṇākaṭākṣam aṭiyannu nalki
arivēkiyennilamarū

O Mère, verse un peu de lumière dans ce cœur enténébré et guide-moi vers une destinée meilleure. Que Ton regard plein de compassion se pose sur le malheureux que je suis, éveille en moi la connaissance, viens demeurer dans le temple de mon cœur.

tava pādarēṇuvaṇiyān enikkyu
varadānamēku varadē
bhavasāgarattil alayunnorende
azhal nīkkiyennil aṇayū

O Varada, (Celle qui accorde des faveurs), bénis-moi, fais que je puisse m'enduire de la poussière de Tes pieds. Apaise la souffrance de cet enfant, perdu dans l'océan du samsara (le cycle des morts et des naissances) et fais que je m'unisse à Toi.

Mōḍa musukide (kannada)

mōḍa musukide manavu iḷidide
hūva biriyadalla naguva bīradalla

Les nuages ont recouvert le ciel ; le mental est au plus bas ; les fleurs ne s'épanouissent pas, les sourires ne fleurissent pas.

mōḍa kaṭṭali maḷeya surisali
iḷeya poreyali parjanya
niyama pālisali sṛṣṭi - vidhi
niyama pālisali sṛṣṭi

Puissent les nuages se rassembler et la pluie tomber. Puisse la pluie prendre soin de la Terre, puisse la création suivre son rythme naturel.

tapava biḍadiru tavaka biḍadiru
hṛdaya bāgilanu terediḍu
biḍade beḷaguva sūrya – jagava
biḍade beḷaguva sūrya

N'abandonnez pas les austérités, n'abandonnez pas l'aspiration (à connaître le Soi). Gardez la porte du cœur ouverte. Le Soleil ne manquera pas de briller et d'éclairer le monde.

hūva araḷali bēga
hṛdaya varaḷali īga

Puissent les fleurs s'épanouir bientôt ; puissent les cœurs s'ouvrir maintenant.

Mōkēda ammanu (tulu)

mōkēda ammanu bāle oñji leppuṇḍu
taḍamalpande amma kare korule
ammanu leppare bāle guñji gottuṇḍu
puggelḍu jeppuḍādu mānālē amma

Un petit enfant appelle sa mère chérie. Ne tarde pas, Mère ! Écoute mon appel ! L'enfant ne sait qu'appeler sa mère. Endors-Le dans Tes bras et console-le, O Mère.

malpunā bēleḍu unpinā nuppuḍu
pratiyoñji karmogu ammanu nenetondu
usir usirḍu ammanā anugraha
anubhavisuvuna bhāgyā olipāle

L'enfant pense à sa mère quoi qu'il fasse, en travaillant et en mangeant. Accorde à cet enfant la grâce de ressentir Ta bénédiction à chaque respiration.

koḍacādri giriṭu īre, nandininā taṭōṭu īre
barsadā panipaniṭu īre bhagavati
sṛṣṭida anu anu bērtu sāgunā ammā
darśana korlē enklēgu manada cāvaḍiḍu

C'est Toi, déesse Mukambike, qui résides dans les montagnes Kodacadri. C'est Toi qui résides sur les berges de la rivière Nandini (Déesse Katil Shri Durga, Temple Parameshwari). Tu es chaque goutte de pluie, O déesse Bhagavati. Tu es dans chaque atome de la création, O Mère divine, Tu es l'Absolu avec attributs. Daigne, dans le dédale du mental, nous accorder Ta vision.

hṛdayēśvari ammā, paramēśvari ammā
jagadīśvari janani, akhilāṇḍēśvari

Mère, Déesse de notre cœur, Mère suprême Durga, Mère universelle, O Déesse à l'intelligence incomparable !

Muraḷī manohara (hindi 2015)

muraḷī manohar, mādhava
yadurājanandan sundarā

O Madhava, O Krishna, petit joueur de flûte

karuṇādramānas mohanā vrajalokanāyak
nandanā

O Fils du roi des Yadus, bel enfant du Vraj, Ton cœur est plein de compassion !

bolo mādhav. gāvo keśav
yādavā madhusūdanā, bṛajnandanā

Chantons les noms de Madhava, chantons les noms de Krishna.

rādhākṛṣṇā gopīkṛṣṇā
jay jay muraḷī kṛṣṇa

O Radha Krishna, Gopi Krishna, gloire à Krishna !

vanamālabhūṣaṇ bhūte
śiśūpālsūdan śrīpate

Celui qui porte une magnifique guirlande, l'Époux de Lakshmi, Celui qui a mis fin aux méfaits du méchant Shishupala.

paśūpālbālak śyāmaḷā
madhurāpurādhipa mangaḷā

O petit vacher au teint sombre, Tu es propice, Tu résides à Mathura.

Murugā vēlmurugā (tamoul)

kaṇmaṇi murugā karuṇāsāgarā murugā murugā
vēlavā vaṭivēlavā vinaiyarukkum māl marugā
vēl vizhiyāl bālakā daṇḍāyudhapāṇiyē

O précieux Muruga, océan de compassion, petit enfant d'Uma, Tu as les yeux perçants, Ton arme est un bâton de bois.

murugā vēlmurugā vettrivēlazhakā
kumarā skandā vēlā mālmarukā
vēlavā vaṭivēlavā vinaiyarukkum mālmurugā
vēlvizhiyāl bālakā daṇḍāyudhapāṇiyē

O Muruga, Tu tiens une lance, magnifique est Ton apparence, O Neveu du Seigneur Vishnu. Tu détruis les karmas des vies passées, petit garçon d'Uma, Tu as les yeux perçants, Ton arme est un bâton de bois.

sinkāravēlavā śivaśakti bālakā
sinkārakāvaṭiyai eṭuttu vantōmē
sinkārakāvaṭiyil tēnum tinaiyum vaittu
sinkārakāvaṭiyai arppaṇittōm

Enfant de Shiva et de Pārvatī, Tu portes une lance magnifiquement décorée. Voici que nous portons la splendide arche de bois (kaavadi), que nous avons remplie de miel et de millet. Nous T'offrons humblement ces denrées, O Seigneur !

suṭṭa veṇṇīr pūsi azhakanāy vantāy
suṭṭapazham tantu pāṭṭiyin tamizh keṭṭāy
jñānappazhamē nīyē kōpamkoṇḍu āṇḍiyānāy
jñānacuṭarē navamaruntē anpānāy

Ton corps est paré de pure cendre blanche, O bel enfant ; Tu as joué avec la grand-mère tamoule en lui offrant des baies très épicées (fruits de la connaissance). O Incarnation de la connaissance, en colère, Tu as pris l'aspect d'un renonçant. Flamme de la connaissance, panacée universelle, (sous la forme des neuf herbes médicinales) Tu es Amour.

sūravadham seytu taivānai maṇamuṭittāy
kizhavanāka urumāri kuravaḷḷi karampiṭittāy
tantaikku praṇavamōti satguruvāy ninṭrāy
sēytanai kāttiṭuvāy tirumurugā

Tu as tué le démon Surapadman et Tu as épousé Theivaanai. Déguisé en vieillard, Tu as épousé la gitane Valli. Tu as révélé à Ton Père le sens du mantra « Om. » Parmi les satgurus, Tu as la place d'honneur.

Muttamizh-nāyakī (tamoul)

nin pāda malarāka nān māravē ammā
karumāri tañcamaḍaintōm aruḷvāy nī
tērilēri varuvāyē bhuvanamāḷum māṛiyammā

O Mère, bénis-moi je T'en prie, afin que je devienne une fleur offerte à Tes pieds. Karumari, nous prenons refuge en Toi. O Mariyamma, Déesse de l'univers, daigne venir dans Ton char.

muttamizh-nāyakī mangaḷa-rūpiṇī
karuṇai-kaḍalē dēvī śaraṇam
paramanin tuṇaiyē umayē satiyē
paramēśvariyē dēvi śaraṇam

Déesse de la musique, Ta forme est propice ; Océan de compassion, nous prenons refuge en Toi. O Épouse du Seigneur Shiva, Déesse Uma, O Sati, Déesse suprême et souveraine, nous prenons refuge en Toi.

māriyamma śaraṇam –
karumāriyamma śaraṇam
ayimahāmāyi dēvi śaraṇam

Mariyamma, Karumari, Mère, Mahamayi, nous prenons refuge en Toi !

ōmkāra-nāyakī jyōti-svarūpiṇī
ādiśakti-śūlinī nī śaraṇam
tīcaṭṭiyēntum māntarkku viraivil
tīvinaikaḷ tīrppavaḷē śaraṇam

Déesse de la syllabe sacrée Om, Ta forme est Lumière, Tu es la Puissance primordiale qui tient le trident ; nous prenons refuge en Toi. Tu élimines rapidement le mauvais karma de ceux qui T'approchent avec le pot contenant du feu (que l'on porte sur la tête quand on accomplit un vœu). Nous prenons refuge en Toi !

maragata rūpiṇī kuyilisai nāyakī
māṇikya cilaiyē śaraṇam
vēppilai ēnti nāḍivarum bhaktarin
kulaviḷakkē tiruviḷakkē śaraṇam

Ta forme splendide ressemble à la pierre de Lune, et Tu règnes sur la musique. Ta forme est précieuse, nous prenons refuge en Toi. Tu montres la voie aux dévots qui viennent avec des feuilles de *neem*, O Déesse, nous prenons refuge en Toi !

Muttu mūkkutti (tamoul)

muttu mūkkutti mukhattil minna nī muttam koṭukkaiyilē
anpu muttam manam kavarum ennai nī aṇaikkaiyilē
kavalaiyāl kalankum nān tiruppādam tozhutiṭavē
apalai nān enai marantē kaṇṇīrāl nanaittiṭuvēn

Lorsque Tu m'accordes Ton étreinte et Ton baiser affectueux, Ton anneau de nez brille, et mon mental est englouti ! En proie au chagrin, je me prosterne à Tes pieds divins puis, irrésistiblement, j'oublie tout et je me noie dans mes larmes.

muttamiṭṭu ivvulakai pūnkāvanamākkukirāy
anpu tantu tuyarakatti ezhilpūmiyākkukirāy
nīrōṭum nadiyinaiyum tīrtthamāka māttukindrāy
nī varaṇḍa idayattai gangayāka māttukindrāy

Ton amour transforme le monde en jardin. Par Ton amour, Tu effaces les souffrances et rends le monde beau ; les eaux courantes de la rivière deviennent une eau sacrée et le mental aride, le Gange.

vinaippayan kaṭantu mukti padam kāṭṭiṭavē
viyanulakil anpāna tāyena vantāyē
toṭuvatanām anaivarukkum marupiravi tantuviṭṭāy
piravāta perunilaiyai tāyē nī aruḷvāyē

Montre-moi le chemin de la libération, aide-moi à transcender le cycle du karma,Toi qui es venue sur terre en incarnant l'amour maternel. Tant d'êtres ont été transformés par Ta caresse maternelle, tant d'autres se sont sentis revivre. Daigne m'accorder Ta grâce, afin que je puisse transcender la naissance et la mort.

vallavēḷa palluyirum enatāka vēṇḍum ammā
nallatāka kāṇpatellom nalamāka vēṇḍum ammā
uḷḷoḷiyē pēroḷiyāy ulakenkum katiroḷiyāy
narpirappām ippirappil nān kāṇa vēṇḍum ammā

Fais que je perçoive mon Soi en tout être. Fais que je voie le bien en toute chose. Aide-moi à prendre conscience, dans cette vie, que la lumière qui brille en moi est présente dans l'univers entier.

ammā unakku palakōṭi vandanankaḷ

Je me prosterne encore et encore à Tes pieds sacrés.

Muttu muttu vēlavanē (tamoul)

muttu muttu vēlavanē muttunagai bālakanē
vaṇṇamayil-vāhananē ōḍi vā
muttamizhin kōvalanē sattiyattin kāvalanē
vaḷḷikura-vaḷḷiyuḍan āḍi vā

Seigneur Muruga, Tu as l'aspect d'un petit garçon au beau sourire et Ta monture est un paon. Tu es le Seigneur de la langue tamoule, Tu protèges la Vérité, viens en dansant avec Valli (épouse de Muruga).

vēlavā vaḍivēlavā manamāḍivā mayilērivā
vēlavā vaḍivēlavā tuṇaiyāgavā vinaitīravā

O Muruga, Tu brandis le javelot, viens en dansant sur le paon. O Muruga, viens et sauve-moi, délivre-moi de mes malheurs.

ānaiyāga vantu pānaivayiran undan
kādal vaḷḷiyinai turattavē
vēgamāga vandu kāttu kaipiḍitta
vēlan un kathaiyum pāḍinōm
ānaiyāga iṅgu ārupēygaḷ emai
āṭṭivaikkum nilai pārayyā
kākkavēṇḍi iru kaigalkūppi unai
vēṇḍum enkaḷ kurai tīrayyā

Nous chantons l'histoire qui raconte comment Tu as secouru Ta bien-aimée Valli quand le Seigneur Ganesh, sous la forme d'un éléphant, la poursuivait. C'est ainsi que Tu as pu l'épouser. Vois notre état pitoyable : nous souffrons, en proie aux six tendances latentes, puissantes comme des éléphants ! Les mains jointes, nous prenons refuge en Toi, afin que Tu nous en délivres.

pārai kalaṅgavaikkum pāvacceyalgaḷ seyda
sūran āṇavattil āḍavē
pāyndu cenḍravanē māyttu nīyum inda
pārai kāttakatai pāḍinōm
pāzhum manadil pala sūrar kuḍiyirundu
āṭṭivaikkum nilai pārayyā
jñānavēl koṇḍu sūravadham seydu
nāḍum enkaḷ kurai tīrayyā

Quand Suran, (le démon) se complaisait dans l'ego et commettait des actes nuisibles qui faisaient trembler le monde, Tu es venu et Tu as protégé le monde en le tuant. Nous célébrons Tes exploits. Vois notre état misérable, le mental est occupé par de nombreux démons (tendances mauvaises). Daigne lancer le javelot de la connaissance et nous délivrer de ces mauvaises tendances.

vēlavā vaḍivēlavā tuṇaiyāgavā vinaitīravā

O Muruga viens et sauve-moi, délivre-moi de mes malheurs.

Nāce tū (hindi)

nācē tū mama manamē dēvī
cittāmbuj me nācē
dēvī cittāmbuj me nācē
nacēgī jab jananī pyārī
tab sundar sab lāgē
dēvi.tab sundar sab lāgē

Devi, Tu danses dans tout mon être. Quand ma Mère aimante danse, alors tout ce qui m'entoure est beau.

nācē dēvī jagadambē mātē nācē
nācē kāḷīmātē dēvī nācē

Mère Kali, danse, je T'en prie !

śyāmē tū is jag kī mayyā
sab antaryāmī tū
śōbhā hai kaṇ kaṇ meṅ tērī
kar mangaḷ kī varṣā
dēvī kar mangaḷ kī varṣā

O Kali au teint sombre, Tu es la Mère omnisciente de cet univers. La moindre partie de Ton corps est d'une beauté enchanteresse. Daigne répandre sur nous ce qui est propice.

dhīm tarikiṭa dhīm tarikiṭa dhīm tarikiṭa dhīm
dhīm tarikiṭa dhīm tarikiṭa dhīm tarikiṭa dhīm

(Sons de danse)

tāre sūraj śaśiyē sārē
jag rūpiṇi tū mayyā
mātē mānas sar mēṅ mērē
tava hī mūrtī sōhē
dēvī tava hī mūrtī sōhē

Le Soleil, la Lune et les étoiles, Tu es la Créatrice de tout cet univers. O Mère, Tu gouvernes mon mental et mon être. O Devi, seule Ta forme y demeure.

dēvī mātē jagadambē mātē jaya
dēvī mātē jagadambē mātē
dēvī mā jagadambē mā jaya
dēvī mā jagadambē mā

O Mère de l'univers, Gloire à Toi !

Nā eda kōvelalō (telugu)

nā eda kōvelalō nī rūpuniṇḍanī
nī talape tapasugā nā brattuku paṇḍanī

Puisse le sanctuaire de mon cœur être rempli de Ta forme. Que Ta forme divine y soit fermement installée. L'austérité que je pratique, que ce soit le souvenir constant de Toi.

kāraḍavi dārilō kārcicu-ragilēnu
ī brattuku bāṭṭalō naḍici nēnalasēnu
tōḍunīḍa-yulēni onṭari dānanu
dhikkevarika nāku nā cēyi vadalaku

Un incendie fait rage dans cette jungle de la vie ; je suis las de marcher sur le chemin. Je suis seul, sans compagnie, ne lâche pas ma main, je n'ai pas d'autre refuge.

ajñāna-pu penucīkaṭi musirēnu
prārabdha karmala ūbilō cikkēnu
elugetti pilicēnu nā talli nī koraku
ekkekki ēḍu-cēṭi pillanu oḍicērcu

Entouré par les ténèbres profondes de l'ignorance, pris dans le mirage du destin, je T'appelle à grands cris. Prends cet enfant qui pleure, inconsolable, sur Tes genoux.

velugunīḍala āṭa erukalēdu
mantra tantrapu bāṭa-nēnaḍavalēdu
nērvaga lēdamma-japatapa sādhanalu
neranammi koluvani nī pāda padmālu

Je ne comprends pas les jeux de l'ombre et de la lumière ; je n'ai pas parcouru le chemin du mantra et du *tantra* ; je n'ai pas appris comment pratiquer le *japa*, *tapa* (les austérités), *sadhana*, mais j'adore Tes pieds avec une foi entière.

Nā guṇḍe (telugu)

nā guṇḍe guḍilōna koluvuṇḍi pōvammā
muggarammalaku amma mūlapputamma

Réside dans le sanctuaire du temple de mon cœur, O Mère primordiale !! Tu es le fondement des trois déesses-mères, (Sarasvati, Lakshmi et Pārvatī).

pāla sandramu paina maṇidvīpamanduna
padmavanamula centa cintāmaṇula inṭa
śatakōṭi sūryula kāntulu prabhaviñca
koluvu tīrē talli śrīmātā śrīlaḷitā

Sur l'île aux joyaux, dans l'océan de lait, dans la forêt de lotus, dans la maison faite de pierres précieuses qui exaucent tous les désirs, Tu répands la lumière de millions de Soleils, Là est Ton sanctuaire, O Sri Mata, Sri Lalita.

śaktisēnalu kōtlu bhaktitō sēvimpa
iruvaipula cēri ramavāṇi koluvaṅga
paramēṣṭhi hariharulu pādālu tākanga
surajanulu jaya dhvanulu lōkāle mārmoga

Des centaines de milliers d'armées de shaktis Te servent avec dévotion. Les déesses Lakshmi et Sarasvati sont à Tes côtés et Te servent avec amour. La Trinité (Vishnu, Shiva et Brahma) touche Tes pieds de lotus.

sankalpa mātrāna sṛṣṭī kramamu naḍacu
kanureppa saigalatō kālacakramu tirugu
nī māya sṛjiyiñcu janamṛti valayālu
nī karuṇa teripiñcu kaivalya dvārālu

C'est uniquement par Ta Volonté que l'univers est créé. Le mouvement de Tes paupières fait tourner la roue du temps. Ta maya (illusion) tisse la toile de la vie et de la mort. Ta compassion ouvre les portes de la libération.

Nallanivāḍu (telugu)

nallanivāḍu allarivāḍu cinni kṛṣṇuḍu
muddula kṛṣṇuḍu vāḍu-mōhana-kṛṣṇuḍu

Krishna, petit coquin au teint sombre, bel enfant chéri Krishna.

vennelu dōccēḍu madi vennelu dōccēḍu
muvvā-gōpāluḍu-muripāla kṛṣṇuḍu
rēppallē vāsulaku-kannula vennala bāluḍu
gōkula rāyuḍu-manamōhana-kṛṣṇuḍu

Il dérobe le beurre et captive les cœurs, le petit pâtre qui porte des bracelets de cheville ; Krishna chéri, Lumière des yeux des habitants de Gokul, Roi de Gokul,

kṛṣṇā kṛṣṇā gōpīgōpāla
acyutā śrī bālagōpāla
śrīkṛṣṇā gōvindā manamōhana

Le Krishna des *gopis*, l'Éternel, le petit pâtre, le Seigneur Krishna, Seigneur des vaches, Celui qui ravit les esprits.

vēṇuvu-nūdēḍu-manasu mai-marapiñcēḍu
vastrālu dōcāḍu-dēhacintanu mārcāḍu
cīralu iccāḍu-draupadi mānam kāccāḍu
līlalu-jēsēḍu-rāsalīlalu āḍēḍu

Quand Il joue de la flûte, tous sont en extase. Il a caché les vêtements des *gopis* pour qu'elles transcendent la conscience du corps, mais Il a donné des saris à Draupadi pour protéger son honneur. Il joue des jeux divins (*lilas*) et danse la *rasalila*.

Nāḷnallatākum (tamoul)

nāḷnallatākum kōḷ nallatākum
nātan tāḷ paṇintāl
nānenatennum māyai māyntē pōkum
nātan manam kanintāl

Le jour où l'on se prosterne réellement devant le Seigneur est un jour excellent, où toutes les planètes deviennent propices. Le sentiment du « moi » et du « mien » s'évanouit par la grâce du Seigneur.

siṭrinpattinil pattrinai nīkki
paraman pattrinai pattriṭuvōm
aritāyvāytta ummāniṭa piravi
payanuracceytē vāzhntiṭuvōm

Cette forme humaine est une chance très rare, que l'on obtient difficilement. Faisons-en le meilleur usage en renonçant aux plaisirs du monde et en nous accrochant aux Pieds du Seigneur.

tiruvaruḷālē manaviruḷnīnka
pōṭruvōm tillaināyakanai
tarumvarattālē kūttrinai māttri
kēṭaruppān nam kūttapirān

Chantons les louanges du Seigneur de Chidambaram (Shiva), afin que par Sa grâce divine, notre ignorance disparaisse. Notre Seigneur de la danse (Nataraja) accorde des faveurs capables de changer notre destinée.

ellām vallavan ellām avanseyal
enṭruṇarntē sivan aṭipaṇivōm
innalkaḷ ellām maraintē pōkum
iruḷpōl katiravan oḷiyinilē

Si nous nous prosternons à Ses pieds de lotus, si nous comprenons qu'Il est tout-puissant, et que c'est Lui qui accomplit toutes les actions, nous serons délivrés de nos souffrances, comme les ténèbres s'évanouissent devant la lumière.

ponnār mēniyanē puviyāḷum śankaranē
minnār saṭaiyōnē harahara mṛtyuñjaya śivanē

O Seigneur, Lumière dorée ! Souverain de l'univers ! O Seigneur aux cheveux emmêlés ! Vainqueur de la mort !

Nām ek rūp (hindi)

nām ēk rūp bahu tērē
jyōt ēk anaginat andhērē

Tu es le Soi unique qui assume de nombreuses formes. Une Lumière, entourée de ténèbres infinies.

tū hī māyā tū hī kāyā
tūnē hī man kō bhaṭkāyā
dōṣ kisē dūm tumhī batāō
nāṭak ēk pātr bahu tērē

Tu es illusion, Tu es la manifestation de formes. C'est Toi qui as distrait mon mental. Peux-Tu me dire qui est à blâmer ? Une seule pièce de théâtre avec une multitude de rôles.

tum hī rudan gīt tumhī hō
duśman tum mīt tumhī hō
ghaṭ-ghaṭ kē vāsī mādhav tum
niścit tum sandēh ghane rē

Tu es le chagrin, Tu es aussi la musique. Tu es l'ennemi, et sans nul doute l'ami. Krishna, Tu es partout présent. Tu es permanent, et cependant il y a aussi les denses ténèbres du doute.

tērē gīt tumhī kō arpaṇ
mērā tan man tujhē samarpaṇ
āvāgaman kā bandhan tōḍō
bandhan ēk janm bahu tērē

Ta musique est offerte à Toi seul. Mon corps et mon esprit Te sont offerts. Le lien que nous avons avec Toi est unique et pourtant, nous sommes piégés dans de nombreuses vies. Daigne mettre fin au cycle des naissances et des morts.

Nam japo (hindi 2015)

nām japo nit hari kā pyāre
nām se darśan milte nyāre

Cher ami, chante le nom de Hari. Ce nom seul révélera Sa forme !

nām se hi cit kā ho śodhan
nām hi har sādhak kā sādhan

Seul le nom du Seigneur a le pouvoir de purifier le mental ; c'est l'outil de tous les chercheurs spirituels.

nām ki mahimā śiv hi jānē
nām ko rām se ūpar māne

Seul Shiva connaît la gloire du nom du Seigneur : il accorde plus d'importance au nom de Rama qu'à Rama Lui-même !

nām japat pāpom
kā kṣay ho
nām raṭat man nāmī may ho

En chantant le nom du Seigneur, on efface son mauvais karma et le mental se fond dans le Divin.

nām ki mahimā kahi na jāye
nām jape so hi gati pāye

Nul ne peut exprimer la gloire de ce nom. Quiconque le répète atteint la vérité !

rām ne kuchko hi tārā thā
nām ne to lākhom tāre

De Son vivant, Rama n'a donné la libération qu'à peu d'êtres, mais Son nom en a libéré des millions.

sākṣi rahe he cānd sitāre
rām bhajo yā bhajo murare

La Lune et les étoiles en sont les témoins, chantons donc le nom divin, que ce soit Rama ou Murari.

bolo rām rām rām sītā rām rām rām

Gloire à Rama, à Sita

Namo namah (telugu)

namo namah namo namah kāli caranālu
mā manasuna koluvaina kāli caranālu

Nous nous prosternons aux pieds sacrés de Mère Kali, installés dans le temple de notre cœur !

vairāgya sīmalo āḍu caranālu
kālidāsu pūjinche kāli caranālu
bangāru andela śyāma caranālu
mā manasuna koluvaina kāli caranālu

Ces pieds dansent dans la demeure du détachement. Les pieds de Kali sont vénérés par le poète Kalidasa. Ces pieds couleur d'ébène, parés de bracelets de cheville en or, illuminent le sanctuaire de notre cœur.

yenalēni andāla jilugu caranālu
dharani dēvi cumbince kāli caranālu
manasune mōhinche madhura caranālu
mā manasuna koluvaina kāli caranālu

La Terre notre Mère baise ces pieds sacrés à la beauté incommensurable. Ces pieds si doux fascinent les dévots. Ils illuminent le sanctuaire de notre cœur.

bhaktiki muktiki gūdu caraṇālu
ārtula kalpa taruvu kāli caraṇālu
padilamuga koluvare talli caraṇālu
mā manasuna koluvaina kāli caraṇālu

Ces pieds sacrés sont le nid de la dévotion et de la Libération. Ils exaucent tous les désirs des pauvres humains ignorants. Avec une foi inébranlable, adorons les pieds sacrés de Mère. Ils illuminent le sanctuaire de notre cœur.

Nanda nandanā (tamoul)

nanda nandanā namō nārāyaṇā – nāmam
anudinamum solluvōm
kṛṣṇa gōvinda harē mukundā – nāmam
anudinamum solluvōm

Chantons chaque jour les noms divins de Narayana. Chantons chaque jour les noms divins de Krishna, Govinda et Mukunda.

lakṣmivilāsā padmanivāsā
sadguṇabhāsā rādhaiyin nēsā
nāmam anudinamum solluvōm – anda
nāmam anudinamum solluvōm
bhavarōga bhayanāśam seydiṭṭa
nāmam anudinamum solluvōm
padabhakti nijamukti tandiṭṭa
nāmam anudinamum solluvōm

Tu es l'époux de Lakshmi, Ton siège est un lotus et Tes paroles sont douces. Tu es le Bien-aimé de Radha. Chantons chaque jour ce nom divin. Chantons constamment le nom divin qui met fin au cycle des naissances et des morts. Chantons le nom divin qui confère la Libération grâce à l'abandon total de soi.

dēvakimaindā yaśōdabālā
nandakumārā gōkulapālā
nāmam anudinamum solluvōm - anda
nāmam anudinamum solluvōm
bhavarōga bhayanāśam seydiṭṭa
nāmam anudinamum solluvōm
padabhakti nijamukti tandiṭṭa
nāmam anudinamum solluvōm

Fils de Nanda, Fils de Dévaki, le petit de Yashoda, le Protecteur des troupeaux ! Chantons chaque jour le nom divin. Chantons toujours ce nom divin qui met fin au cycle des naissances et des morts. Chantons le nom divin qui confère la Libération grâce à l'abandon total de soi.

bhaktavatsalā śrīparamdhāmā
yādavanāthā mādhavadēvā
nāmam anudinamum solluvōm - anda
nāmam anudinamum solluvōm
bhavarōga bhayanāśam seydiṭṭa
nāmam anudinamum solluvōm
padabhakti nijamukti tandiṭṭa
nāmam anudinamum solluvōm

O Krishna, Toi qui es miséricordieux envers les dévots ! O Madhava, chef du clan des Yadavas ! Chantons toujours ce nom divin qui met fin au cycle des naissances et des morts. Chantons le nom divin qui confère la Libération grâce à l'abandon total de soi.

vēṇuvilōla vēdavihārā
śōbhanarūpā mōhanahāsā
nāmam anudinamum solluvōm - anda
nāmam anudinamum solluvōm
bhavarōga bhayanāśam seydiṭṭa
nāmam anudinamum solluvōm

padabhakti nijamukti tandiṭṭa
nāmam anudinamum solluvōm

O Krishna, Tu joues de la flûte et les Vedas font Ta joie. Ta forme est magnifique et Ton sourire enchanteur. Chantons toujours ce nom divin qui met fin au cycle des naissances et des morts. Chantons le nom divin qui confère la Libération grâce à l'abandon total de soi.

nārāyaṇa nārāyaṇa nārāyaṇa
nārāyaṇa nārāyaṇa
nārāyaṇa nārāyaṇa nārāyaṇa
nārāyaṇa nārāyaṇa

Nānē ariyāta ennai (tamoul)

nānē ariyāta ennai
nanṭrāy arinta en tāyē
tānēyākiṭum uṇmai
dayaiyuṭan uṇara vaippāyē

La vérité éternelle est le Soi ! O ma Mère divine qui me connaît mieux que moi-même, daigne me bénir et m'accorder cette connaissance !

vīṇē kiṭakkutu vīṇai – atai
virumbinī mīṭṭiṭuvāyē
tēnē tikazhātma dēvi
disaiyenkum inimai seyvāyē

O Mère, daigne jouer sur cette vina (luth indien) qui gît, inutile. Tu es en vérité mon propre Soi, l'atman, qui répand la douceur du miel en toutes directions.

mānē matiyīnattālē – maṇam
tēṭi alaivatupōlē

vīṇē vaiyam itil ōṭi
vizhalukku nīriraittēnē

Comme le cervidé qui dans son illusion cherche partout le musc, je cherche en vain le Soi en ce monde, comme on arrose des mauvaises herbes et non les plantes.

nīyē nizhalkoṇḍu neyta - nin
māya maraitannai māṭra
sēyāka untāḷ paṇintēn
śivaśaktī kāttaruḷvāyē

O Shiva Shakti, Ton enfant tombe à Tes pieds, protège-le de ce voile d'illusion que Tu as tissé avec Ton ombre.

Nān enbatai (tamoul)

nān enbatai marandāl — tān
yārenbatai uṇarntāl
nanmaikaḷ pirakkum namvazhi sirakkum
vanmaikaḷ oḍunkum akavazhi tirakkum

Quand nous oublions le faux « moi » et réalisons le vrai « Moi », les qualités divines s'éveillent en nous, notre destinée s'améliore, les souffrances prennent fin, et l'œil intérieur de la sagesse s'ouvre.

uḍal enḍrum idu nilaiyillai
āḍal atil muzhu niraivillai
āḍal muḍintu tanai venḍrāl ānandamayamākumē

Le corps est éphémère. Le contentement absolu ne s'obtient pas par les plaisirs. Si nous parvenons à maîtriser le mental qui vacille et à contrôler l'ego, nous savourerons la béatitude.

tēḍal enbatu mana ēkkam
vāḍal enbatu guṇamayakkam
tēḍal muḍintu tanaiyarindāl tūya manam
malarumē

La nature du mental est de chercher. Les chagrins sont illusoires. Si nous trouvons Dieu à l'issue de notre quête, le mental pur s'épanouira.

pāḍal enbatu akamakizhvu
nāḍal enbatu iraiyuṇarvu
pāḍalilmūzhka meyyidanuḷ paraviḍum amaidiyē

Les chants dévotionnels sont une expression de la joie intérieure. La quête est le signe que la conscience divine s'éveille. Quand nous nous absorbons dans les chants dévotionnels, la paix envahit tout le corps.

ānandam pērānandam ānandam paramānandam
ānandam nityānandam ānandam ātmānandam

La béatitude, la béatitude immense, la béatitude suprême, la béatitude éternelle, la béatitude du Soi!

Nānendu kāṇuve (kannada)

nānendu kāṇuve ninna divya rūpava kṛṣṇā
ninagāgi kādiruve bahaḷa dinagaḷinda
nānu gaidaparādhavēnu ninninda dūraviralu
ī agalike tāḷalāre bēga bā nannoḍeyā

Quand verrai-je Ta forme divine, O Krishna ? Il y a si longtemps que j'attends ! Quelle erreur ai-je donc commise pour que Tu restes loin de moi ? Je ne peux pas supporter cet éloignement. Viens vite, je T'en prie !

tōride ninna puṭṭa bāyoḷu viśvavanne yaśōdege
viśvarūpava tōride arjunage raṇarangadi
pāda sēvakanige nīḍu ninna bhavya darśana
karuṇe tōru kṛṣṇā ī caraṇa dāsana mēlē

Tu as ouvert Ta bouche charmante pour montrer l'univers entier à mère Yashoda. Sur le champ de bataille, Tu as révélé Ta forme universelle à Arjuna. Daigne accorder Ton darshan à Ton serviteur. J'ai accompli le service de Tes pieds.

yādava nātha gōkula nāthā jagannāthā kṛṣṇā

O Krishna, chef du clan des Yadavas, chef du clan des éleveurs, Tu es le Seigneur de l'univers.

dhruva prahlādage nīḍide nī divya jñānavā
paramamitra kucēlana dāridryava kaḷēdē
nanagāvudu bēḍa ninna darśana bhāgyava biṭṭu
taḍavinnēkē prabhuve kṛpeyā mādi uddharisu

Tu as accordé la connaissance divine à Dhruva et à Prahlada. Tu as mis fin à la pauvreté de Ton cher ami Kuchela. Je ne veux rien d'autre que Ton darshan. Ne tarde plus, répands sur moi Ta grâce et libère-moi.

Nannad-ennuvu-dilla (kannada 2015)

nānu embuvudilla satyadi
nannadu embuvudilla
nānē ennudē illā

En vérité, le « moi » n'existe pas, rien n'est « mien », il n'y a pas de « je ».

tanuvu manavu nannadu endalli
tanuvu manavu daṇivudalla

Si le corps et le mental sont miens, ne s'épuisent-ils pas ?

tanuvige tāraṇa bāradalla
manasige mukti dorakadalla endu

Le corps ne rajeunit pas, le mental ne trouve pas de consolation, jamais.

tanuvu manavu ninnadu endalli
iha para dvandva innilla

Si le corps et le mental Te sont offerts, alors il n'y a plus de dualité.

ida nenedare dukhavilla –
āga nīnallade bērondilla ammā

Il n'existe alors rien d'autre que Toi, Amma, aucune souffrance dans le souvenir de cette vérité.

Nanna hudōṭṭada (kannada)

nanna hudōṭṭada mallige sampigē
ammani gāgiyē nagutālivē
nanna mane bīdiya podegaḷā hūgaḷu
ammanī gāgiyē araḷidāvē

Les fleurs de jasmin et de champaka dans mon jardin sourient pour Amma. Les fleurs, sur les buissons de ma rue, ont fleuri pour Amma.

nannayī ūrina maragiḍa baḷḷiyu
ammani gāgiyē kādidāvē
nannayī nāḍina hasirēle hūhaṇṇu
ammanī gāgiye biriyutīvē

Les arbres, les lianes et les plantes de ma ville attendent Amma. Les feuilles vertes, les fruits et les fleurs de mon pays sont venus au monde pour Amma.

nannayī bhūmiya ondondu jīviyu
ammani gāgiye jīvisive
nannayī lōkada acarācara vella
ammani gāgiyē tapisutīvē

Toute créature sur cette terre qui est mienne vit pour Amma. Tous les êtres animés et inanimés aspirent à Amma.

sṛṣṭiya pūrṇṇate illide kēḷū
satyam śivam sundaram

Là est la plénitude de la création. Ecoutez : Satyam (vérité) Shivam (tranquillité) Sundaram (beauté)

Nannōḍeya (kannada)

nannōḍeya tiruka nānavana sēvaka
bhaktigē oliyuva sumanōpama sumukha

Mon Seigneur est un vagabond et je suis Son serviteur. Il est le dieu que la dévotion ravit, le dieu au visage charmant.

himada baṇḍe masaṇabhūmi ella avana nivāsa
rāgabhōgagaḷigē avanu sadā udāsa
nondu benda hṛdayakkella karuṇāmṛta varuṣa

Il vit dans les montagnes et les lieux de crémation. Il n'a aucun penchant pour le monde matérialiste et son luxe. Sur les cœurs qui souffrent Il se répand, pluie de compassion.

śīva śiva śiva hara hara hara śambhō śankara
śīva śiva śiva hara hara hara śambhō śankara

Shiva, Hara, Shambho, Shankara

jñānaghananu prēmamayanu mugddha saraḷa mahimanu
maruḷanante tōrutiha pracaṇḍa taraḷanu
ātmaratiyu mahāyatiyu bhaktajanage gatiyu

Il est l'Incarnation de la Connaissance, Il est l'Amour incarné. Sa simplicité n'enlève rien à Sa grandeur. Il fait semblant d'être insensé, mais Il est omniscient et possède une grande profondeur. Il se délecte constamment de son propre Soi. Il est le plus grand des moines et le seul espoir pour Ses dévots.

oṁ namaḥ śivāya oṁ namaḥ śivāya

Nānu nānallavembante (kannada)

nānu nānallavembante
ananta satyavu tōruttidē
bhāsavāguttidē svayam tānu
prapañca bhrameyu nijavantē
bharisalāgada naṣṭhakke kāraṇa
prapañca bhrameyu nijavantē

En mon esprit s'éveille la vérité éternelle : « Je ne suis pas l'individu limité ». Je commence à sentir que ce monde est une illusion. Je perçois la vérité : le monde de l'illusion est la cause d'une souffrance infinie.

arasanā kanasinalli baḍava-nendu
duḥkhisidantē
nammali-mūḍida manōvikārada
grahaṇavu nammannāvarisi
grahaṇavu nammannāvarisi
satyasya satyam brahma ātmai vedam sarvam

Nous sommes un roi désespéré car il rêve qu'il est un mendiant. Comme le rêve, l'ombre des pensées nous emprisonne. La seule vérité est le Soi unique, le suprême *atma*.

sanātha-ṛṣi iharilli mithyāgrahikeya
tolagisalu
nityasatya tānendu ariyalu
amṛta-tattva bōdhisu tiharu
amṛta-tattva bōdhisu tiharu
satyasya satyam brahma ātmai vedam sarvam

Pour nous libérer de cette fausse perception et nous faire comprendre la vérité éternelle, les sages de jadis nous enseignent le principe immortel : la seule vérité est le Soi, le suprême *atma*.

Narahari narayaṇa (kannada)

narahari nārāyaṇa hari hari nārāyaṇa
narahari nārāyaṇa hari hari nārāyaṇa
yēnu heḷali ninna mahime yaṣtu hogaḷali
narasimha narasimha narahari narasimha

O Seigneur Narayana ! O Narayana, que puis-je dire à Ton sujet ? Il est impossible de décrire Ta gloire de manière adéquate. O Narasimha (L'homme-lion, une des incarnations du dieu Vishnu) !

rakkasanige brahmanitta varake jagavu añjuta
mundinagati tiḷiyade hedari hedari beccutā
vande tande nī nellara kṣēma samādhānake
varaprasāda niyama taradi konde avana bageyutā

Quand Brahma, le Créateur, accorda au méchant démon Hiranyakashipu la faveur qui le rendrait invincible, le monde trembla, inquiet de son sort. Désirant l'immortalité, le démon demanda à n'être tué ni par un homme ni par un animal, ni à l'extérieur ni à l'intérieur, ni le jour ni la nuit et avec aucune arme.

bande tande nī nellara kṣēma samādhāna
kevaraprasāda niyama taradi konde avana
bageyutā.
devā nārāyaṇa hari hari nārāyaṇa
devā nārāyaṇa hari hari nārāyaṇa

Cher Père, pour le bien de tous, Tu l'as tué de Tes griffes, au crépuscule,, sur le seuil d'un bâtiment, sans enfreindre la faveur obtenue. O Seigneur Narayana !

kanda prahḷādana śraddhe bhaktige nī maṇiyalu
nārāyaṇa nārāyaṇa nāma kūsu japisalu
kāde avana appanitta śikṣayinda hagaliraḷu
maguvina visvāśa kāgi prakaṭa vāde kamboduḷu

La foi et la dévotion du cher enfant Prahlada T'ont avec amour contraint d'agir ainsi. Les appels ardents de l'enfant "Narayana, Narayana" étaient irrésistibles pour Toi. Tu as veillé jour et nuit sur Prahlada, le protégeant de son père, le démon Hiranyakashipu, qui complotait de le tuer. Quand son fils affirma que le Seigneur réside partout, Hiranyakashipu se mit en furie. Afin de prouver le contraire, Hiranyakashipu frappa le pilier de pierre et O miracle ! Le Seigneur apparut sous la forme féroce de l'homme-lion Narasimha. Par la foi innocente d'un enfant, Tu es apparu dans le pilier. O Seigneur Narayana!

devā nārāyaṇa hari hari nārāyaṇa
devā nārāyaṇa hari hari nārāyaṇa

O Seigneur Narayana !

Mugdha muguva prēmabhakti varṇisalu
asādhyavu
kūsu taḷeda hari nambike accari amōghavu
hē dēvā dayapālisu namagu ā bhaktiya
ninna nāma japisi bhajisi janma mukti rītiya

L'amour et la dévotion de cet enfant innocent sont indescriptibles, la confiance de l'enfant dans le Seigneur porta ses fruits ! O Seigneur, si Tu nous accordes cette dévotion, nous pourrons chanter Ton nom et atteindre ainsi la libération.

Narttana māṭō naṭarāja (kannada 2015)

āngikam bhuvanam yasya
vācikam sarvavāṅmayam

Celui dont les mouvements sont l'univers entier, Celui dont le langage est le langage (de l'univers)

āhāryam candratārādi
tam vandē sātvikam śivam

Celui dont les bijoux sont la Lune et les étoiles ; c'est Lui que nous vénérons, Shiva, la Sérénité même !

narttana māṭō naṭarāja
kīrttana hāṭide bhutaga

O Nataraja danse, Tes compagnons chantent pour Toi !

takatayya-tayya śivāya namaḥ ōm
dhimi-dhimi kiṭatōm śivaśiva hara ōm

Je me prosterne devant le Seigneur Shiva, le Seigneur de la danse

bam bam bhōlā ō naṭarāja

O Seigneur de la danse, nous T'adorons par le son des tambours.

kālakāla kālabhairava
kaṭegāṇisō kāla

O Seigneur, Toi qui infliges la mort à la Mort même, O Kalabhairava, daigne mettre fin au Temps.

śmaśānavāsi vyōmakēśi
samsāra dāṭisu bā

Tu résides dans les lieux de crémation, et le ciel est Ta chevelure ! Aide-nous à traverser l'océan du samsara (la transmigration).

ō mahākāla ō bhavahara
dikkanne dharisida nīlalōhita dāri tōrō dēvā

O Seigneur, Tu portes les quatre directions, Tu as la gorge bleue, indique-nous la voie hors du samsara.

ruṇḍamāladhara
ō rudrarūpa rakṣisu śaraṇaranu

O Seigneur à la forme féroce, Tu portes une guirlande de crânes, protège-nous, nous nous abandonnons entièrement à Toi.

ō mṛtyuñjaya ō harōhara

Gloire à Shiva, gloire au vainqueur de la mort !

sṛṣṭi sthiti marma bhēdisō mahālayakara
tāṇḍava kuṇiyo śiva śiva ō naṭarāja

O Seigneur, Cause de la grande dissolution, daigne nous révéler les secrets de la création et de la préservation !

mahālayakara śrī naṭarāja
tāṇḍava kuṇiyō śiva ō naṭarāja

O Nataraja, Tu accomplis la dissolution ultime, daigne exécuter la danse tandava.

ō jaṭadhāri tāṇḍava kuṇiyō śiva
triśūladhāri tāṇḍava kuṇiyō śiva

O Toi qui portes les cheveux emmêlés, exécute la danse tandava, Toi qui portes le trident, exécute la danse tandava !

ō gangādhāri tāṇḍava kuṇiyō śiva
tripunṭradhāri tāṇḍava kuṇiyō śiva

Toi qui portes le Gange, exécute la danse tandava ! Tu portes de la cendre sacrée sur le front et la Lune dans Tes cheveux, exécute la danse tandava.

ō nāgadhāri tāṇḍava kuṇiyō śiva
ō tripurāri tāṇḍava kuṇiyō śiva

O Seigneur aux trois yeux, Tu portes des serpents en guise de guirlande, exécute la danse tandava ! Tu as détruit les trois cités, exécute la danse tandava !

ō naṭarāja ō naṭarāja
ō sōmadhāri tāṇḍava kuṇiyō śiva
trinētradhāri tāṇḍava kuṇiyō śiva

Tu portes le croissant de Lune, O Seigneur aux trois yeux, exécute la danse tandava ! Tu as trois yeux, exécute la danse tandava !

ō ḍamarudhārī tāṇḍava kuṇiyō śiva
trikāladhāri tāṇḍava kuṇiyō śiva

Tu portes le damaru (petit tambour), exécute la danse tandava !
Tu portes le passé, le présent et le futur, exécute la danse tandava !

Nāṭakam onṭru (tamoul)

nāṭakam onṭru naṭakkiradu
navarasam adilē irukkiradu
tānē ezhudi naṭikkum paramporuḷ
tannaiyē naṭippinil marakkiradu

Un drame se joue, les neuf rasas (émotions) en font partie. Le Divin écrit la pièce et en est aussi l'acteur. Il s'oublie dans le jeu.

viṣayattil sukhamena ninaikkiradu
viḷakkankaḷ palappala tarugiradu
vidhivazhi senṭru taḷarndapin tānē
viṣam adu enṭru uṇargiradu

Convaincu que le bonheur se trouve dans les choses matérielles, il justifie cette idée de mille manières. C'est seulement après avoir connu le destin et la souffrance qu'il comprend que tout cela est du poison.

viraktiyil manamum tuvaḷgiradu
vilaṅginai arukka tuṭikkiradu
viṭaiyinai kāṇum muyarcciyil arivu
vinaviya tannai paṭhikkiradu

Le mental, frustré, désespère. Il aspire intensément à se libérer de tous les liens. L'intellect, en quête d'une réponse, s'efforce de trouver qui a posé la question.

kaḷḷattai kaṇḍupiṭikkiradu
uḷḷadai sariyāy arigiradu
nāṭakam enṭṛu arindapin iduvarai
naṭandadai eṇṇi cirikkiradu

Il comprend alors la vraie nature du temps et des objets. Une fois qu'il a compris que tout n'est qu'une pièce de théâtre, il rit de ce qui s'est passé.

Navanita corā (hindi)

navanitacorā veṇugopālā jaya vṛndāvana bālā
mākhan de de nāc nacāve tujhko sab brajbālā

O Voleur de beurre de Vrindavan, tout le monde Te donne du beurre pour que Tu continues à danser.

pīt jhugaliyā tanpar sohe, mor mukuṭ māthe pe
kālī alke māthā cūme sab balihāri chab pe
tātā thaiyyā, tattata thaiyyā pag paṭte dharttī pe
pāv me kinkiṇi ruñjun bāje jūm uṭe braj sārā
jai vṛndāvana bālā... jai vṛndāvana bālā...
he citta corā gopa kumārā nand ke sundara lālā

Ta forme ravissante les enchante tous– Tu portes des vêtements jaunes, une couronne en plumes de paon, et Tu as de longs cheveux noirs. Tu portes des bracelets de chevilles, Tu danses et remplis tout Vraj de joie divine. Gloire à l'enfant de Vrindavan, au fils magnifique de Nanda.

śyām rādhe śyām rādhe śyām rādhe rādhe śyām

Gloire à Krishna ! Gloire à Radha !

naṭkhaṭ ki muskān manohar, jīt rahi man sabkā
māt yaśodā balaiyyā le par lālā pyārā braj kā
mākhan hi nahī cit bhī curāye mudit he man gopin kā
man hi nahi jo pighle nā sun aisi mohanī līlā
jai vṛndāvana bālā... jai vṛndāvana bālā...
he citta corā gopa kumārā nand ke sundara lālā

Le beau sourire de ce petit espiègle capture tous les cœurs. Sa mère Yashoda L'adore, Il est le chéri de tout Vraj. Il ne vole pas seulement le beurre, mais aussi les cœurs ; de son amour divin, il enchante les gopis. Son jeu divin ensorcèle tous les cœurs et les fait fondre. Gloire à l'enfant de Vrindavan, au magnifique fils de Nanda !

Navavidha bhakti (telugu 2015)

navavidha bhakti mārgamulatō
jaganmātanu koluvavē manasā

O mon mental, adore la Mère de l'univers en empruntant les neuf voies de la dévotion !

bhaktivinā san-
mārgamu ammanu
cēragaladē manasā...

O mon mental, existe-t-il une voie meilleure que la dévotion pour atteindre la Mère divine ?

amma bhāgavatamunu
sadā śraddhatō
śravaṇamu ceyyavē manasā

Écoute avec foi le récit de la vie de la Mère divine, O mon mental.

ammā ammā anucu prēmatō
kīrttana ceyyavē manasā

Chante avec amour la gloire de la Mère divine, chante en extase !

ammā mantramu
sadā smaraṇamu
cēsi tariñcu manasā...

Médite sur le mantra de la Mère divine et sois ainsi sanctifié, O mon mental !

amma pādamulanu
yadalō nilupukoni
śaraṇu kōravē manasā

Installe les pieds de lotus de la Mère divine dans ton cœur, prends refuge à Ses pieds, O mon mental !

ammanu arciñci pujiñci pilaci
dhyānamu ceyyavē manasā

Accomplis l'archana à la Mère divine, invoque-La par Ton adoration et médite sur Sa forme,

jagamunu ammagā
cūsi vandanamu
cēsi sēvimpavē manasā.

O mon mental ! Perçois ce monde comme la Mère divine, prosterne-toi avec révérence devant tous les êtres et sers-les.

ambādāsuḍaina annī
amma kāryamu lagunu manasā

Si tu deviens le serviteur de Mère, toutes tes actions deviennent l'œuvre de la Mère divine, O mon mental !

ammatō sakhyamu
enni janmala puṇyapalamō manasā

Ce contact avec la Mère divine est le fruit de nombreuses actions méritoires accomplies dans des vies précédentes.

ammanu nīlō pratiṣṭhiñcukoni
amṛtapadam cēru
manasā.

En installant fermement la Mère divine dans ton cœur, atteins la demeure de la béatitude éternelle, O mon mental !

Navilu gariya nayanada (kannada 2015)

navilu gariya nayanada kṛṣna
nīlavarna navilina kṛṣna

O Krishna, Tes yeux ont la forme d'une plume de paon, Krishna, au teint bleu paon ;

panchamadā kōgile
kṛṣna ōdi bārō

Toi le rossignol mélodieux, petit Krishna, viens vite !

nagutaliruva navanīta kṛṣna
bāyoḷage brahmāṇḍa kṛṣna
beṭṭesāku beṭṭakke kṛṣna ōḍi bārō

Krishna, Tu es comme du beurre, Tu souris toujours ; Tu as montré à Yashoda l'univers dans Ta bouche ; viens vite, Krishna, de Ton doigt Tu as soulevé la montagne.

hare kṛṣna

Chantons le nom de Krishna !

nātyavāḍe kāḷinganiruva
pavaḍisalu ṣeśane baruva
bhaktikaḍale kṣīrasāgara ōḍi bārō

Le serpent Kalinga est là pour que Tu danses sur sa tête, le serpent Shesha vient pour que Tu T'allonges sur lui. Viens vite, viens de l'océan de lait de la dévotion.

hokkaḷalli brahmane banda
brahmana amma nīnēnā
dēvakī yaṣodeyā muddu maga nīnā

Brahma lui-même est sorti de Ton ventre ; n'es-Tu pas sa Mère ? N'es-Tu pas le Fils aimant de Dévaki et de Yashoda ?

ādi antya ananta kṛṣna
āladeleya tēluva kṛṣna

ninna koḷalē satchidānanda
viṭṭala kṛṣna

Tu es le Commencement, la Fin, éternel Krishna, Tu flottes sur la feuille de banyan, Ta flûte est la Vérité, la Conscience et la Béatitude, Vittala Krishna.

Neñcakaṁ ventiṭunnu (malayalam)

neñcakaṁ ventiṭunnu - ammē
sañcitapāpa-tāpāl
vañcitanāyiṭunnu - innu
pañcēndriyaṅgaḷāl ñān

O Amma, ma poitrine brûle et se consume sous l'effet des péchés accumulés. Je suis trahi par mes cinq organes des sens.

attal koṇḍende cittam - ēre
taptamāy nīriṭunnu
itramēl tāṅguvānāy - illa
kelppenikkantarangē

Mon cœur est dévoré de chagrin ; je n'ai pas la force de supporter cette douleur.

en tāpaminnakattān - kṛpā-
sindhuvām nin hṛdantē
pontiṭēṇam-uṭanē - kṛpā-
vantiramālayonnu

Pour éteindre le brasier de ma souffrance, il faut qu'une immense vague de compassion se lève en Toi, Océan de compassion.

Nēnu yavaranu (telugu)

yā devī sarva bhuteśu
mātṛ rūpeṇa samsthita

namastasyai namastasyai
namastasyai namo namaḥ

Salutations à la Déesse suprême, la Mère divine dont tous les êtres sont la manifestation.

nēnu yavaranu nēnu yavaranamma
nēnu nīvukākka inkevaranamma
inkevaranamma inke varanu amma

Qui suis-je ? Qui suis-je, O Mère ? « Je suis Toi ! Je suis Toi ! » Qui d'autre ?

aham ityēva vibhāvayē mahēśīm
aham ityēva vibhāvayē mahēśīm

O Impératrice suprême, permets-moi de méditer sur l'idée : « Je ne suis nul autre que Toi. »

nī caitanya kaṭalilōni
nīṭibuḍakanamma
nī divya tējasulōni cinnikiraṇam amma
nīvanē viśvavṛkṣapu cikuruṭākkunamma
nī sṛṣṭi hāramulōni maṇipūsanamma

O Mère, je suis une bulle minuscule dans l'océan infini de la Conscience qui est « Toi ». O Mère, je suis un infime rai de lumière qui émane de Ta lumière divine, éclatante et splendide. O Mère, je suis une feuille tendre sur l'arbre qui s'étend dans tout l'univers, et qui est Toi. O Mère, je suis une petite perle enfilée sur la guirlande de la création qui est Toi.

rāgadvēṣa mūlaku baddhuṭanaikinamma
śarīra sukha mūlaku vasuḍanaitinamma
māyaku lōpaḍi nīnu nivēnani
maracikinamma amṛtānandamē
na svarūpa mūkadamma

O Mère, je suis prisonnier de l'attraction et de la répulsion. Mère, j'ai succombé aux plaisirs sensuels. Mère, sous le charme de maya (l'illusion), j'ai oublié que « je suis Toi ». O Mère, mon essence, ma nature véritable n'est-elle pas la béatitude immortelle ?

Nijavanariyadē (kannada)

nijavanariyadē nondē nīnu
indrajāla āṭadalli brāntanāgi
vyaktiyalla paramārtthā
samyak jñānadinda nī tiḷi

Ignorant la vérité, Tu souffres, trompé par le jeu du magicien. L'individu n'est pas réel ! Sache-le grâce à la juste Connaissance.

manujā samyak jñānadinda nī tiḷi

O Homme, comprends la réalité grâce à la juste Connaissance.

nāma rūpavāgi tōrutiha
sarvātmavanu ariyadeyē
himbālisuvē yēki māyēya
nitya mukta svarūpanēkkē biḍuvē

Tu ne parviens pas à connaître l'*atman* omniprésent qui se manifeste à travers tous les noms et toutes les formes que tu perçois. Pourquoi poursuivre cette illusion ? Pourquoi abandonner ton Soi, éternellement libre ?

ēnannu jagadinda bayassiruvē
sukhaduḥkha vemba bhrānti irissī
idēnu mātē divyā nageyē
namissuvē jaganmāteya pāda kamalakkē

Qu'attends-tu du monde ? Dans ton délire, tu prends pour réels les bonheurs et les chagrins éphémères. Tout ceci est-il le rire de ma Mère divine Kali ? Je me prosterne aux pieds de lotus de la Mère de l'univers.

Nijava nariyadē (version en telugu)

nijamu teliyaka nīvu kaṣṭapaḍitivī
indrajāla āṭayandu bhrāntuḍaitivī
vyakti kādu paramārttham
samyak jñānamto telusuko

manujā samyak jñānamto telusuko

nāmarūpamulugā bhāsitamai
caitanyasāram erugakayē
paruguleḍitivi kādā māyavenukā
nityamukta svarūpamunu vadili nīvu

manujā samyak jñānamto telusuko

lēmi ēmani lōkāna vetikēvū
sukha-duḥkhamulu satyamani bhramiñci
ammā idi kaliyoka aṭṭahāsamā – nī
pāda padmamulaku śaraṇamulu

manujā samyak jñānamto telusuko

Nīlakamala (telugu)

nīla-kamala pādāla centana
oka tāmara mogganu nēnu
pūrtigā vikasiñci prēma
parimaḷamē prasarimpa
karuṇimpavē kṛpa varṣimpavē
ammā karuṇimpavē kṛpa varṣimpavē

Je suis un bouton de lotus à Tes pieds de lotus bleus. Accorde-moi Ta grâce, afin que je puisse m'épanouir et répandre le parfum de l'amour.

remma-remmalalō arpiñcetanu
janma-janmalā vāsanalu
okkō remmanē suguṇamugā mārci
śānti suvāsana vedajalla
karuṇimpavē kṛpa varṣimpavē
ammā karuṇimpavē kṛpa varṣimpavē

Chaque pétale que je T'offre est une vasana (tendances latentes accumulées au cours de nombreuses vies). Accorde-moi Ta grâce, afin que je puisse les transformer en qualités divines et répandre le parfum de la paix.

kṣaṇikamē ī jīvitam bhava
tāpamutō vaḍalenu vēvēgam
ī konta samayam nī pādāla nilici
nija ānandamē vyāpimpa
karuṇimpavē kṛpa varṣimpavē
ammā karuṇimpavē kṛpa varṣimpavē

La vie est éphémère, elle risque de s'évaporer à la chaleur du samsara (le monde). Accorde-moi Ta grâce, afin que je puisse demeurer à Tes pieds pendant ce court moment (la vie) et répandre la joie de la pure béatitude.

Nīlakkadamba (malayalam)

nīlakkadambamarachōṭṭil ninnu
koṇḍōṭakkuzhalu viḷichatārō?
kaṇṇā ennu viḷicha nēram – ponnin
kālchilambocha kēḷppichatārō?

Qui donc joue de la flûte, sous l'arbre bleu kadamba ? Quand j'ai appelé « Kanna ! », qui a fait tintinnabuler à mes oreilles ses bracelets de cheville en or ?

nīḷum niśatannariku patti kaṇṇa
nōṭi vanneṅgoṭṭu maṇḍi vīṇḍum?
ariyāmenikkende ponnukaṇṇā. . . ninne
uḷḷattil pēri naṭannīṭuvān

La nuit tombe. Où Kanna a-t-Il encore couru ? O mon Krishna chéri, bien que Tu sois parti, je sais comment Te porter dans mon cœur !

rāvinu nīlimayērunnu vīṇḍumā
kilukilā ciriyum muzhaṅgiṭunnu
eviṭeyennōrāte ninnu rādha. . . mizhi
ttumbināl kāṭṭikkoṭuttambiḷi

La nuit se fait de plus en plus noire, mais écoutez, on entend de nouveau des éclats de rire. Radha, ignorant d'où venait ce rire, restait immobile, mais le clair de lune lui a révélé où était Kanna !

cārutta veṇmullavallitan pūvukaḷ
rāvin maṭiye alankarikkē
kaṇṇande tēnutta puñciri kaṇḍukaṇḍā-
nandamagnayāy ninnu rādha

Les merveilleuses fleurs de jasmin embellissent le giron de la nuit. A force de contempler le sourire ambrosiaque de Krishna, Radha est entrée dans une extase pleine de béatitude.

Nīlāmbuja nayane (version gujarati)

nīlāmbuja nayanā ammā
jāṇyā te śu ā duhkhī haiyāna duḥkhaḍā

kevā janmonā karmo kerā
bhatkī rahiyo hū eklo āj

yugo na yugthaki āvī rahiyo hū
ā yuga sandhyāmā pharī janamyo

bolāvile pāse tārī rākh mane

tārā khoḷāmā poḍāḍi de - ammā
tārā khoḷāmā poḍhāḍi de

yogya ā putra nathī pūche mātā ne
tyajaśe śū tene ā kāje

āvo mā mane haiyye lagāvo
tārī kṛpā mā seje vahāv ammā
tārī kṛpā mā seje vahāvo

Nīlāmbuja nayane (version tamoul)

nīlattāmarai vizhiyāḷē ammā - nī ariyāyō
nīrumen neñcattin vēdanaikaḷ
ēdō piraviyil seydadōr seyalāl
tanimaiyilē nān tavikkinrēn

yugamyugamāka nīnti kaṭantu nān - inta
yugattilum pirantu vantēn
azhaippāyō aḷḷi aṇaippāyō
un maṭiyil iṭam koṭuppāyē ammā
un maṭiyil iṭam koṭuppāyē

takutiyillenṭrālum tāyum tan makkaḷai
kaiviṭuvāḷō tāriṇiyē
varuvāyē arukil aṇaippāyē
unnaruḷ mazhaiyil nanaippāyē ammā
unnaruḷ mazhaiyil nanaippāyē

Nīlavaṇṇā (tamoul)

nīlavaṇṇā tāmarakaṇṇā rādhegōvindā
nīṇḍanēram kāttirukkēn rādhegōpālā
kāttukāttu kālgaḷ nōkudu rādhēgōvindā
kāṇādendan uḷḷam vāḍudu rādhēgōpālā

O le Krishna de Radha, le Protecteur des vaches, Seigneur Krishna ! Tu as le teint bleu et Tes yeux ressemblent à des pétales de lotus. Je T'attends depuis si longtemps ! J'ai mal aux jambes à force de guetter Ton arrivée. O Krishna, privé de Ta vision, mon cœur se fane.

mañcaḷvaṇṇa paṭṭukkāra rādhēgōvindā
koñcumozhi pēsiḍuvāy rādhēgōpālā
nañcunīnka endanmīdu rādhēgōvindā
piñcupādam vaittu āḍu rādhēgōpālā
rādhē rādhē rādhē rādhē rādhē gōvindā
rādhēgōvindā rādhēgōpālā

O Krishna vêtu de soie jaune, avec l'innocence d'un enfant, Tu prononces de douces paroles. Danse sur moi avec Tes petits pieds, afin de me délivrer du poison (les mauvaises tendances) qui demeure en moi.

muttumaṇi mālaittarēn rādhēgōvindā
muttamonnu tandiḍuvāy rādhēgōpālā
pattupāna veṇṇa tarēn rādhēgōvindā
bhaktiyilē pittanākku rādhēgōpālā
rādhē rādhē rādhē rādhē rādhē gōvindā
rādhēgōvindā rādhegōpālā

O Krishna, je Te donnerai un collier de perles ; donne-moi un baiser, Radhe Gopala ! Je Te donnerai un pot de beurre. Rends-moi ivre de dévotion pour Toi.

rādhē rādhē rādhē rādhē rādhē gōvindā
rādhē rādhē rādhē rādhē rādhē gōpālā
mādhavā manamōhanā yādavā yadunandanā

O Madhava, Toi qui ravis mon mental, O Yadava, Fils de Yadu.

Nirmala jīvana (kannada)

nirmala jīvana nīṭite nī
karmavellā aḷiside nī
karuṇēya kantā nānāde bindu
amṛtānanda sindhu
amṛtānanda sindhu

Tu m'as donné une vie bénie. Tu as effacé tout mon karma. Je ne suis qu'une petite goutte, qui s'est fondue dans Ton océan de béatitude immortelle.

śaraṇāgatiya kalisutali
cirasukha mārgava tōrite nī
ānandakantā nānāteyindu
pāvana vāyitu jīvana
jīvanavāyitu pāvana

En m'enseignant l'abandon de soi, Tu m'as montré la voie vers la béatitude éternelle. Cet enfant s'est retrouvé plongé dans la béatitude. Ma vie en a été sanctifiée.

nintaratē ninna sānnidhyavammā
kuntāka ninna dhyānavammā
naṭevāka ninna nāma sangāti
malakitarē atē namaskāra
malakitarē atē namaskāra

En Ta présence, je me lève; je m'assieds pour méditer sur Toi. Quand je marche, Ton nom me tient compagnie. Quand je m'allonge, je me prosterne devant Toi.

Om śrī aho (marathi 2015)

om śrī aho ! ṣaḍguṇ aiśvaryai
sampann bhāgyavantā
ahō ! ramākāntā śrī viṭhalā

Om Sri O ! Toi qui possèdes les six qualités propices ! Epoux de Lakshmi, O Sri Vitthala !

viṭhal smaraṇ karā, viṭhal
bhajan karā
pāvan nām śrī harī
smaraṇ karā

Rappelez-vous Vitthala, chantez la gloire de Vitthala ! Rappelez-vous et chantez le nom pieux de Sri Hari !

yuga yugānantar
narjanm miḷālā
niścit nāhi hā yōg
parat hōyīl

Après des milliers d'années, tu as obtenu cette naissance humaine ; mais il n'est pas certain que cette chance se représente aussitôt.

lābhlēlā janm viṭhal caraṇī lāvā
nāmsmaraṇ karuṇ sārtaki lāvā

Cherche donc toujours les pieds de lotus de Vitthala et réalise le but ultime de la vie en chantant Son nom.

viṭhal viṭhal pāṇḍurangā
jaya hari viṭhal pāṇḍurangā
viṭhal viṭhal viṭhal viṭhal
viṭhal viṭhal pāṇḍurangā
viṭhal smaraṇ karā

Vithal Vithal Vithal Vithal Vithal Vithal Panduranga
Rappelle-toi Vithala

uṭhā uṭhā jan ho
calā bhakti mārggāvar
sādhan sajjan sakhya kāhi
prāpt hōyīl

Réveille-toi, réveille-toi ! O Homme ! Avance sur la voie de la dévotion (bhakti yoga) ; si tu as de la chance tu auras la compagnie d'êtres vertueux,

paṇḍarīnāthācā nām
sankīrttan svar
sōbat nija sadgurucī kṛpā lābhē

Saisis cette opportunité de chanter la gloire de Pandharinatha. Obtient le bénéfice de la grâce d'un véritable satguru !

mānav janmācā param
uddēś kēvaḷ
muktī nirvāṇ sādhaṇē,
dusarē nāhī

Sache que le vrai but de la vie humaine, c'est d'obtenir la libération du cycle des naissances et des morts.

sōṭu avidyā bhrānti
viṣaya sukh
samaj re manuja tu
harinām sarv kāhī

Abandonne-donc l'ignorance, l'illusion, la passion. Réalise le Soi, O Homme ! Le nom de Hari est tout !

Only love (anglais)

May the light of unity
Dawn in our minds
Every thought of understanding
Opens our hearts

Puisse le soleil de l'unité se lever dans le mental. Chaque pensée de compréhension ouvre le cœur.

Only love is our guiding light
Only love can heal and unite
May the walls of separation
Vanish in our love

L'amour seul est la flamme qui nous guide. L'amour seul peut guérir et unir. Puissent les murs de la séparation disparaître dans notre Amour.

Every word of kindness
Brightens up the dark
May forgiveness and compassion
Grow in all we do
Every deed of goodness
Leads the way to peace

Toute parole de bonté éclaircit les ténèbres. Puissent le pardon et la compassion grandir dans tout ce que nous faisons. Tout acte de bonté mène à la paix.

Only love... is our light, only love... can unite
Only love... shines so bright
only love can end this night

L'amour seul….nous éclaire. L'amour seul…. peut unir. L'amour seul…brille avec éclat. L'amour seul peut mettre un terme à la nuit.

Oru nalil nyan (tamoul)

oru nāḷil nāṇ en kaṇṇanai kāṇbēn
oru gāna tēnisai kēṭpēn
sevvidazhkaḷilē vēnkuzhal patittu
cella kaṇṇan en munvaruvān

anṭrendan piravi payan peruvēn
anṭru nān ānanda padam aṭaivēn
unmatta bhaktiyin uyarkoṭumuṭiyil
ninṭru nān ānanda naṭam purivēn

jīvarāśikaṭkellām ādhāramāy nirkkum
īśvaran nī pārin kāvalanē
kaṇamum tāmadam ini vēṇḍām
īśvarā unai nān kaṇḍiṭavē

Orunāḷum piriyātta (version kannada)

endendu ninagāgi hambalisi alede
huḍukāḍa deḍeyilla - amma
janmāntarakū jagadambe bēkentu
huḍukāḍa deḍeyilla - halajanma

gatigeṭṭa jīvitava nōḍu - enna
vijaya pratīkṣe baraḍāgide
taragele tharadali paravaśaḷāgi nā
dikkeṭṭu alediruvē - dāri, beḷakkāgi nī tōri bā

durmada ennali heḍe ettitō - ayyō
gati tappi naḍede durvidhiyindali
hagaliruḷēnnade hṛdayata ṭākadi
amṛtamaḷē surisū - amma, puḷaka rōmāncana tā

Oru nimisham (tamoul)

oru nimiḍamāvadu amaidi uṇḍō
ulakiyal sukham tēṭi alaiyum manidā
unakkoru nimiḍamāvadu amaidi uṇḍō

paramārtta tatvankaḷ ariyāmal māyaiyin
nizhaladan pinnē mayanki ōdi
erikindra tīkkaṇḍu vishukindra viṭṭilāy
oru palanum illādoṭunka toḍankināy

kṛmiyāy puzhuvāy izhaikindra uyirinam
palavāgi paravaikaḷ vilankumāgi
sīrāga uyarnduyarntātmānubhūtiyin
māniṭa piraviyāl payan ennavō
adarkkalla manidanin aridānadām piravi
adarkkuṇḍu laṭciyam adanai vēṇḍi
nān enadu enkindra mayakkam teḷindu nī
hari hara parabrahma bhajanai seyyādinku

Oru pazhutumillāte (malayalam 2015)

oru pazhutumillāte
etupozhutumulakeṅgum
niravārnnirikkunnu paramasatyam

La Vérité suprême, cette Plénitude présente à tout instant dans chaque atome de l'univers,

atutanneyakamanaril
uravāyirikkunnu
mahita caitanyavum, guruvaṭivum

est fermement installée dans le lotus du cœur : c'est la forme divine de notre guru.

ariyātirikkuvor-
kkazhaliyalu, mātmāvil
ariyuv-ōranubhav-ānandamatre

Celui qui ignore cette vérité se noie dans le chagrin ; celui qui la connaît vit dans la béatitude suprême.

citayileriyunnoruṭal
jaḍamā, ṇatalla ñān
citiyiluṇarum bōdhasāramatre

Le corps qui se consume dans le bûcher funéraire n'est pas le « je ». « Je », c'est la conscience qui s'éveille dans le corps.

paramagurudaivatam
taraṇamaniśam kṛpa
caraṇayugaḷaṅgaḷil
śaraṇamaṇayunnu ñān

O suprême Guru, je m'abandonne à Tes pieds de lotus. Daigne répandre sur moi Ta grâce.

arivuniravārnniṭān
guruvaruḷatonnu-mām
iruḷarayilittiri
aruḷoḷipozhikkaṇē

Je T'en prie, illumine mon cœur rempli de ténèbres en m'accordant la pure Connaissance.

Oru piṭi cāramāy (malayalam)

oru piṭi cāramāy maṇṇōṭu cērunna
manujā nī alayunnateviṭē ?
oru ceru nīrpōḷa pōle ī jīvitam
manujā nī ariyuvatentē ?
viruvilāy ozhiyunna ī lōka vēdiyil
vāzhvitu nāṭakamallē ?
verum ś?k?nta n??akamall???
ōkānta nāṭakamallē ?

O Homme, il ne restera de toi qu'une poignée de cendres qui retournera à la terre. Où erres-tu ? Cette vie humaine est une bulle minuscule. O Homme, que sais-tu réellement ? Dans ce monde de l'impermanence, ton existence n'est-elle pas un simple drame ? Ce drame ne se termine-t-il pas par une tragédie ?

oru vākku connāl ozhiyēṇḍa gēham
oru nāḷil tannuṭētāmō ?
oru nōkkil onnō ariyunna lōkam
ozhiyunna kāzhchayatalle ?
nāḷeyennōtuvān oru pozhutuṇḍō ?
kaimutal innatu mātram -
ōrttāl pōyppōya kālam anantam

Ce corps nous appartient-il vraiment ? Une seule parole du dieu de la mort, et il nous faudra l'abandonner. Le monde qui apparaît à nos regards, n'est-ce pas une image éphémère ? A quoi bon dire « demain » ? Seul le moment présent est entre nos mains. Si nous y réfléchissons, le temps que nous avons perdu est infini.

vasanaṅgaḷ pōle veṭiyunnu janmam
valayita mōhāndhakāram
pāritilennum pāloḷitūkum
paramātma tattvamē nityam
oru noṭi ozhiyāte ōraṇamuḷḷattil
ā mātṛ pādaṅgaḷ nityam
vāzhvin amṛtattvam ariyunna satyam

Comme on change de tenue, nous traversons de nombreuses vies, pris dans les ténèbres des désirs. Seul le Paramatman, le Soi suprême, est permanent, c'est Lui qui illumine toute la création. Sans perdre une seconde, prenons refuge aux pieds de la Mère divine, chérissons-les dans notre cœur. Elle est le principe éternel de vie.

Pādāravindakē (kannada)

pādāravindakē namipēśāradē mātē

Je me prosterne à Tes pieds de lotus, O Mère Sharada (déesse de la connaissance)

saṅgītalōlini sakala vidyādātē
viṣṇusahōdari varadē vāgīśvari

Toi qui aimes la musique, Tu accordes toute connaissance, sœur de Vishnu, déesse de la parole,

śvētāmbaradharē śāśvatē śubhadē
caturvēda caturē vīṇāpāṇi
nārada janani nādabrahmāṇi
nāmapārāyaṇāmṛta karuṇisammā
nāmapārāyaṇāmṛta karuṇisammā

Parée de blanc, éternellement propice, O déesse de la sagesse, Tu connais les quatre Vedas, Tu joues de la vina. Mère de Narada (sage immortel et ancien, qui accorde à tous la dévotion et la sagesse). Déesse du son, daigne nous accorder la grâce de réciter sans cesse Tes noms.

kāruṇyasindhuvē paripūrṇṇa bandhuvē
śraddhēbhaktiya nīḍi paripālisammā
mamakāra naśisi vairāgya mūḍisi
pariśuddha jñānava nīḍu nī namagē
pariśuddha jñānava nīḍu nī namagē

O Océan de Compassion, Amie parfaite et éternelle. Daigne briser nos attachements, afin que s'éveillent en nous le détachement et le renoncement. Accorde-nous ainsi la pure connaissance.

saṅgītalōlini sakala vidyādātē
viṣṇusahōdari varadē vāgīśvari

Toi qui aimes le chant, Toi qui accordes toute connaissance, sœur de Vishnu, déesse de la parole.

Pañcēndriya (kannada)

pañcēndriya nilissī pañcākṣari japissī
karedare baruvanu ennu namma śivanū

Si nous cessons de nous complaire dans les plaisirs des cinq sens, si nous chantons le mantra de cinq syllabes (namah Shivaya) et L'appelons, notre Shiva viendra.

śambhō mahādēva śambhō
śāmbhavīdēva śambhō
haraśambhō śivaśambhō
śivaśambhō hara śambhō
śambhō mahādēva śambhō

O Shiva, grand Dieu propice !

pāvanarūpa śambhō
pāpanivāraka śambhō - banni
nāmajapissuva madduśivanā
pālayamām śambhō

La forme du Dieu Shiva est pure et Il efface les péchés. Chantons le nom du doux Seigneur ; protège-nous O Shambo !

triśūladhāri śambhō
trinētradhārī śambhō
trikkaiyallī harassu śambhō
trikālajñāni śambhō

O Shiva, Tu portes le trident, Tu es doté de trois yeux. Toi qui portes le *trishula* (trident), bénis-nous, O Seigneur de la Connaissance suprême.

Pāṇḍuranga nām gyā (marathi)

pāṇḍuranga nām gyā hoyī samādhān
dhyān je sundar dhyān manohar
pītāmbar śobhe pāṇī kaṭṭīvar
rang jo sāvḷā chāyā deyī
lekarās āss lāge jāvaḷ gheyī

De tout ton coeur, appelle le Seigneur Panduranga et ressens la paix intérieure. Qu'il est beau Panduranga, l'objet de ma méditation. Il porte un tissu jaune enroulé autour de la taille. Son teint a la couleur du crépuscule.

māi ji viṭṭāyī dūsarī rakhmāyī
paṇḍarapurā lābhlī atī puṇyāyi
galā ghāluni tuḷasī mālā
viṭṭāyī sād ghālī sakaḷā

Pandharapura est béni par la présence du Seigneur Vittala et de Son épouse Rukhmani. Il porte au cou une guirlande de feuilles de tulasi, signe qu'il est détaché des richesses de la royauté. Tout le monde le chérit.

manī vase viṭṭāyī viṭṭāyī nī kṛṣṇāyī
dāṭṭale nām japu paṇḍurang nirantara
ek dhyān ek dhyās
pāṇḍurang pāṇḍurang pāṇḍurang

Vittala, qui est Krishna, réside dans notre cœur ; chante constamment le nom de Panduranga. Une méditation, une pensée : Panduranga...

pāṇḍurang pāṇḍurang pāṇḍurang pāṇḍurang
viṭṭala viṭṭala viṭṭala
viṭṭala viṭṭala viṭṭala

Panipaṭarnda Malaiyin (tamoul 2015)

**panipaṭarnda malaiyin mīdu
uruvamānavan
amaradīpamāy viḷankum
amaranānavan**

O Seigneur, Tu as pris la forme de la stalagmite de glace sur la montagne sacrée Amarnath (Himalaya). Tu as pris la forme de la flamme pérenne sur le Mont Amarnath

**mēghankaḷ tālāṭṭum
malaiyumānavan
dāhankaḷ taṇittiṭum
gankaiyānavan**

Là-haut, les nuages même Te chantent des berceuses ; Toi qui as pris la forme de la Montagne sacrée, Tu étanches la soif de connaissance, comme l'eau du Gange étanche la soif des mortels.

**ēri varum makkaḷ tam kuraikaḷ
tīrppavan
idayamozhikaḷ tannai kēṭṭu āsi
tarubavan**

Tu aides les dévots qui viennent à Toi avec une foi intense à surmonter les difficultés. Tu entends les prières qui montent de leur cœur et Tu les bénis.

**uruvamāki aruvamāki tōttram
tarubavan
paruvam tōrum kāṭci tantu
bhakti tarubavan**

O Toi qui es sans forme, Tu prends une forme pour renforcer la dévotion des dévots.

umaiyannai uḷḷam kavar
kaḷvanānavan
sumaiyumāna vinaikaḷ nīkki
mukti tarubavan

Tu as capturé le cœur de la déesse Uma. O Seigneur, Tu prends soin de ceux qui T'ouvrent leur cœur et déposent leur fardeau à Tes pieds, prenant refuge en Toi.

pāvam tannai pōkkiṭum
punitavaṭivinan
tāpam tannai tīrttiṭum
tāyumānavan

Tu les libères de leurs péchés et de leurs difficultés, Tu les rends purs, comme une Mère s'occupe de son enfant.

ōm namaḥ śivāya

Parayuvānāvatilla (malayalam)

parayuvān āvatillammē neñcil
urayunna paritāpa pūram
nirayunna mizhikaḷil paṭarunna śōkam onnu
ariyuvān āvatillennō?

O Mère, je suis incapable d'exprimer la souffrance qui s'est logée dans mon cœur. Mes yeux humides ne la trahissent-elle pas ?

kanalinde tāpatte vellunnorīcuṭu
neṭuvīrppil eriyunnu janmam
karuṇatan kaṇamonnu karutiyīyaṭiyannu
coriyunna dinamennucērum?

La canicule de mes soupirs, plus chaude que la braise, consume ma vie. J'attends désespérément le jour où Tu répandras sur moi Ta grâce, pleine de compassion.

iniyende manavīṇamīṭṭiṭuvān amma
tazhuki talōṭukilokkum
arutātta rāgaṅgaḷ ariyāte atilūrnnatu
aṭiyande pizhayonnu mātram

Seule la caresse de Ta main peut éveiller la musique sur les cordes de mon cœur muet. Dans le passé, par ma faute, des notes discordantes s'en sont échappées.

taḷarukayilliniyonnukoṇḍum tava
karuṇāmśu avalambamennum
saphalamī yātrayum saphalamī janmavum
aviṭunnu arikattaṇaññāl

J'ai désormais pris refuge dans la lumière de Ta compassion et je ne perdrai plus espoir. Le voyage de ma vie s'avèrera fructueux quand Tu demeureras éternellement avec moi.

Parinamamiyallatta (version kannada)

pariṇāma villada paramēśvari – ena
paritāpa ninagē tiḷidillavē?
madanārī paramēśa patiyallave – ena
manadā iruḷannu kaḷeyamma nī

iruḷāgi kaḷēdu hagalallave – ena
iruḷantha hṛdayanina garivillave?
daḷavellā uduridā hūvādene?
daye tōralendu nī baralāreyā?

kirubaḷḷiga abhaya hem-maravallave? amma
kirumakkaḷ-abhilāṣe nīnallave?
nānēnu māḍali hēḷambikē
ninnalli ondāga bēkambikē

baraḍāda marubhuvil alediruvē nā - ammā
baralāradāgide nina sanihakke
nīḍamma enagendu dayadintali
nina pādadāśraya sarvveśvari

Paripāvana (marathi)

paripāvana caritē sundara vadanē
caraṇī karitō naman
ambā dēśīl kadhī darśan

O Mère, que Ta vie est pure ! Que Ton visage est beau ! Tu élèves la conscience des malheureux. Je me prosterne à Tes pieds. Quand m'accorderas-Tu Ton *darshan* ?

durgē tū lakṣmī tuḷzhā bhavānī
kitī rūpē kitī nāmē tujhē ambē
pari tēj ēkats prēmācē

Tu es Durga, Lakshmi et Tulja Bhavani. Nombreux sont Tes noms et Tes formes ! La splendeur de l'amour brille en chacune d'elles.

ātmajñānācē vardān dē
sāyujy saukhyātsē dān tū dē
tava caraṇāñci bhakti tū dē

Accorde-nous la réalisation du Soi, la libération et la dévotion envers Tes pieds.

jay jagadambē ā-ī bhavānī
bhavatāriṇī tū mātē

Gloire à la Mère de l'univers, O Mère Bhavani ! Tu nous fais traverser l'océan du *samsara*.

Paritiyinmun paniyai (tamoul)

paritiyinmun paniyai pōlē
maraintiṭumē innalkaḷ tāyē
unnaruḷum kiṭaittuviṭṭāl
naṭavātatu ētum uṇḍō

Comme le brouillard se lève quand le Soleil apparaît, nos ennuis s'évanouissent en Ta présence. Avec Ta grâce, il n'est rien d'impossible.

tanvalimai periyatu enṭru
ātuvatum ettanai āṭṭam
unnaruḷin valimai uṇarntāl
ātuvarō ānava āṭṭam

Nous vivons avec l'idée que nous disposons d'un grand potentiel. Si nous avions conscience que Ton potentiel est infini, aurions-nous un ego aussi énorme ?

tannalattāl arivum mayanki
unperumai marantiruntēn
tanai marantu makkaḷai kākkum
tāyē karam piṭittiṭuvāy

Si j'ai oublié Ta grandeur, c'est que mon intellect est obscurci par l'égoïsme. O Mère, sans aucune pensée pour Toi-même, Tu protèges Tes enfants. Daigne me tenir la main.

tanaipazhippōr tamaiyum aṇaikkum
dayaimikunta tāyē umaiyē
eṇṇilāta tavarukaḷ seytēn
mannittenai āṇḍaruḷvāyē

O Mère Uma, si miséricordieuse, Tu étreins même ceux qui Te calomnient. J'ai commis d'innombrables erreurs. Daigne me pardonner et prendre en main la conduite de ma vie.

Paurṇṇamirāvil (kannada)

paurṇṇami rātri bānanu beḷaguva
pūrṇṇa candira nīnallavē amma?
sundara hūgaḷa gandhadi suḷiyuva
vasantagānavu nīnallavē amma?

tambūri tantiyu candadi miḍiyuva
impina rāgavu nīnallavē amma?
kavigaḷa sundara kalpanā lōkada
sumadhura kaviteyu nīnallavē amma?

sumadhura kaviteyu nīnallavē
ēḷubaṇṇadalu ēḷū svarādalu
ontāgi nalivaḷu nīnallavē ammā?
hūvina gandhavu maḷebillandavu
gāḷiya tampū nīnallavē amma?
tangāḷi tampū nīnallavē?

Paurṇṇamirāvil (telugu)

paurṇami rātrilō ningilō veligē
candruni vennela nīvammā – ammā
candruni vennela nīvammā
suvāsanlolīkke pūlaḍōlilō vēcē
vasanta rātrivi nīvammā – ammā
vasanta rātrivi nīvammā

tambura mṛdu tantrilō pongēḍi
sundara nādam nīvammā – ammā
sundara nādam nīvammā
kavula kalpana ūala lāṭē

sumadhura gānam nīvammā - ammā
sumadhura gānam nīvammā

ēḍūrangulu ēḍu svarālū
okkaṭai cērēdi nīlōnē - ammā
okkaṭai cērēdi nīlōnē
pūvulō vāsana harivillantamu
gālilō callana nīvammā - ammā
gālilō callana nīvammā

Ponnammā en ammā (tamoul)

ammā undan tāy pāsam, dēsam ellām oḷi vīsum
rōjā malarin vāsam, undan varavai pēsum

Mère, la lumière de Ton affection maternelle est partout présente. Le parfum des roses proclame Ton arrivée.

ponnammā en ammā sellammā nī ammā
pozhutellām unnōṭu nān irukkalāmā

O Mère, ma Mère, puis-je passer mon temps libre en Ta présence ?

kaivaḷaikaḷ kulunga kāl salangai siṇunga
suttri suttri azhakāy nī naṭanam āḍumpōdu
kaṇkuḷira un ezhilai nān rasikkalāmā?
mālaippozhutil marattadi nizhalil
manankavarum nal kataikaḷ nī uraikkum pōdu
kātinikka un mozhikaḷ nān kēṭkalāmā?

Tes bracelets cliquètent, des bracelets de cheville tintent tandis que Tu danses, décrivant des cercles enchanteurs. Puis-je me délecter de Ta forme à la beauté rafraîchissante ? La nuit, à l'ombre d'un arbre, tandis que Tu contes des histoires captivantes, puis-je écouter la musique de Tes paroles ?

mazhalayai tūkki maḍiyinil amartti
makizhvuḍan un viralāl sōru ūṭṭumpōdu
nāvinikka un kaiyāl amudarundalāmā?
nakṣattira pandal kīzh nilavai nōkki nī
bhaktiyuḍan manamuruki pāṭal pāṭum pōdu
un bhakti mazhayil nān mey silirkkalāmā?

Lorsque Tu prends un enfant, que Tu le places sur Tes genoux et lui donnes sa nourriture, puis-je recevoir de Ta main une part de cet élixir ? Sous la voûte du ciel étoilé, lorsque Tu contemples la lune et chantes des chants de dévotion qui font fondre les cœurs, puissé-je entrer en extase, trempé par cette pluie de dévotion !

Ponnūñcal āṭāyō (tamoul)

ponnūñcal āṭāyō ennammā
ponmēni siridē sāyndu koḷḷa

O Mère ! Viendras-Tu T'appuyer un moment contre la balançoire d'or, pour jouer?

eṇṇattin ōṭṭamum aṭankiṭavē
untiru malaraṭi sērndiṭavē
eṇṇamatil nī enṭrum niraindiṭavē
unpāda sēvai nittam seytiṭavē

Pour calmer mes pensées, pour me bénir, afin que je me fonde en Tes pieds sacrés. Pour remplir mon cœur à jamais de Ta pensée, pour me bénir, que je serve éternellement Tes pieds sacrés.

uḷḷattin kavalaikaḷ kaḷaindiṭavē
uṇmaiyenum narpayir vidaittiṭavē
uḷḷamatum meypporuḷai uṇarndiṭavē
uṇmaiyāga vanda tāyum nīyallavō

Pour me libérer de mes souffrances intérieures ; pour semer la graine de la Vérité dans mon esprit. Pour m'aider à réaliser la vérité… n'es-Tu pas la Mère réelle, venue pour cela ?

āṭāyō... ennammā... ponnūñcal āṭāyō

Viendras-Tu jouer, O Mère, viendras-Tu jouer sur la balançoire en or ?

Pōṭṭadellām ponnākkum (tamoul)

pōṭṭadellām ponnākkum
inda bhūmi enkaḷ daivamamma
pozhutellām pon tūvum
anda sūriyanum daivamamma
vānattilē mazhai mēgham
indiranum daivamamma
varappellām nīr niraikkum
anda varuṇanum daivamamma

Tout ce que l'on met dans la terre nous revient sous forme d'or ; cette Terre, notre Mère, est notre dieu. Pendant le jour le soleil brille. Ce soleil est notre dieu. Le Seigneur Indra, dieu du Ciel et des nuages, et Varuna, dieu de la pluie, qui arrose les champs, tous sont nos dieux.

kuraiyellām nīkki namma kulamellām tazhaittōnga
kuru vaṭivāy vandinkē koluvirukkum māriyammā
karuṇaiyōṭu kāttiṭuvāy inda kāḷīyammā
varumaiyellām pōkki vazhi kāṭṭiṭuvāḷ māriyammā

Fais disparaître toutes nos limitations et accorde la prospérité à nos familles. Mariamma est assise ici sous la forme du guru. Fais disparaître toutes les formes de pauvreté et guide-nous vers la prospérité. Mariamma répand sa grâce sous l'aspect de Mère Kali.

ammā avaḷ aruḷmazhayāl aruvaṭaiyum perukiṭavē
kanalēnti bhaktiyuṭan pāṭi vantōmmā
āvalōṭu unnazhaku mukham kāṇa tiruvaṭi tēṭi vantōmā
anpu daivam unnai tānē anudinamum tudippōmā

O Amma, daigne accorder Ta grâce pour que la récolte soit bonne. Nous sommes venus en chantant avec dévotion et en portant des lampes. Nous sommes venus voir Ton beau visage et nous prosterner à Tes pieds de lotus. Tu es notre déesse pleine d'amour, et nous T'adorons chaque jour.

aḷḷittanda āttāḷukku aruvaṭaiyai paṭayal vaikka
tuḷḷikkudittu ponkal vaittōm tūyavaḷē unnai azhaittōm
kāḷī triśūli ammā kanivuṭanē vantiranki
māri makamāyi tāyē makizhvuṭanē ēttrukoḷvāy

Nous offrons la récolte à la Mère qui a donné en abondance. Nous offrons du pudding sucré (Pongal) et nous invoquons la Mère de Pureté. O Mère Kali, qui portes le trident, Amma, sois compatissante, viens et accepte nos offrandes avec joie !

māryammā ava aruḷiruntāl
makkaḷellām makizhvaṭaivār
manattērilammā ēri nindru māsellām pōkkiṭuvāy

O Mariamma ! Tes enfants seront heureux si Ta grâce est présente. Daigne monter dans le char de mon mental et le purifier de toute impureté !

Prabhū pyār kī (hindi)

prabhū pyār kī jyot jalāvo
viṣayan kī citā sajāvo

Allume la lampe de l'amour de Dieu, mets le feu au bûcher de tes désirs.

mṛg tṛṣṇā mē jīvan khoyā
sach kā dhan barsāvo

Tu as gâché ta vie à courir après des désirs bestiaux. Cherche maintenant la richesse de la Vérité !

man sankalp vikalp mē uljhā
icchā prabal banāvo

Le mental est perplexe, incapable de choisir ou de décider. Renforce ta volonté.

thak hārā me khel khilone
ab tum hiya bas jāvo

A force de m'amuser avec tous ces jouets, me voilà fatigué, épuisé. Seigneur, viens donc enfin résider dans mon cœur.

mē nirbal nisāhay paḍā hum
bhuj mē āp uṭhāvo

Je gis, impuissant et faible, prends-moi dans Tes bras.

rūpo se tum man bharmātte
saty-rūp dikhalāvo

Tes formes multiples plongent mon mental dans l'illusion. Montre-moi Ta forme réelle !

Prāṇeśvarī (malayalam 2015)

prāṇeśvarī prāṇatantriyil
minnunnu
prēmāśrubindukkaḷ innanēkam

Déesse qui m'a donné la vie, qui m'a donné le rythme de l'instrument de ma vie.

bhaktānuvarttinī! Nityānuruktan
ninakkāy koruttiṭām tārahāram
ninakkāy koruttiṭām tārahāram

Des larmes d'amour coulent en abondance des accords rythmés de la vie, elles étincellent ; je ferai pour Toi une guirlande d'étoiles.

nirayunnu nayanam virakoḷvū kaṇṭham
ariyāte viṭarunnu hṛdayapatmam
vinayārdra cittam nukarum saharṣam

Mes yeux débordent de larmes, ma voix tremble, le lotus de mon cœur s'épanouit sans que j'en aie conscience. L'humilité a fait fondre mon coeur qui, en extase, savoure le nectar que Tu répands avec compassion.

kanivārnnu nī tūkum
amṛtavarṣam
kanivārnnu nī tūkum
amṛtavarṣam

Mon cœur, son rythme, doux et humble, sont maintenant en extase ; daigne répandre la pluie de nectar de Ton amour.

uttunga saubhāgyajālaṅgaḷillātta
nissāra putranāṇennākilum
sundarī! nin divya lāvaṇyapūrattil

Je ne suis qu'un de Tes fils, insignifiant, je ne suis pas au sommet de la bonne fortune. O belle Déesse !

nirllīnamen hṛttil nityōtsavam
nirllīnamen hṛttil nityōtsavam

Dans mon cœur, plongé dans l'éclat divin de Ta beauté, c'est toujours la fête.

cintakkagamyayām cinmayī! rūpiṇī
citkalē saccidānandamūrttē
cintāmaṇisthitē nin sparśamēttorī

O Toi, forme de mon âme éternelle, que la pensée ne peut atteindre ! Lune radieuse de la vérité, Conscience, béatitude de mon cœur, Tu résides dans Chintamani.

dhanyamām janmam ānandasāndram
dhanyamām janmam ānandasāndram

Cette vie, si elle est bénie par Ton contact, devient un océan de béatitude.

Prati lēdu (telugu)

prati lēdu nī prēmaku jagajjanani saritūgarū nīkevvarū
trilōkālalōnū trikālālalōnū saritūgarū nīkevvarū

Ton amour est sans égal. Dans les trois mondes et dans les trois dimensions du temps (passé, présent et futur), Tu n'as pas d'équivalent.

ellalerugani prēma kallalerugani karuṇā
dūramerugani ūta bēdhamerugani rakṣa
sāṭilēnēlēni mātṛvātsalyamu
prati lēdu nī vāsiki
jagatpālini saritūgarū nīkevvarū

Ton Amour est sans frontière, Ta compassion sans fausseté. La distance n'est pas un obstacle à Ton soutien et Ta protection ne fait pas de discrimination. Rien ne vaut Ton affection maternelle. Ta gloire est incomparable et nul ne T'égale.

prēmayē pāśamu prēmayē karavālamu
prēmatō gelicēvu andarī manasulanu
prēmatō śilalanu malicēvu śilpālugā
prati lēdu nī śailiki
mahāśilpi saritūgarū nīkevvarū

L'amour est à la fois la corde qui nous lie à Toi et Ton épée. Par l'amour, Tu gagnes tous les cœurs et Tu sculptes ensuite dans le roc une forme divine. Ton style est sans équivalent. Tu es sans égale.

tēnakai tummedalu cērunu pūvu cuṭṭū
surāsurulu narula kūḍā gumigūḍedaru
paridhi lēnī valayāniki kēndramu nīvu
prati lēdu nī vaśamuku
jagatkāriṇi saritūgarū nīkevvarū

Comme les abeilles, en quête de nectar, se rassemblent autour d'une fleur, les dieux, les démons et les humains se rassemblent autour de Toi. Tu es le centre d'un cercle sans circonférence. Ton charme est incomparable. Tu es sans égale.

Premasandāyini (marathi)

prēmasandāyinī bhaktipradāyinī
dayāmayī ambā jagadōddhāriṇī

O Mère, Tu éveilles l'amour et donnes la dévotion ; Tu es la Déesse miséricordieuse qui élève la conscience du monde.

śaktirūpī ambā vyāpī carācarī
anantbhāv tav sṛṣṭicakr phirī
karmabhaktī jñān de sakalā uddharī
prēmasandāyinī jagadōddhāriṇī

O Mère, sous la forme de l'Énergie primordiale, Tu es présente dans toute la création ; Tes formes en nombre infini la préservent. O Mère, Toi qui éveilles l'amour et élèves tous les êtres, daigne nous accorder la Connaissance, la dévotion et la force d'agir justement, daigne élever tous les êtres.

satkāry ghaḍū dē nirantar sēvā
kāyā vācā manī arpūni bhāva

hīts kharī sādhanā sukṛtātsā ṭhevā
bhaktipradāyinī jagadōddhāriṇī

Puissions-nous toujours accomplir des actes justes et Te servir, en offrant notre dévotion sous la forme de paroles, de pensées et d'actions. Cela seul peut être considéré comme une vraie sadhana et le fruit d'un bon karma. O Mère, Tu accordes la dévotion et Tu élèves la conscience de tous les êtres.

tav smaraṇe manī guṇgān gāyī
sadā antarangi anubhūtī yē-ī
jīvan sārth zhāle līn tav ṭhāyī
dayāmayī ambā jagadōddhāriṇī

Je chante Ta gloire en pensant à Toi ; je ressens Ta Présence en moi. O Mère compatissante qui élève la conscience de tous les êtres, en m'abandonnant entièrement à Toi, j'ai trouvé la plénitude.

udē-g ambē udē-g ambē udē-g ambē ā-ī

Gloire à Mère !

Prēmasūrya (kannada)

prēmasūrya nīnu udisi bandeyā
bimmanendu lōka beḷagu tiruveyā
manadi mōḍa kavidu enage kāṇadāgide
ninna vaibhava ninna pūrṇṇaprabhe

O Soleil de l'amour divin ! Es-Tu levé ? Brilles-Tu sur le monde ? Les nuages se sont rassemblés dans mon mental, je suis incapable de voir Ta gloire, Ta splendeur, dans toute leur plénitude.

ninna beḷakkinallē lōka beḷagīde
nissargavellā ninna bhavya niyamave
mōḍavemba līlayū ninna sṛṣṭiye
bēḍutiruve tōribā jñāna-sūryane

Ta Lumière seule fait tourner le monde. La Nature entière observe Tes lois. Le jeu des nuages fait aussi partie de Ta création. O Soleil de la création, je T'en supplie, révèle-Toi, que je puisse Te voir !

andheyalla nānu ninna kāṇabayassūve
manadamōḍa sarissu guruve kṛpe tōru nī
antaranga hogalī ninna prēmakiraṇa
hṛdayavaraḷī āgalenna janma pāvana

Je ne suis pas aveugle. J'aspire à Te voir. O Guru, daigne faire preuve de compassion et disperser les nuages qui règnent dans mon mental. Puissent les rayons de Ton amour pénétrer en moi, puisse mon cœur s'épanouir et ma vie atteindre son but sacré.

Puṇḍalika varadā (marathi)

puṇḍalika varadā karuṇākarā
śrīharī ubhā bhīmā tīrā
nārāyaṇa harī pāṇḍurangā
viṭṭhala viṭṭhala śrīpāṇḍurangā

Sur les berges de la rivière Bhima, le Seigneur Hari est présent. Plein de compassion, Il a répandu Sa bénédiction sur Pundalika. Absorbons-nous dans les doux noms du Seigneur, Narayana, Vitthala, Panduranga !

dēvakī nandana prēmasindhō
ānāth-nāthā dīnabandhō
nārāyaṇa harī pāṇḍurangā
viṭṭhala viṭṭhala śrīpāṇḍurangā

Le Fils de Dévaki est un océan d'amour ; Il est le refuge des malheureux, la famille des infortunés. Absorbons-nous dans les doux noms du Seigneur, Narayana, Vitthala, Panduranga !

bhaktavatsalā paṇḍarināthā
smaraṇa mātrē harē bhavacintā
nārāyaṇa harī pāṇḍurangā
viṭṭhala viṭṭhala śrīpāṇḍurangā

Vitthala, le Seigneur de Pandharpur, est plein d'amour pour les dévots. La seule pensée de Vitthala suffit à balayer toutes les angoisses. Absorbons-nous dans les doux noms du Seigneur : Narayana, Vitthala, Panduranga !

dīnadayāḷā kṛṣṇagōpāḷā
kaivalyadhāmā bhakta pratipāḷā
nārāyaṇa hari pāṇḍurangā
viṭṭhala viṭṭhala śrīpāṇḍurangā

Krishna, le petit pâtre, est plein de compassion pour les malheureux. Il prend soin des dévots et les conduit à la Libération. Absorbons-nous dans les doux noms du Seigneur : Narayana, Vitthala, Panduranga.

parabrahma anādi anantā
pāṇḍuranga harī rakhumāī nāthā
nārāyaṇa harī pāṇḍurangā
viṭṭhala viṭṭhala śrīpāṇḍurangā

Le Seigneur de Rukmini, Panduranga, est sans commencement ni fin. Il est le suprême Brahman. Absorbons-nous dans les doux noms du Seigneur : Narayana, Vitthala, Panduranga !

viṭṭhala viṭṭhala pāṇḍurangā
jay jay viṭṭhala pāṇḍurangā
viṭṭhala viṭṭhala pāṇḍurangā
jay jay viṭṭhala pāṇḍurangā
viṭṭhala viṭṭhala viṭṭhala viṭṭhala
viṭṭhala viṭṭhala viṭṭhala viṭṭhala

Gloire au Seigneur Vitthala Panduranga

Puṭṭa kṛṣṇa (kannada)

puṭṭa kṛṣṇa muddu kṛṣṇā
cikka kṛṣṇa celuva kṛṣṇā
puṭṭa kṛṣṇa muddu kṛṣṇā
cikka kṛṣṇa celuva kṛṣṇā

Bébé Krishna, Krishna chéri, petit Krishna, bel enfant Krishna !

kṛṣṇa bandakṛṣṇa banda nōḍirō
bālakṛṣṇa bandā kaimugiyirō
ītanu sāmānyanalla teḷiyirō
ivana mahimē hāḍuvenu kēḷirō

Avez-vous tous vu Krishna venir ? Le petit Krishna est venu, les mains jointes en prière. Essayez de comprendre qu'Il n'est pas un enfant ordinaire. Je vais chanter Sa gloire. Veuillez écouter…

jananigē bāyalli jagavatōrisidā kṛṣṇā
śakaṭāsurapūtaniyara marddisidā kṛṣṇā
duṣṭa kāḷītuliyuta śikṣisidā kṛṣṇā
giriyetti gollara samrakṣisidā kṛṣṇā

Le Seigneur Krishna a ouvert la bouche et a montré à Sa mère l'univers entier contenu en elle. C'est Lui qui a tué les démons Sakatasura et Putana. Le Seigneur Krishna a puni Kalinga, le serpent venimeux, en dansant sur son capuchon. Le Seigneur Krishna a soulevé la montagne Govardhana et a protégé ainsi tout Gokul.

māva kamsa darppadhvamsa goḷisidanā kṛṣṇā
rāsalīlē gōpikaḷoṭan āṭinalita kṛṣṇā
mitrakucēlanigē accu meccāda kṛṣṇā
hogaḷalheccu padagaḷu siluganta kṛṣṇā

Le Seigneur Krishna a détruit l'ego de Son méchant oncle Kamsa. Le Seigneur a dansé la « rasa lila » avec les laitières. O Seigneur Krishna, Tu es le favori de Ton ami Kuchela. Nous chanterons

Ta gloire jusqu'à ce que nous atteignions Tes Pieds de lotus, O Krishna.

aguḷannadi yatigaḷudara tumbisidā kṛṣṇā
sabhayalidraupadi mānava kāppāṭida kṛṣṇā
gītōpadēśa nīḍi upakarisida kṛṣṇā
śaraṇara yōgakṣēma pālipa śrīkṛṣṇā

Le Seigneur Krishna éleva à Lui les saints qui vivaient sur les berges de la rivière Agula. Le Seigneur Krishna sauva Draupadi du déshonneur devant toute la cour assemblée. Le Seigneur Krishna nous a donné la Bhagavad Gita, le suprême trésor de connaissance. Le Seigneur Krishna prend soin de ceux qui s'abandonnent à Lui de tout leur cœur.

Queen of my heart (anglais)

Queen of my heart, I have opened the door;
O when will you come to find me?
I await that day like the coming of the dawn,
when your eyes will meet mine finally.

Reine de mon cœur, j'ai ouvert la porte. Quand viendras-Tu me trouver ? Comme on attend l'aube, j'attends le jour où nos yeux se rencontreront enfin.

Though the night is drawing near,
your name is on my tongue
if it's my fate that we won't meet,
then in my heart I'll sing you this song.

La nuit approche, Ton nom est sur mes lèvres. Si mon destin est que notre rencontre n'ait pas lieu, alors je Te chanterai cette chanson dans mon cœur.

Light of the morning,
hope of the fallen,
Goddess of all things,
please hear me calling.
Durge Mata, Durge Mata.

Lumière matinale, espoir de ceux qui ont chuté Déesse de toutes choses, Entends mon appel, Durge Mata, Durge Mata.

The night has come, still you're not here;
is there a hope for me?
Of what worth is a life
that does not bring me to your feet?

La nuit est venue et Tu n'es toujours pas là. Y a-t-il un espoir pour moi ? A quoi bon une vie qui ne m'amène pas à Tes pieds ?

Rādhā gōvinda (telugu)

rādhā gōvinda kṛṣṇā kṛṣṇā
kēśava mādhava kṛṣṇā kṛṣṇā
kṛṣṇā kṛṣṇā kṛṣṇā kṛṣṇā

O Radha, Govinda, Krishna! O Kesava, Madhava, Krishna! Victoire à Krishna!

vēdānta pāṭham mākēla kṛṣṇā
vēdāntam nīvaite kṛṣṇā kṛṣṇā
sṛṣṭi māyavādam mākēla kṛṣṇā
unnadi nīvē kādā kṛṣṇā kṛṣṇā

De quelle manière les enseignements du Védanta nous aident-ils, O Krishna, quand Toi-même, la « Fin de toute connaissance », Tu es avec nous ? Comment la vision de la création comme une illusion nous est-elle bénéfique, O Krishna, quand Toi seul, omniprésent, existes dans la création ?

mannu tinna nōru cūpu kṛṣṇā
viśvamē nīlō unnadi kṛṣṇā
jagamē nīlīlā svapnamu kṛṣṇā
brahmamu nīvē kādā kṛṣṇā kṛṣṇā

O Krishna, s'il Te plaît, ouvre cette bouche qui a mangé de la terre ! Ah ! La création entière est en Toi, Krishna ! Ce monde en changement constant, est-il Ton jeu cosmique, un grand rêve, O Krishna ? Toi seul es la réalité ultime !

nī kathalē māku śravaṇamu kṛṣṇā
nī līlē mananamu kṛṣṇā kṛṣṇā
nī rūpamē māku dhyānamu kṛṣṇā
nī pai prēmanu ivvu kṛṣṇā kṛṣṇā

L'écoute des Écritures, c'est pour nous celle des récits de Tes prouesses ! Contempler Tes jeux divins revient à méditer les paroles des Écritures, O Krishna ! Méditer sur Ta forme, c'est notre méditation sur la Vérité ultime, O Krishna ! Daigne nous bénir, accorde-nous un cœur qui T'aime éternellement, Krishna !

Rādhārāṇī ke pyāre (hindi)

he kṛṣṇa, karuṇāsindho, dīnabandho jagatpate
gopeśa gopikākānta rādhākānta namostute
namostute

O Krishna, Océan de compassion, Toi l'Ami des malheureux, Seigneur du monde, Seigneur des gopas, Bien-Aimé des gopis, Bien-aimé de Radha, nous nous prosternons devant Toi.

rādhārāṇī ke pyāre ghanaśyām
bole rādhā se gāve nāce ham
tīnon lokon ke vāsī mugdh ho
bole milke sab 'rādhe rādhe śyām'

O Krishna, dont le teint a la couleur des nuages de pluie, Tu es le Bien-aimé de Radha. Chantons et dansons avec Radha. Tu résides dans les trois mondes, Tu resplendis de beauté. Chantons ensemble 'Radhe Radhe Shyam."

sab gvālon ne ākar diyā sāth
rāskelī me hone lagā śor
jayjay kāron se gūnjā sārā lok
rādhe rādhe śyām jay jay rādhe śyām

Tous les pâtres T'accompagnaient, la danse Rasa était une fête pleine de béatitude. Le monde entier résonnait de leurs chants, « Gloire, gloire! » O Radhe Shyam! Gloire à Radhe Shyam!

bole rādhe rādhe rādhe rādhe rādhe ghanaśyām
rādhe ghanaśyām... jay
rādhe ghanaśyām... jay
rādhe ghanaśyām... jay
rādhe rādhe rādhe rādhe rādhe ghanaśyām

Chantons : « Radhe Radhe Ghanashyam ». Gloire à Radhe Ghanashyam!

vṛjbhūmi kā mānas uṭhā jāg
jamunā se āyī mṛdul āvāz
phulvārī ke phūl khilke ḍol
nāce 'rādhe śyām' bole barse

Tout Vrindavan s'éveilla, au son mélodieux de la rivière Yamuna, Les fleurs s'épanouirent et tombèrent en pluie, disant: « Radhe Shyam, danse »

Rādheśyām rādheśyām (hindi 2015)

rādheśyām rādheśyām
taṭpat hūn mem yād mem terī
nā jānū viśrām

Radheshyam, O Radheshyam, mon cœur a soif de Te voir, il ne connaît pas le repos !

bāvri kehke mīrā par sab haste hai
nirmohī ke jāl me phas gayī kahte hai

Tous se moquent de Mira et la traitent de folle. Ils disent qu'elle est tombée dans un piège en aimant un être au cœur de pierre.

jānte hai vo phir bhī
sab anjāne he
rādheśyām rādheśyām

Ils connaissent pourtant tous la vérité, mais ils agissent comme s'ils l'ignoraient, O Radheshyam !

śyām binā man ekākī hai mele me
lāge nā man is duniyāke jamele me

Sans Shyam, mon cœur se sent seul au milieu de la multitude. Je n'aime plus les foules de ce monde.

kis se kahū me man kī
vyathā koyi jāne nā
rādheśyām rādheśyām

A qui confierai-je la douleur de mon cœur ? Nul ne la comprend, O Radheshyam.

Rāga vairikaḷ (version en telugu)

rāga dvēṣamu tolaganī
duḥkhātiśayamū śamincanī
mānasam bhava śōka tāriṇī
ammalō vilīnamai

pāpa pūrita chāyalantamai
tattvamu dṛḍhamavvanī

chinmayī nī darśanam tō
chitta bhramalū aṇaganī

manō vyadhalū antamavvanī
bhēda bhāvam naśincanī
dhanyamavvanī ī nā janmamu
man manō sukha kāriṇi

tāpanāśini nī madhūsmitam
nannu anughrahincanī
āśāpāśamulannī tunci – nī
śānti dhāmamu cērani

Rāmā jaya jaya rāmā (kannada)

rāmā jaya jaya rāmā
japisuvē rāmā mangaḷa nāmā
rāma rāma jaya jaya rāmā

Gloire au Seigneur Rama ! Chantons Son nom propice !

śaraṇāgata jana paripālā
vaidēhi arppita mālā
pūrita vividha līlā jālā
rakkasarigē nī kālā

Il protège ceux qui s'abandonnent à Lui. Sita L'a choisi pour époux en Lui passant une guirlande autour du cou. Dans Son drame divin, Il a joué de nombreux rôles. Il a éliminé les démons.

rāmā jaya jaya rāmā

Gloire au Seigneur Rama !

daśaratha suta jagadōddhārā
sītā vallabha vānara sēvyā
lakṣmaṇāgrajā lavakuśa janakā
rakṣisu namma anavaratā

Fils de Dasaratha, le Seigneur Rama élève la conscience du monde. Rama, l'époux de Sita, a eu les singes pour alliés. Il est le frère de Lakshmana, le père de Lava et de Kusha. O Rama, daigne toujours veiller sur nous.

dīnōddhāraka dharma pālakā
durita nivāraka bhavabhaya hāraka
karuṇārasa śāśvata sukhadāyaka
prēma bhakti mōkṣa pradāyaka

Il apporte le salut à ceux qui ont chuté, Il protège le dharma, Il met fin au malheur et à la peur due au cycle de la transmigration. Océan de compassion, Il donne le bonheur éternel, Il accorde la dévotion suprême et la libération.

Rām nām ras (hindi)

rām nām ras taj kar manuvā
dūje ras apnāye
choḍ amararatā dhām yah paglā
janmon men bhaṭkāye

Ayant abandonné le doux nom du Seigneur, le mental s'est entiché d'autres plaisirs. Plongé dans l'illusion, il a quitté la demeure de l'immortalité et nous contraint à errer, perdus, dans le cycle implacable des naissances et des morts.

duśman apnā merā hī man
kis par doṣ lagāvū
rām kī naiyyā ṭhukrā kar me
khud hī ḍūbā jāvū
dvār khulā hai prabhu kī dayā kā
isko nazar na āye
manuvā dūje ras apnāye
janmon men bhaṭkāye

Puisque l'ennemi est mon propre mental, qui donc pourrais-je blâmer ? Je rejette le Seigneur, qui me ferait traverser cet océan, et je ne cherche au contraire qu'à me noyer. Les portes de la compassion du Seigneur sont toujours ouvertes, mais mon mental ne les voit pas. Il s'est entiché d'autres plaisirs et nous contraint à errer, perdus, dans le cycle implacable des naissances et des morts.

nāmāmṛt hī madhur hai jag me
śeṣ sabhī zaharīle
mān sarovar choḍ ke mūrakh
kyon pīve jal maile
kṣaṇ kṣaṇ me caltā apne ko
mṛg tṛṣṇā me jāye
manuvā dūje ras apnāye
janmon men bhaṭkāye

La seule douceur en ce monde est le nom du Seigneur. Tout le reste est du poison. O mon mental, tu es bien sot, pourquoi insistes-tu pour boire de l'eau sale alors que tu pourrais boire à la source éternelle de la béatitude du Soi ? A chaque instant le mental se consume dans des désirs illusoires et sans fin. Il recherche les plaisirs. Il nous contraint à errer, perdus, dans le cycle implacable des naissances et des morts.

bolo rām rām rām
sīyā rām rām rām

Chante le nom de Rama, chante le nom de Sita Rama !

Rasika rāj (hindi)

rasikarāj braja bhūmi bihārī
nanda dulāre natjanapāl
nīrajāvar nirmal nirupam
nityanirāmay bhajle

bhajle bhajle bhajle bhajle
bhaj bhaj bhajle bhajle bhajle

O Seigneur de tous les arts, Tu gambades dans Vrindavan, Fils affectueux de Nanda, amis des gopas. Chantons le nom de l'Enfant aux yeux de lotus, Il est le pur Soi, incomparable et toujours vainqueur !

bhaj kṛṣṇa kṛṣṇa kṛṣṇa
bhaj bhakta citta cōrā
bhaj nityanṛtta lōlā
bhaj satya cit svarūpā
bhaj candana carchita
sundaradeha manōhara nandasuta

Chantons le nom de Krishna, le danseur enchanteur qui captive les cœurs des dévots ! Chantons le nom de Celui qui est le vrai Soi ! Chantons le nom du bel Enfant dont parle toute la ville, qui ravit tous les cœurs, le Fils de Nanda !

nīradsam śūbha angmanōhar
nirakh nirantar nainā
citt curāvan cārubilōcan
barasat karuṇā ham par

Ta forme est charmante et propice, Tu prends soin des dévots. Tes yeux qui regardent dans toutes les directions captivent les cœurs de Tes dévots. Daigne répandre sur nous Ta grâce et Ta compassion !

śūka nārada sanakādi munīśvar
śūbha mangal nit gāve
bansumbhūṣit madana gopāl jō
manmē nitya birāje

Tous les grands saints tels que Suka, Narada et Sanak chantent constamment Ta gloire. Tu es paré de fleurs sauvages, O petit pâtre, Tu résides dans le cœur de Tes dévots.

brajbanitāṣat nāce gāve
murali bajāvē kānhā
kōṭikōṭi kandarp lajāve
rūp nihāri nihāri

Tous les gens de Vrindavan chantent et dansent au son de la flûte de Krishna. Des milliers de gopis rougissent en contemplant la beauté de Krishna !

Sādi tōjāle (tulu)

sādi tōjāle satyōdu sādi tōjāle
nemmadida sukha badukugu sādi tōjāle
ātmaśakti korulemma kaṣṭolen sahisare
paramapāvane dēvi namaku īrē āsare

Montre-moi le chemin vers la Vérité, le moyen de mener une vie où règnent la paix et le bonheur. O Mère, accorde-moi la confiance en l'*Atman* (le Soi) nécessaire pour supporter les chagrins. O Devi si pure, Tu es notre seul refuge.

nanala bōḍu nanala bōḍu namaku panpi āselu
dūramaltuṇḍu manaḥ-śanti samādhāno
svārtha buddhi uppunaga pōparīr dūranē
divya jñāna bhakti kordu kāpulemma bēgane

De nombreux désirs cachés nous tourmentent et brisent notre paix intérieure. Le mental, toujours égoïste, nous éloigne de la paix. Sauve-nous, O Mère, en nous accordant la connaissance divine et la dévotion !

paramēśvari dēvi ambikē mahāmāyē (2)

O Déesse suprême, Mère, grande illusion !

jīvanada duḥkhōlegu manassonje kāraṇa
satsanga kīrttaneḍe untālemma manassunu

ātma yān śarīro attu panpi bōdha korppadu
dāṭṭalemma bhava-sāgara dēvi karuṇāmayi

Le mental instable est la seule cause des souffrances que nous traversons dans cette vie. Bénis-nous, afin que grâce au *satsang* et au *kirtan* notre cœur soit purifié. Ainsi, grâce à la juste connaissance, nous pourrons élever notre conscience. Aide-nous à traverser cet océan de la transmigration, O Déesse miséricordieuse !

Sāgara cēpaku (telugu)

sāgara cēpaku teliyadu dāhamu
jijñāsa lēni nī centa un
nī biḍḍanamma! nī biḍḍanamma!

Le poisson qui nage dans l'océan ignore la soif. Bien que cette enfant vive en Ta divine Présence, elle manque d'enthousiasme spirituel.

vajrapu viluva bāluḍiki teliyadu
candanapu vāsana varāhamerugadu
dīpapu kānti tana nīḍana sōkadu
māyalōni nāku nī mahima kānadu

Un bébé ignore la valeur d'un diamant. Un cochon ne peut apprécier le parfum du bois de santal. La lumière d'une lampe n'illumine pas son ombre. Aveuglé par maya, je suis incapable de percevoir Ta divinité.

pāhi parātparē jagadambā
śaraṇam śankari jagadambā

O Mère de l'univers, protège-nous, accorde-nous refuge.

voḍḍuna paḍi vilavilalāḍē
cēpaku telusu nīṭina sukhamu
sādhana cēsi manassunu gelavani
jijñāsiki telusu sadguru mahima

Seul un poisson hors de l'eau, qui étouffe, apprécie le bonheur de vivre dans l'eau. Seul un chercheur qui n'a pas réussi à maîtriser le mental après une sadhana vigoureuse apprécie la grandeur d'un satguru.

samsāra kolanulo īdeṭi nannu
amṛtasāgaramulo paḍavēsi nāvu
arhatalēni ahambhāvinaina
dayacūpinannu kāpāḍavamma

Je nageais dans la mare de la fascination pour le monde. Tu m'as mise dans l'océan de l'immortalité. Égoïste comme je suis, je ne le mérite pas. O Mère, sois miséricordieuse et protège-moi.

Sāmbasadāśiva (tamoul)

sāmbasadāśiva sāmbasadāśiva
saccidānandanē sāmbaśivā

O Seigneur éternellement propice, accompagné de Mère Shakti ! Tu es l'Incarnation de l'être, conscience et béatitude.

poyyāṁ ulakaṁ purindiṭavē
meyyāy unpadaṁ puṇarndiṭavē
nādan un mahimai pāṭukirēn
namaḥ śivāya ena kūrukirēn

Afin de connaître la nature illusoire du monde et d'atteindre Tes pieds, qui sont la vérité, je chante Tes louanges et psalmodie « Namah Shivaya ».

vēdattin nāyakanē dēvā
mādorubhāgan ānavanē
māl ayan kāṇā pēroḷiyē
ālayamāguṁ ānandamē
sāmba sadāśiva... sāmba sadāśiva
sāmba sadāśiva... sāmba sadāśiva

O Seigneur, Tu es le dieu qui préside aux quatre Vedas, la moitié de Ton corps est Shakti. Même les dieux Vishnu et Brahma n'ont pas réussi à voir Ta forme lumineuse. Tu es la Béatitude dans laquelle tous les êtres se fondent. O Seigneur éternellement propice, accompagné de Mère Shakti.

Samsāraduḥkha (version telugu)

samsāraduḥkha śamanam cēyyū
priyamaina lōkajananī
nī divyahasta caluvē satatam
satatam māku abhayam

andhatvamulō munigē jīva
bṛndānikamma śaraṇam
āpadalō māku abhayam - amma
nī pādapadma smaraṇam

sāntam bhramiñci hṛdayam - ghōra
timiramlō cikki tirigē
ī dusthitīki śamanam - amma
nī nāmarūpa mananam

sandīptalōla nayanā - lēnu
nā mānasamnu kadipe
nī pādapadmam cēra - adi
okkaṭṭē māku mārgam

Śankaranandana (hindi)

śankaranandana pankajalocana
sankaṭmocana mangaḷadāyaka
dantikaḷebara santata sundara
sindhura nāyaka siddhivināyaka

O Fils de Shiva, Toi aux yeux de lotus, Tu nous libères du chagrin, Tu accordes ce qui est propice. O Siddhi Vinayaka, Toi au visage d'éléphant, chef des éléphants, Ta beauté est éternelle.

ādiganeśvara bhūtividhāyaka
mañjuḷa mānasa mattagajānana
mūṣikavāhana vighnavibhañjana
vandita nandita candana bhūṣita
gaṇanāthā śubhadātā vardātā he jagannāthā

O Ganesha, Tu apportes la prospérité, que Ton cœur est beau ! O Gajanana, Tu as pour véhicule une souris. O Toi qui détruis les obstacles, nous Te saluons, O Seigneur des Ganas. Tu accordes ce qui est bon, Tu accordes des faveurs, O Seigneur de tous les mondes !

gaṇapati jay jay boliye
surapati jay jay boliye
śivsuta jay jay boliye
sukhakara jay jay boliye

Gloire à Ganapati, gloire à Surapati, gloire au fils de Shiva, Gloire à celui qui donne le bonheur !

adbhutabālaka viśrutavikrama
nirjjara pūjita nirguṇa niścala
vāraṇa vigraha vānchita dāyaka
dānava dāraṇa nīrada śyāmaḷa
gaṇanāthā śubhadātā vardātā he jagannāthā

O merveilleux enfant à la force formidable, Tu es adoré par les dieux. Tu transcendes les gunas, Toi que rien n'affecte, Tu as la forme d'un éléphant. Tu exauces les désirs de Tes dévots, Tu anéantis les démons, O Seigneur des Ganas, Tu accordes ce qui est bon, Tu accordes des faveurs, O Seigneur de tous les mondes !

Sānnu pīkh (punjabi)

sānnu pīkh pāde māyiye sānnu pīkh pāde mā
terī pagtī dī ō mayyā sānnu pīkh pāde mā
de dātī de dātī terī pagtī sānnu de dātī

O Mère, accorde-nous l'aumône. (nous mendions). Daigne nous faire l'aumône ! Fais-nous l'aumône de la dévotion pour Toi. O Mère, daigne nous accorder l'aumône ! O Mère, accorde-nous la dévotion pour Toi !

o sānnu hiknāl lāle māyiye
dukh dard miṭāḍe māyiye
sāḍhi ghālī cōḷi par de - sānnu pīkh pāde mā
de dātī de dātī terī pagtī sānnu de dātī

Mère, serre-nous contre Ton coeur, balaye nos chagrins et nos souffrances. Mère, remplis nos bols vides de mendiants en nous faisant l'aumône (de la dévotion) !

ō azi maneyā... azi pāpī...
sānnu bakṣi... ō dātī...
mā bacheyām... tōnni rusdī...
bacheyānnu... lā chāti...
de dātī de dātī terī pagtī sānnu de dātī

Il est vrai que nous avons péché mais daigne nous pardonner, Mère. Une mère ne se fâche jamais réellement contre ses enfants. Serre Tes enfants contre Toi.

pesā ṣoratnayi mangde
saccepagtā de kis kam de
caraṇā vicc lele māyiye
sānnu pīkh pāde mā
de dātī de dātī terī pagtī sānnu de dātī

O Mère, nous ne demandons ni les richesses ni la gloire. Elles sont inutiles à un vrai dévot. Accorde-nous refuge à Tes pieds de lotus. Mère, daigne nous faire l'aumône (de la dévotion) !

o din rātī... tere dātī...
tere pairī... karāmātī...
harṣetom... tere nā di...
khaṣbo he... mā āmdī...
de dātī de dātī terī pagtī sānnu de dātī

O Mère, même le jour et la nuit T'appartiennent, aucun faiseur de miracles n'approche la gloire de Tes pieds. O Mère, tout dans cette création exhale le parfum de Ton nom.

Santāpa hṛttinnu (malayalam)

santāpa hṛttinnu śānti-mantram
sandēha hṛttinnu jñāna-mantram
samphulla hṛttinnu prēma-mantram
anpārn-norammatan nāma-mantram

Pour le cœur affligé, Tu es le mantra de paix. Pour le mental en quête (de sens), Tu es le mantra de la connaissance. Pour le cœur épanoui, Tu es le mantra de l'amour.

centāraṭikaḷil ñān namippū
cintāmalaratil nī vasikkū
sandēhamillātta jñānamennum
samphulla hṛttil teḷiññiṭaṭṭe

Je me prosterne à Tes pieds de lotus. Tu demeures dans la fleur de ma pensée. Puisse cette connaissance absolue se refléter dans mon cœur, pleinement épanoui.

ennōṭenikkuḷḷa snēhamalla
ninnōṭenikkuḷḷa prēmammē!
amma-hātṛkkazhal tārillello
manmanaḥ ṣaḍpadam-āramippū

Mon amour pour Toi dépasse l'amour que j'ai pour moi. O Mère, l'abeille de mon cœur se réjouit à Tes pieds de lotus.

vārmazha-villaṅgu māññupōkum
vār tinkaḷ śōbhayaliññutīrum
māyukayill-ātmāvil ennum-amma
ānanda saundarya-dhāmamallo

L'arc-en-ciel s'évanouit, la splendeur de la Lune disparaît. Mais Toi, demeure de la Beauté enchanteresse et de la Béatitude de l'âme, jamais Tu ne t'effaceras de mon cœur.

Śaraṇennirō (kannada)

śaraṇennirō ammana pādake śaraṇu ennirō
jñānāmṛta guruvina pādake śaraṇennirō

Salutations aux pieds de la Mère divine ; Salutations aux pieds du guru qui répand sur nous le nectar de la connaissance.

niṣkalanka bhāva nimma nijaguṇa kāṇirō
nirmala prema nimma nijarūpa ariyirō
nijānanda paḍeyalu nijātmava tiḷiyirō
nīnē ellā nānēnu allā
nīnē ellā nānēnu allā
nīnē ellā ninē ellā ammā
nīnē ellā nānēnu allā

nīnē ellā nānēnu allā ennuta śaraṇennirō
ammana pādake śaraṇennirō

Elle est établie dans l'état de Pureté ; grâce à cela, Elle t'aidera à connaître ta nature réelle. Grâce à l'amour d'Amma, découvre ton vrai Soi. Pour goûter la béatitude éternelle, connais toi toi-même. Tu es tout, O Mère. Je ne suis rien. Prends refuge aux pieds de Mère, avec l'attitude : «Mère, Tu es tout, je ne suis rien. »

māḍuva karmā vellā ninnadamma ninnadu
nōḍuva nōṭṭa vellā ninnadamma ninnadu
kēḷuva daniyū ellā ninnadamma ninnadu
āḍuva nuḍiyū ellā ninnadamma ninnadu
ammana pādakke śaraṇennirō

Toutes mes actions Te sont offertes, tout ce que je vois, c'est Toi. La seule voix que j'entends, c'est la Tienne, Tout ce que je dis, ce sont Tes paroles. Salutations aux pieds de lotus de la Mère divine.

śaraṇennirō! nīvu
śaraṇennirō! īka
śaraṇennirō! bēka
śaraṇennirō!

Abandonnons-nous à Mère, abandonnons-nous maintenant, abandonnons-nous vite, corps et âme.

Satyattin sāram (tamoul)

satyattin sāram, vāzhvirkkādhāram
nimmati tarum nādam, śivāyam śivāyam

Le nom de Shiva est l'essence de la vérité et le substrat de la vie. Le son de Son nom nous donne la paix intérieure.

aṭiyārkaḷ pāṭum, iṭaiviṭātinnādam
kalankum manatirkku upāyam
śivāyam śivāyam śivāyam

Les dévots chantent constamment le nom de Shiva. Ce nom est le seul refuge du mental agité.

vēṇḍuvōrkkatu rūpam, nāṭuvōrkkatu tañcam
vīṭupettrai vazhankum śivāyam
śivāyam śivāyam śivāyam

Pour ceux qui pratiquent l'adoration, le nom est forme. Pour ceux qui cherchent, le nom est refuge. Le nom de Shiva est celui qui donne la réalisation du Soi.

śivamentra akṣaram, śivanirukkum akṣaram
uṇmaiyāna akṣaram śivāyam
śivāyam śivāyam śivāyam

Le Seigneur Shiva vit dans le mot Shivayam. Le mot réel est Shivayam, et il est impérissable.

Satyam jñānam (tamoul)

satyam jñānam anantam brahmaḥ

Brahman est la Vérité, la Sagesse et l'Infini.

kāṇum yāvaiyum māruvatuṇḍu
māttrattin pinnē mārātatonḍru
mārum poruḷin tēṭalai viṭṭu
mārā onṭril manadai niruttu

Tout ce que nous voyons est soumis au changement. Mais le substrat invisible de cet univers en changement constant est permanent. Cesse de courir après l'éphémère, fixe tes pensées sur l'Immuable.

arivenḍrarivatu pulanarivākum
aribavan tānē arivin svarūpam
uṇḍāna arivellām edanoḷiyil oḷirum
uṇarndadai arindiṭu un manadatil patittiṭu

Tout ce que nous connaissons est perçu par les organes des sens. Mais la Connaissance réelle est identique au Connaissant. Prends conscience de Cela, de ce qui illumine toute connaissance ordinaire. Fixe Ton mental sur cette Réalité suprême.

tōṇḍrā oṇḍru maraiyādirukkum
tōttrattirkkappāl nilaiyāyirukkum
tōṇḍruvatellām atilē tōṇḍrum
tōttram viṭṭu atilē oṭunkum

Le Soi ne peut cesser d'exister, Brahman est éternel, au-delà de toute manifestation. Tout le manifesté jaillit de Cela et se dissout de nouveau dans le Non-manifesté.

arivin vaṭivadu amṛta vaṭivē
ānanda vaṭivadu ananta vaṭivē
unnaiviṭṭillaiyadu ulakil uḷadeduvum
unadu mey vaṭivadu un manadatil patittiṭu

La véritable connaissance est immortalité, béatitude et éternité. Elle n'est pas séparée de Toi, elle ne se trouve pas dans le monde extérieur. Cela est ta nature éternelle. Fixe ton mental sur cette Vérité.

Seḷeyadirali ninna (kannada)

seḷeyadirali ninna kaṇṇōṭṭa mōhakate
bedarisadirali ninna bhīkarate
pādāravinda makaranda dāhi maridumbi
nānamma
maridumbi nānu
maridumbi nānamma
maridumbi nānu

O Mère, fais que je ne sois ni captivé par Tes regards ni terrifié par Ta férocité. Je ne suis qu'une petite abeille qui a soif du nectar de Tes pieds.

jayakāra jayakāra mahākāḷi
jayakāra jayakāra bhadrakāḷi
hrīmkāḷi mahākāḷi bhadrakāḷi

Gloire à Toi, O Mahakali, O Bhadrakali !
Gloire à Toi, Hrimkali, O Mahakali, O Bhadrakali.

puṭṭa kāḷi beṭṭa dantha śivana meṭṭi nintaḷu
rakkasara bechisalu katti śūla hiḍidaḷu

La petite Kali est debout sur Shiva, qui ressemble à une montagne. Pour terrifier les démons, Elle tient une épée et une lance.

kattaleya nungi kāḷi seṭedu koṇḍu nintaḷu
raktajinugo jihveya cācci tōrutiruvaḷu

Kali est bien droite, Elle avale les ténèbres, Elle tire sa langue d'où dégouline le sang.

caṇḍa muṇḍa nāśini muṇḍa māla dhāriṇi
śumbhādi daityara madavimarda nartini

Elle a tué des démons tels que Chanda et Munda, ou bien encore Shumba ; O Kali qui danse dans l'ivresse de l'extase !

bīja asura dhvamsini mahiṣa asura mardini
ahamkāra dvēṣini saddharma vardhini

Elle a tué les démons Bijasura et Mahishasura, Elle abhorre l'ego. Elle est le soutien de la vertu et du dharma.

Śēṣaśayana (kannada)

śēṣaśayana kamala nayanē
śrīnivāsa śrīdayānidhē
śrīdharā mukunda mādhavā – harē
madhur vadana madhusūdanā

O Seigneur Srinivasa, allongé sur le serpent Shesha ! Tu as des yeux de lotus, Tu es plein de compassion. Propice, Tu accordes la libération, Seigneur à la forme magnifique, Tu anéantis le mal.

hagalu iraḷu ninna bhajisihe
japatapānuṣṭhāna gaidihe
kṛpādṛṣṭi bīralārēyā
muddu mukhava tōralāreyā

Jour et nuit, je chante Ta gloire. Je chante Ton nom et je T'adore. Ne me lanceras-Tu pas un regard plein de compassion ? Ne me révèleras-Tu pas Ton doux visage plein d'amour ?

nanda nandanā ānanda mōhanā

Fils de Nanda, Tu nous enchantes, Seigneur de la Béatitude suprême.

ninna kāṇuvāsē mūḍidē
nīnē āśrayā kṛpānidhē
bhaktavatsalā nīnallavē
dīna bandhu birudu ninnadē

En moi a surgi le désir de Te contempler. Tu es mon seul refuge, O Seigneur compatissant. Ne répands-Tu pas l'amour sur Tes dévots ? N'es-Tu pas « l'ami des malheureux » ?

janma pāvanakkē āśisi
ihada saukhyavannu tyajisihē
ninnapāra karuṇē illadē
nānu ēnu alla tiḷidihē

Mû par le désir d'une vie pure, j'ai renoncé aux plaisirs de ce monde. J'ai compris que sans Ta compassion infinie, je ne suis absolument rien.

nanda nanda nandanā ānanda candana
nanda nanda nandanā ānanda mohana

Fils de Nanda, Tu nous enchantes, Seigneur de la Béatitude suprême.

Sēvaiyenum (tamoul)

anbōṭu anaittuyirkkum nām seyyum sēvai
atutānē ammāvin tiruppāda pūjai

Servir tous les êtres avec amour, c'est vénérer les pieds sacrés d'Amma.

sēvaiyenum arumarundu
pāvamadai migaviraindu
tīrttiṭumē idaiyarindu
dinantōrum nī arundu

Ce remède très rare qu'est le service nous purge aussitôt de nos péchés. Sache-le, et prends ce remède quotidiennement.

āsaiyilē arivizhandu
kōpattilē guṇamizhandu
tān seyda tavaruṇarndu
tayankāmal nī tirundu

Le désir nous a fait perdre tout discernement et la colère toute vertu. Prends conscience de ta folie, tourne la page sans hésiter.

arivennum agal uṇḍu
anbennum ney koṇḍu
atan tiriyāy nīninḍru
aṇaiyāda oḷisindu

La lampe de la connaissance est allumée avec le beurre clarifié de l'amour. Deviens la mèche et brille d'une lumière inextinguible.

tannalamillā sēvai seyyum manamē
tandaruḷvāyē tāyē enḍrum nīyē

O Mère, bénis-nous, oriente éternellement notre esprit vers le service désintéressé.

Seyda seyalgaḷ (tamoul)

seyda seyalgaḷ yāvum sattrē ninaindiḍu manamē - adil
seyda tīya seyalgaḷ eṇṇi varundiṭu manamē
varundi nīyum tirundi pudidāy pirandiṭu manamē - ini
varuvadellām iraivan seyalenṭrirundiṭu manamē
ō manamē... nī ninai manamē

O mon mental, obtiens une nouvelle naissance en rectifiant tes erreurs passées, acceptant désormais tout ce qui arrive comme la volonté de Dieu. O Mon mental, réfléchis.

pārvai manki ceviyaṭaikkum andi nērattil – pāzhum
mūcc tiṇari pēcc kuzharum anda nērattil
kāladēvan kaṇakkai tīrkka kāttiruppānē – undan
kaṇṇakkaikkūṭṭi kazhiññu pārkka avan siripānē... undan
kaṇṇakkaikkūṭṭi kazhiññu pārkka avan siripānē
ō manamē... nī ninai manamē

Quand la vue baisse, que les oreilles n'entendent plus, que la respiration s'embrouille et que la voix perd sa puissance. Le dieu de la Mort attend de clore ton compte, il rit en voyant ce que tu as à ton crédit. O mon mental, réfléchis bien.

sērndirunda yārum kūṭa varuvadum illai – palanāḷ
sērttu vaitta yāvum udava pōvadum illai
pārttu naṭandu paṭinda karaiyai kazhuviṭu manamē – anda
paraman pādam pattri sugamāy irundiṭu manamē anda

paraman pādam pattri sugamāy irundiṭu manamē
ō manamē... nī ninai manamē

Au moment de la mort, aucun être cher, aucune possession ne t'accompagnera. O mon mental, avance avec prudence et établis-toi dans cet état suprême qui est béatitude. Réfléchis bien, O mon mental !

Sinnañciru kuzhandai (tamoul)

sinnañciru kuzhandai ammā tuṇayārumillai ammā
undan maṭi tañcamena viḷaiyāṭi makizha ēnkudammā

O Mère, je suis Ton petit enfant. Je n'ai pas d'autre soutien que Toi. Je me languis de jouer sur Tes genoux.

undan tiruccēvaṭikaḷ nān paṇiya vēṇḍumammā
undan tirumandirattai nāvuraikka vēṇḍumammā
un punita sindanaiyil manamuruka vēṇḍumammā
unnai maravāmal piriyāmal vāzha vēṇḍumammā

O Mère, puissé-je adorer Tes pieds. Puissé-je chanter Tes noms sacrés. Puissé-je demeurer constamment absorbé dans la pensée de Dieu. Puissé-je ne jamais T'oublier, ne jamais vivre en-dehors de Toi.

kālam seyda kōlam enne alaipāya vaikkudammā
māyai ennai tākkudammā taṭumāra vaikkudammā
kālam ennai nāṭi varum kālamum nerunkudamma
kāpāṭṭra tāyē nī karuṇai koṇḍu viraivāyē

Les changements que le temps entraîne me perturbent. Maya, le pouvoir de l'illusion cosmique, a créé des obstacles sur mon chemin. Le moment de ma mort approche. O Mère, viens vite, je T'en prie, et dans Ta compassion, sauve-moi.

kaṇkuḷira unnai kaṇḍappin kaṇ mūṭa vēṇḍumammā
en uyir un sēvaṭiyil sērndamara vēṇḍumammā
pirappirappillā appērinba nilaiyaṭaiya
tāyē gati nīyē mahāmāyē hṛdayēśvariyē amṛtēśvariyē

Puissé-je mourir seulement après T'avoir regardée autant que mon cœur le désire. Puisse ma vie s'unir à Tes pieds. O Mère, O Grande Illusion, O Déesse de mon cœur, Toi seule peut m'aider à atteindre le royaume de la béatitude, au-delà de la vie et de la mort.

Sirikka connāḷ (tamoul)

sirikka connāḷ - nammai
sirikka connāḷ
nam ammā nammai sirikka connāḷ

Amma nous a dit de rire, notre Mère nous a dit de rire.

pirandadu mudalē pōgira varaikkum
sirippadai marandu azhudu koṇḍirukkum
ariviliyai eṇṇi sirikka connāḷ - anda
ariviliyai eṇṇi sirikka connāḷ
iruppadai koṇḍu magizhvadai marandu
parappadai eṇṇi varuttattil vāḍum
pēdaiyinai eṇṇi sirikka connāḷ - anda
pēdaiyinai eṇṇi sirikka connāḷ

Nous avons oublié comment rire. Nous pleurons du moment de la naissance à celui de la mort. Amma nous a dit de rire de notre ignorance. Les gens oublient d'être heureux avec ce qu'ils ont ; ils souffrent en songeant à ce qu'ils ne peuvent pas obtenir. Amma nous a dit de rire d'une telle ignorance.

dinam dinam palarum irappadai kaṇḍum
tān maṭṭum nilaikka pōvadāy eṇṇum
maḍamaiyinai kaṇḍu sirikka connāḷ - anda
maḍamaiyinai kaṇḍu sirikka connāḷ
aḍuttoru śvāsamum illai nam kaiyyil
arindum poruḷai tanakkena sērkkum
arpapadarai kaṇḍu sirikka connāḷ - anda
arpapadarai kaṇḍu sirikka connāḷ

Nous voyons constamment des gens mourir ; nous nous croyons pourtant immortels. Amma nous a dit de rire d'une telle ignorance. Bien qu'ils sachent que chaque respiration peut être la dernière, les gens accumulent des richesses. Amma nous a dit de rire d'une telle ignorance.

vidhiyinai kaṇḍu sirikka connāḷ - vellum
madiyinai koṇḍu sirikka connāḷ
sadiyinai kaṇḍu sirikka connāḷ - tannai
gatiyāy koṇḍu sirikka connāḷ
galagalanenḍru sirikka connāḷ
kavalaiyai marantu sirikka connāḷ
kaikaḷai koṭṭi sirikka connāḷ - anda
kālanai venḍru sirikka connāḷ

Amma nous a dit de rire du destin en employant l'intellect qui peut le transcender. Amma nous a dit de rire de l'illusion en La prenant pour seul refuge. Amma nous a dit de rire fort, en oubliant toutes nos inquiétudes. Amma nous a dit de frapper dans nos mains et de rire. Elle nous a dit de rire, et de remporter la victoire sur le dieu de la Mort.

Sirikka connāḷ (version en marathi)

ānandsvarūpī tumhī ānandī rahā
ambā sāṅgē ānandi rahā

La béatitude est ta vraie nature, sois dans la béatitude. La Mère divine te dit d'être dans la béatitude.

ānandānē tumhī sārē hasā rē
itarān nāhi tumhī ānand dhyā rē
phulvā hāsya tumhī ānandī rahā
ambā sāṅgē ānandī rahā
havē nakō mhaṇat śōdhat rāhilā
dēvāne dilē tē visarūn gēlā
sānḍūnī śōdh ānandī rahā
ambā sāṅgē ānandī rahā

Regarde au-delà du petit « moi » et apporte le bonheur aux autres. Mère nous dit de rire de bon cœur, d'être joyeux et de vivre dans le bonheur. Perdu dans le labyrinthe de l'attraction et de la répulsion, tu as oublié les bénédictions accordées par le Seigneur.

ānandācē kṣaṇ rē yē-ūn gēlē
man tuzhē bhūtbhaviṣyāt ramlē
vartamānī tumhī jagaṇē śikā
ambā sāṅgē ānandī rahā
sthān mān dhan māyēcā pasārā
khēḷ tsāle hā niyatitsā sārā
śāntī miḷe nissaṅg hōtā
ambā sāṅgē ānandī rahā

Cesse de ruminer le passé et de t'inquiéter pour l'avenir. La Mère divine nous dit d'être dans le moment présent et de vivre dans la joie. Tu es pris au piège de l'illusion du nom, de la renommée et de la richesse. Comprends que ceci est le jeu de Maya, qui nous enchaîne au cycle du karma. Seul le détachement par rapport au monde procure la paix. Vis dans la joie, avec la Mère divine !

ā-ī jagadambā zavaḷ āhē
premānē bhaktāñtsī vāṭ pāhē
arpūni karm alipt rahā
ambā sāṅgē ānandī rahā
prēm svarūpī tumhī ānandī rahā
cinmayarūpī tumhī ānandī rahā
amṛtasvarūpī tumhī ānandī rahā
ānandarūpī tumhī ānandī rahā

Rapproche-toi de la Mère divine ; le chemin de l'amour et de la dévotion s'ouvrira devant toi. Offre-Lui toutes tes actions, reste détaché. Mère nous dit de vivre dans la joie. Tu es l'incarnation de l'amour et de la connaissance, vis dans la joie. Tu es l'incarnation de l'immortalité et de la béatitude, vis dans la joie.

Siṭrinbam nāṭum (tamoul)

siṭrinbam nāṭum sirumatiyinai
sīrākki sīrārum pērinba amutinai
aḷḷittarum annaiyē arputamē - un
porpadamē em narpadamē

O Mère, Tu es en vérité une grande merveille ! Tu purifies nos cœurs étriqués, en quête de plaisirs insignifiants, et Tu répands en abondance la béatitude immortelle. Tes pieds resplendissants sont notre ultime refuge !

azhiyāta ānandam taruvāḷ
annayiṭam aṭaikkalam aṭaintiṭuvōm
nilayillā ulakil irundālum
nilayāna tuṇayāy irundiṭuvāḷ

Prenons refuge en notre Mère qui donne la béatitude éternelle. Dans ce monde de l'impermanence, Elle seule est notre support immuable.

vazhikāṭṭa nīyum maruttuviṭṭāl
vazhimāri pōyviṭuvōm tāyē
takuti illāmal irundālum
untāḷkaḷ nāṭiyē vandōmē

O Mère ! Si Tu refusais de nous guider, nous nous égarerions ! Nous n'avons pas les qualités requises, nous le savons bien, pourtant nous sommes venus prendre refuge à Tes pieds sacrés.

gativēṇḍi ēngiṭum unsēygaḷ
vidhitūṇḍum vazhiyil sellāmal
matimayakkam tannai teḷivākki
ativēgam untan tāḷsērppāy

O Mère ! Tes enfants aspirent à l'état suprême. Protège-nous, ne laisse pas le destin nous entraîner sur de mauvais chemins. Apporte la clarté à notre esprit confus et sans plus tarder, unis-nous à Tes pieds sacrés.

Śivane nīnu (kannada)

śivane nīnu ellavannu nōḍutiruve
mukkaṇṇa ellavannū kāṇutiruve
dhyānadalli līnavāgi jagava nōḍuve
kaṇṇugaḷa muccikoṇḍe karuṇe tōruve

O Shiva, Tu perçois tout. O Dieu aux trois yeux, Tu vois tout. Absorbé en méditation, Tu vois cependant le monde. Tu as les yeux fermés et pourtant, Tu manifestes de la compassion.

viśvarūpa divyarūpa lingarūpane
amṛtamūrtti divyajyōti jñānadīpave

Forme universelle et divine du *shivalinga* ! Forme immortelle, Lumière de la connaissance.

nandi ninna dhyānadalli magnaniruvanu
kaṇṇuteredu ninnanne nōḍutiruvanu
maiyellā kaṇṇāgi tapisuttiruvanu
sēvegāgi sannaddha nirata niruvanu

Le taureau sacré Nandi est plongé en méditation sur Ta forme. Les yeux ouverts, il médite sur Toi. Il accomplit des austérités, comme s'il avait des yeux sur tout le corps. Pour Te servir, il est toujours prêt à passer à l'action.

vṛṣabhadēvā bhṛngimitrā śivana vāhanā
raitabandhu hullu mēvā muddu basavaṇṇā

O dieu-taureau, tu es l'ami de Bhringi (un des compagnons de Shiva), tu es le véhicule de Shiva. Tu es l'ami du paysan, tu manges de l'herbe, tu es le bien-aimé de Basavanna (nom local du taureau).

dēvaśivane – jīvanandiye
guruveśivane – śiṣyanandiye
tāyiśivane – śiśuvunandiye

Shiva, si Tu es Dieu, Nandi est l'âme individuelle. Shiva, si Tu es le guru, Nandi est le disciple. Si Tu es la Mère, Nandi est le petit enfant. .

Śivanē śankaranē (kannada)

śivanē śankaranē jayasāmbasadā śivanē
harahara mahādēva śiva śiva mahādēva

Gloire au Seigneur ! Gloire au grand dieu Shiva !

praṇavasvarūpanē praḷayāntakanē
karuṇāmayanē paripālisu dēvanē

O Seigneur, Tu es le pranava mantra (Om) et le Seigneur de la dissolution cosmique. Dans Ta compassion, Tu nous protèges tous.

smaśānavāsiyē kailāsavāsiyē
hṛdayanivāsiyē sarvantaryāmiyē

Tu vis sur les lieux de crémation. Ta demeure est aussi le Mont Kailash. Tu résides dans le cœur, Tu es présent dans tout l'univers.

jai namaḥ pārvati patayē harahara mahādēva

Salutations à l'époux de la déesse Pārvatī. Gloire au Seigneur, au grand dieu !

Śivaśakti aikyave (kannada)

ōm namaḥ śivāya śivāyyai namaḥ ōm

Prosternations à Shiva et à Shakti.

śivaśakti aikyave sṛṣṭi sthiti rahasya
samacitta bhāvave ātmika rahasya
ihapara eraṭilla iruvundodātma
yātake ahamkāra mereve jīvātma ?

L'union de Shiva et de Shakti est le secret de la création et de sa préservation. L'équanimité est le secret de la spiritualité. La dualité n'existe pas, il n'y a pas ce monde-ci et ce monde-là. Il n'y a qu'un seul atma (Soi). Pourquoi exhibes-tu ton ego, O âme individuelle ?

hindina sukṛtava induṭṭuṇa bēkātma
indina karmava munduṇa bēkātma
phaladāse toredalli migilāda phalavunṭu
sankalpa śakti ninadāgali ō ātma

Les fruits des actes passés sont recueillis dans le présent, les fruits des actions présentes nous parviendront dans le futur. Si tu renonces au désir des fruits, tu obtiendras un fruit supérieur. Puisses-tu avoir une volonté forte, Ô âme individuelle !

apajaya jayagaḷu nāṇyada mukhagaḷu
priyavu apriyagaḷu eṭabala kaigaḷu

paravaśavāgi nī ēkāgra manadi
paramārtha paratatva nene sadā ō ātma

Le succès ou l'échec sont les deux faces d'une même pièce. L'attraction et la répulsion sont comme nos deux mains. Transcende-les, et avec une concentration parfaite, médite sur le suprême, Ô âme individuelle.

manuja, ni alpanu lakṣyahīnanu saha
mānava janmavu amūlyavu kēḷu
māṭuvu dellavu yōgavē āgali
mahātmage śaraṇāgi kai mugi jīvātma

O Homme, tu n'es qu'un égaré. Ecoute, cette vie humaine est très précieuse. Puissent toutes tes actions te relier au Divin. Abandonne-toi à l'être réalisé (mahatma) et prosterne-toi devant lui, Ô jivatma (âme individuelle) !

Śiva śiva rudra śivā (telugu)

śiva śiva śiva śiva śiva śiva rudra śivā
śiva śiva śiva śiva śiva śiva rudra śivā
śiva śiva śiva śiva śiva śiva rudra śivā

tṛkāgni kālāya kālāgni rudrāya
nīlakaṇṭhāya mṛtyuñjayāya
namo namaḥ namo namaḥ
namo namaḥ namo namaḥ
tṛkāgni kālāya kālāgni rudrāya
nīlakaṇṭhāya mṛtyuñjayāya
namo namaḥ namo namaḥ
namo namaḥ namo namaḥ

Shiva, Seigneur à la gorge bleue, Tu transcendes la mort. Nous nous prosternons devant Toi. Avec le feu de Ta méditation, Tu es au-delà du temps. Nous nous prosternons.

poyyilōni nīppu nīvē śiva
illuni kālce maṇṭa nīvē śiva
paṇṭalu paṇḍince varṣamu nīvē
pairunu muncē varadā nīvē
paṇṭalu paṇḍince varṣamu nīvē
pairunu muncē varadā nīvē

Ton énergie devient le feu qui cuit la nourriture ; elle devient aussi le feu qui engendre la destruction. Tu es la pluie qui apporte d'abondantes récoltes et aussi celle qui provoque des inondations destructrices.

śiva-śiva śiva-śiva śiva-śiva śiva-śiva

śatruvu lōni mitruḍu nīvē
mitruḍu lōni śatruvu nīvē
ghōramaghōramu nīvē śiva
nī śikṣa rakṣa māku śivamē śiva
ghōramaghōramu nīvē śiva
nī śikṣa rakṣa māku śivamē śiva

Tu es l'ami sous la forme de l'ennemi, Tu es aussi l'ennemi sous la forme de l'ami. Les situations favorables ou défavorables ne sont que deux différents aspects de Toi. C'est Toi qui protèges, c'est Toi aussi qui envoies les difficultés. Ce sont deux moyens que Tu utilises pour montrer à Ton enfant le chemin de la liberté.

śiva-śiva śiva-śiva śiva-śiva śiva-śiva

Śivke (hindi)

śivke bāyē śōbhit śakti
tum deti hō bandan mukti
har jīvōm ke antaryāmi
tumre āgē mastak ṭekkum

Toi qui ornes la moitié gauche de Shiva, Tu nous libères de nos entraves. O Toi qui résides en chacun, je me prosterne devant Toi.

śivaśakti svarupiṇī, ānandarupiṇi,
prēmasvarupiṇī māte

Mère, tu es l'incarnation de Shiva-Shakti, d'Ananda (la béatitude) et de l'amour.

nabh hai terā śīrsh bhavāni
dhartti pe tu per rakhī hai
sab jīvōm me cetan tuhi
bhavbādhā kō dur kare mā

Avec le ciel comme chevelure, Tu gardes les pieds sur la terre. Tu es la vie en chaque être. Tu nous libères des souffrances liées au monde.

jai māte, jai devi, jag māte, jagadambe

Gloire à la Mère, gloire à Devi, O Mère de l'univers!

jananī terī sarjan kelī
bujhtti nā ye sṛṣṭi pahelī
tumhī jāne tatva anōkhā
nit nīrāgētup nirālā

O Mère, il est impossible de résoudre le mystère de Ta création. Toi seule connait l'essence merveilleuse de Ta création en changement constant.

bagtōm kō tu premamayī hai
dukhiyōm pe kāruṇya dikhātti
muniyōm mē tu gyān jagātti
danujōm kō niśśeṣ harātti

Tu es pleine d'amour envers Tes dévots, et Tu répands Ta compassion sur les malheureux. Tu es la source de la connaissance des sages. Tu détruis le mal.

Some say love (anglais)

Some say love is just a word: that's only heard

Certains disent que l'amour n'est qu'un mot : on ne peut que l'entendre.

Some search for love
It can't be found, though it's all around

Certains cherchent l'amour. On ne peut le trouver, bien qu'il soit partout.

Some say love is lost
Some buy love at any cost

Certains disent que l'amour est perdu; d'autres achètent l'amour à tout prix.

Some die for love
Hoping it's high above

Certains meurent pour l'amour en espérant le trouver là-haut.

Some cry love is pain
Some call love just a name

Certains pleurent que l'amour est souffrance ; certains disent qu'il n'est qu'un nom.

Love is our true Self
Love is our only wealth

L'amour est notre vrai Soi. L'amour est notre seule richesse.

My Mother's love is everywhere
She will take you there

L'amour de ma Mère est partout. Elle t'emmènera jusqu'à lui.

Ma Om Om Ma

Śri dēvi laḷitā (tamoul)

śri dēvi laḷitā paramēśvari
śricakraṁ vīttiṭum laḷitēśvari
ulakin annaiyē anpunāyaki
umai ambikē dēvi kanyākumari

Tu es Lalita Paramesvari, déesse de la richesse et déesse suprême. Tu es la déesse Laliteshvari qui réside dans le Sri Chakra. Mère de l'univers et Reine de la Compassion. Tu es la déesse Uma Parasakti sous la forme d'une jeune fille.

kayalvizhi karuṇaimiku mīnākṣiyē
kāśipuraṁ jñānamaruḷ viśālākṣiyē
karimbuvillēntum kāmākṣiyē
arumbu malaraṭi śaraṇam tāyē

Tu es la déesse Minakshi aux yeux en forme de poisson, pleine de compassion. Tu es la déesse Visalakshi de la ville de Kashi, Tu accordes la connaissance. Tu es la déesse Kamakshi qui tient l'arc en canne à sucre. O Mère ! Je m'abandonne à Tes pieds, aussi doux que des boutons de fleurs.

āyiram itazhmītē kamalāmbikē
ātmavidyaiyaruḷuṁ vimalāmbikē
anaittuyirai anpāl piṇaittavaḷē
anbu malaraṭi śaraṇam tāyē

Tu es la déesse assise sur le lotus aux mille pétales et Celle qui donne la connaissance de l'Atman. Le fil de Ton amour relie toutes les âmes. Je m'abandonne à Tes pieds, pareils à des fleurs de compassion.

ūnamatai akattum umāśankariyē
vīṇai nādaṁ mīṭṭiṭuṁ maṇgaḷāmbikē
prāṇa śaktiyākum karppakāmbikē
praṇava rūpiṇi śaraṇaṁ tāyē

Tu es la déesse Uma Shankari qui nous sauve du cycle des naissances et des morts. Tu es la déesse Mangalambika qui joue de la vina (luth indien). Tu es la déesse Karpakambika, devenue l'énergie du prana. Nous nous abandonnons à Tes pieds, Toi qui as la forme du pranava (Om, le son primordial).

śaraṇaṁ śaraṇam śaraṇam laḷitā paramēśvari
śaraṇaṁ śaraṇam śaraṇam gaurikṛpākari
śaraṇaṁ śaraṇam śaraṇam śrībhuvanēśvari
śaraṇaṁ śaraṇam śaraṇam rājarājēśvari

Nous prenons refuge en Toi, déesse suprême Lalita. Nous nous abandonnons à la déesse Gauri (au teint clair) Kripakari (qui donne la grâce). Nous prenons refuge en Toi, déesse Sri Bhuvanesvari, Raja Rajesvari (Impératrice de l'univers).

Śrīkṛṣṇādeva (malayalam 2015)

śrīkṛṣṇādeva caitanyavihāra
prēmavarṣadayālō
prēmavarṣadayālō

O Seigneur Krishna, refuge de Chaitanya. O Toi qui as le cœur bon, Tu répands comme une pluie l'Amour divin.

māyābandhavimōcananē hari
rādhakṛṣṇā. . . sukumārā
rādhakṛṣṇā sukumārā

O Hari, Toi qui nous délivres des liens de l'illusion, Radha Krishna à l'éternelle jeunesse !

kāliṇakūppum
mānavahṛttil
ānandatte uṇarttum

Dans le cœur des humains qui se tiennent devant Toi les mains jointes, Tu éveilles la béatitude.

Dīnadayāmayā
kāraṇapūruṣa
māmaka mānasalōla

Tu es miséricordieux envers les malheureux, Tu es la cause primordiale. Tu ravis mon cœur et mon esprit.

trētā yuga śrīrāma-raghūttama
dvāparayādava kṛṣṇā

A l'âge du treta yuga (âge d'argent), Tu T'es incarné sous la forme de Rama. A l'âge du dwapara yuga (âge d'airain), Tu es venu sous la forme de Krishna.

kātaramām kalikālamatilvann-
ādhiyakattuka dēva

Tu es maintenant venu durant cet âge cruel du kali yuga (âge de fer) pour balayer tous nos soucis.

jñānālaya śrī sādhuśarīrā
gānālaya mama dēvā

Tu es la demeure de la connaissance, l'incarnation de la vérité. Tu es la demeure de la musique, et mon Seigneur.

Kātaranāmen mānasavāṭiyil
vāzhū nī dayaśīla

Je suis faible, O Seigneur miséricordieux, daigne venir demeurer dans le jardin de mon cœur !

Śrī laḷitāmbikē sarvaśakte (version kannada)

śrī laḷitāmbikē sarvaśakte
śrī laḷitāmbikē sarvaśakte
śrī laḷitāmbikē sarvaśakte
śrīpādakalamakē namisuvē nā

vaśadali illavammā dhyānarūpavu
niśēyali kaḷedide enna kālavu
animiṣa ennanu agalatē nī
hṛdayati entigu beḷagu ammā

nīṭamma enagē sadguṇa sarvā
śaraṇāgi bantihē duḥkhitē nā
punaḥ punaḥ māṭuve praṇāma ninakē
lavalēśa kāruṇya tōru amma

kaṭegaṇṇi lomme nī enna nōḍū
khedakaḷellavā marēsu dēvi
ninnaya dāsiyā porēyē dēvī
duḥkhamukte yākalu ēnu māḍali?

bēḍabēḍammā nī kai biḍabēḍā
śaraṇārthi makuvanū svīkarīsū
gamanavu ninneṭē munnaṭēsū
gati bērēyillā śaraṇu ammā

sarvābhīṣṭa pradāyinī nī
karuṇeya tōrū maheśi bhadrē
nama navā māṭalū śakti nīḍū
manamantiradali nṛtyamāṭū

akhilāṇḍa jyōtiyē divyamūrttiyē
agatigē gati nīḍū bhakti nīḍū
akhilaru ennanū dūṣisitarū
abhayavu nī mātra lōkamātē

nūrāru janmā kaḷētavēnō
hareyava marttyanantē kaḷetenēnō
viraḷavī janma manuṣyajanmavā
padapatma vandanekē mīsaliṭuvē

pāpakaḷēsō māḍiruvē nā
atipāpi nānū nintyaḷammā
janani nī ennanū kṣamisa lāreyā
manatāpavellavā aḷisa lāreyā

jñānavō śāstravō yōgavō hā
enakontū tiḷidillā tiḷiyadēnū?
karmada marmasahā tiḷiyatā ī
makuva ni āṭisuvē ētakammā?

ontiṣṭu niṣṭheyā pālisalu nā
dhyānakke kaṇmuccī kuḷittirūvē
nī bantu vicalitā vāgisitēyā
ucitavē ninnāṭṭā śiśuvinontikē

tāyiyu tanteyū guruvu nīnē
manavṛkṣa puṣpaphala nīnammā
nenappukaḷellā ninnadāgalī
karuṇe tōru ammā kaimugīvē

nī namma tyajisī hōdeyātare
uḷivudu vyatheyē namma pālikē
arekṣaṇa ninnanu agali iralu
namagantu sahisalu āgadammā

nīnallatē bērē - yāru enagē
nīne yenna śvāsa niśvāsavammā
ninnanu akalī dūravākalū
nanagantū alpavū āgatammā

ninnanu toredu iralārenammā
arekṣaṇa kūṭā... sahissalārē
nī enna marēttū dūra hōtarē
ninnanu huḍukutā bhrāntaḷākuvē

cintekaḷellavū ninna cintēyē
karmakaḷellavū ninna pūjēyē
madhuranāma japipē adhara tumbī
nī mātra venakē sarvasva tāyē

iṣṭudina kaṇkaṭṭī āṭṭavāṭitē
inttha āṭṭavēnū bēḍa tāyē
nī enna śvāssavē ādeyammā
nī enna prāṇadā prāṇavādē

enna hṛtspandanā ninnalli ammā
enna cinte ninnā oṭali noḷakē
nāniruvē tāyī nina maṭilalī
lālippada hāḍalū mareyadiru nī

Śrī rāma nāmamē (tamoul)

śrī rāma nāmamē sonnāl
ankē varuvān hanumān
kṣēmaṅgaḷ yāvum taruvān
śrī rāma bhakta hanumān

Quand nous chantons le nom du Seigneur Rama, Hanuman se manifeste. Hanuman, le dévot du Seigneur Rama, accorde à tous ce qui est propice.

śrī rāma rāma jaya rāma rāma
śrī rāma rāma jaya rāmā

Gloire au Seigneur Rama !

ilankayai vālāl erittavan – anta
lankāpatiyai etirttavan
añjana makanavanām
śrī rāma bhakta hanumān

De sa queue il a rasé Lanka. Il a défié le roi de Lanka (Ravana). Hanuman, le fils d'Anjana, est le dévot du Seigneur Rama.

sañjīvani malayai koṇḍu vandavan
sirañjīvi ennum peyar pettravan
añjana makanavanām
śrī rāma bhakta hanumān

Il a rapporté la montagne Sanjivani. Il a mérité le surnom de Ciranjivi (immortel). Hanuman, le fils d'Anjana, est le dévot du Seigneur Rama.

Śrī rāma rāma rāmetī (marathi)

śrī rāma rāma rāmētī, rame rāme manōramē
sahasranāma tattulyam rāma nāma varāṇanē

Si nous chantons trois fois le nom de Sri Rama, cela revient à réciter les mille Noms du Seigneur.

bōla rām rām rām rām rām rām rām

Chantons Ram, Ram, Ram.

rām nām zapā sadā
rām nām smarā sadā
zapāne paramāvasthā tū sādh rē

Chantons à jamais le nom de Rama. Rappelons-nous toujours le nom de Rama. Atteignons l'état ultime en chantant Son nom.

rām nām zapā ithē
rām nām zapā tithē
samaz rē paramāvasthā kālātīt rē

Chantons le nom de Rama ici. Chantons le nom de Rama là-bas. Comprenons que l'état ultime est au-delà du temps.

bōla rām rām rām rām rām rām rām rām
rām rām rām rām rāmā
rām rām rām rām rāmā
rām rām rām rām rāmā rām
bōla rām rām rām rām rām rām rām rām

rām nām zapā ātā
rām nām zapā nantar
samaz rē paramāvasthā sthalātīt rē

Chantons le nom de Rama maintenant. Chantons le nom de Rama plus tard. Comprenons que l'état ultime transcende le temps.

Śrīvāri pādālu (telugu)

śrīvāri pādālu śirasā namāmi
śrīhari nāmālu hṛdaye smarāmi
śrīhari śrīhari śrīhari anavōy
śrīhari śrīhari śrīhari anavōy

Je me prosterne et touche de la tête les pieds du Seigneur Sri Hari. Je chante dans mon cœur les noms du Seigneur divin. Chantons Sri Hari, Sri Hari !

ādimūlamitaḍu anni jīvulaku
vēdasvarūpuḍī vēnkaṭēśvaruḍu
gōvulakāparī gōvinduḍēnu
gōvuvai mora etti ārtitō piluvu

Il est la cause primordiale de tous les êtres, le Seigneur Venkateshvara, l'Incarnation des Vedas, Govinda, le divin petit pâtre. Appelons-Le comme un petit veau appelle sa mère, désespéré.

vēdamulē śilalaina venkanna girulu
vēdana hariyincu vēnkaṭa nāmamu
ēḍukonḍala-vāḍā! ēmi ivvagalamu?
pāḍu-kondumu nīdu pāṭalu nityamu

Les Vedas sont devenus les sept collines sur lesquelles le Seigneur réside. Nos chagrins s'envolent en chantant Son nom. Seigneur des sept collines, que puis-je Te donner ? Je ne peux que chanter sans cesse Ta gloire.

gata janma karmala khātālu mānpi
satatammu nī nāma smaraṇamu immu
kṣaṇa vīkṣaṇamu cālu lakṣaṇamugānu
manalōni pāpālu maṭumāyamagunu

Je T'en prie, ferme les comptes des actions passées ; accorde-moi cette faveur : que je puisse chanter sans cesse Ton nom. Un seul regard du Seigneur a le pouvoir d'effacer les péchés accomplis dans de nombreuses vies.

pāhi parātparuḍā! vēnkaṭa nāyakuḍā!
pāpa vināśakuḍā! tirumala pālakuḍā!

Le Seigneur Venkata Nayaka est le refuge de tous, Il détruit les péchés, le Seigneur de Tirumala !

Sṛṣṭi vēru (telugu)

sṛṣṭi vēru sṛṣṭi karta
vēru kādura
dēvuḍu jivuḍu
vēru vēru kādura
mahāvākyālu cebuttunna-didērā

Le Créateur et la création ne sont pas séparés. Dieu et le Soi ne sont pas séparés. Toutes les grandes paroles (mahavakya) des Upanishads énoncent la même Vérité éternelle.

prajnānam brahma
ayamātmā brahma
tatvamasi aham brahmāsmi

La connaissance du Soi est Brahman. Le Soi individuel est Brahman. Tu es Cela. Je suis Brahman.

maṇṇu vēru kuṇda vēru vēru kādura
nāṭyamu nartaki vēru vēru kādura

L'argile et le pot d'argile ne sont pas séparés. La danse et le danseur ne font qu'un.

kāntini sūryuni vēru ceyyalēmura
mādhavuḍu mānavuḍu
vēru kānē kādura

Peut-on séparer le Soleil de sa lumière ? Dieu et l'humanité ne sont pas des entités séparées.

parikaramul-ennunna vidyut okaṭerā
vigrahamul-ennunna daivamokaṭerā
ī bhinnatvamu-lonē ēkatvam-undira
ēkam nundi anēkamē sṛṣṭi tirurā

Il existe de nombreux appareils électriques mais une seule électricité. Il existe de nombreuses divinités mais un seul Dieu. C'est l'unité qui sous-tend cette apparente diversité. L'Un devient plusieurs – c'est ainsi que la création se manifeste.

Sukh kartā (hindi 2015)

sukh kartā tum ho
duḥkh hartā tum ho

O Ganesha, Seigneur des ganas, Tu donnes le bonheur,

he bhāgyavidhātā
gaṇanāthā tum ho

Tu triomphes de la souffrance, Seigneur de mon destin.

gaṇapati bāppā moryā
mangaḷa mūrtti moryā

Gloire à notre Père Ganesha, gloire à Celui qui est propice !

manmohak hai rūp terā
omkāra svarūp terā

O Toi dont le corps a la forme du Om sacré, Ta forme nous enchante.

hai bhakton pe dhyān terā
karuṇādr hṛday terā

Ton cœur plein de compassion songe sans cesse à Tes dévots.

man jo hai bada chanchal
tera smaran se ho nischal

Le mental fluctuant devient calme et stable en pensant à Toi.

bhakti bhav karde prabal
janam merā ho safal

O Seigneur, daigne renforcer ma dévotion envers Toi, afin que ma vie prenne tout son sens et porte ses fruits.

mushak par ho savar
tum ho jag ke ādhar

Ton véhicule est la souris, Tu romps les chaînes de l'ignorance et nous conduis à la liberté suprême.

kripa kar he pālanhaar
darshan iccha ho sakār

Tu es le support du monde. Bénis-nous Seigneur, exauce notre désir de Te voir.

Sūryanobbane (kannada)

sūryanobbane upameyamma
sūryanobbane upameyamma
sadā... jagavabeḷaguva
sūryanobbane upameyamma

Mère, seul le soleil est comparable à Toi... Le Soleil qui illumine éternellement le monde de sa lumière.

hagalilla iruḷilla dinakara yogige
hagaliruḷilla śubha karininage
avanalle nintu līlegaiyyuvanalla
avani geragi nī sevisalande
ammā... nī nallave pratyakṣa daiva

Pour le Soleil, expert en yoga, il n'existe ni nuit ni jour. Pour lui, toujours propice, il n'y a pas de jour ni de nuit. Il joue son jeu divin depuis sa place. O Mère, Toi qui vénères ce même Soleil- n'es-Tu pas la déesse présente devant nos yeux ?

tānalli beḷagi bānallī beḷagi
kōṭi kōṭi jīva poreva o ravi
anantakōṭi hṛdayava beḷagi
sajjanikē cirabhuviyali harasuva
ninage... sūrya candraresākṣi

Toi dont la lumière émane de l'intérieur, Toi qui illumines le ciel... O Soleil, Tu nourris des millions et des millions de vies. Tu éclaires et unis des millions de cœurs, Tu les bénis et les protèges sur cette Terre.... Le Soleil et la Lune sont les témoins de ce jeu !

Śvāsamellām un peyarē (tamoul)

śvāsamellām un peyarē
nēsamellām un uruvē

pāsamellām unniṭamē - ennammā
pūjaiyellām un aṭikkē - ponnammā
ānālum en akattil
azhukkellām maraiyavillai
vīṇāga kazhikiradē - ennammā
vidhiyinai māttriṭuvāy
vinaikaḷai pōkkiṭuvāy
tuṇaiyena vandiṭuvāy - ponnammā

Ton nom est en chacun de mes souffles, toute mon affection est dirigée vers Ta forme. Je ne suis attaché qu'à Toi, ma Mère. O Mère chérie, toute mon adoration est tournée vers Tes pieds. Et pourtant, les impuretés n'ont pas disparu de mon mental. Les jours passent en vain, O Mère daigne changer mon destin. Mère chérie, daigne m'aider en effaçant les résultats de mes actes mauvais.

koṇḍu vandatonṭrumillai
koṇḍu pōvatonṭrumillai
iṭaippaṭṭa vāzhvinilē - ennammā
iṭipaṭṭu nondu viṭṭēn
innum nī kāṇalaiyō?
unnanbē kāvalammā - ponnammā

Je n'ai rien apporté avec moi et je n'emporterai rien. Je n'ai rien apporté, je n'emporterai rien. Je suis piégé dans cette vie, je souffre le martyre. Ne me vois-Tu pas ? Mère chérie, c'est Ton amour qui nous protège.

cindaiyellām cellammā un ninaivē
pūjaiyellām ponnammā tiruvaṭikkē

Mère chérie, mes pensées sont toutes centrées sur Toi. Mère bien-aimée, toute mon adoration est dirigée vers Tes pieds sacrés.

Śyām-golok-me (hindi)

śyām-golok-me rās-bihārī
gokul me giridhārī
gokul me giridhārī

O bel enfant Krishna du pays des vaches (Vrindavan), Tu Te délectes de la Rasa-lila (danse divine), Tu as soulevé la montagne (Govardhan) pour protéger Tes dévots.

rāg rasīlā gān surīlā
rās lolupā karuṇālo
yādava rājā gokula pālā
gopījana priya śyāmā

Tu joues sur Ta flûte des sons mélodieux, Tu aimes la rasa-lila, O enfant plein de compassion, Roi des Yadavas, divin bouvier, Bien-aimé des gopis.

bolo kṛṣṇ jay rādhā kṛṣṇ jay
gopīkṛṣṇ kṛṣṇ kṛṣṇ kṛṣṇ kṛṣṇ jay

Victoire à Krishna, Victoire à Radha Krishna.

bāsurī tūne mohak pyāre
rās kelī me bajāyi
vyākul gopī dauḍ ke āyī
tere pago me kanayyā

L'enfant Krishna joue des mélodies enchanteresses pour la rasa-lila, à ses pieds accourent les gopis, mues par un amour pur.

Taḷarnnuraṅgukayō (malayalam)

taḷarnnuraṅgukayō iniyum
viṣādamūkatayō?
manujakōṭikaḷ viṣayagaraḷam

nukarnnuraṅgukayō! tammil
marannuraṅgukayō?

Pourquoi dors-tu, épuisé ? Pourquoi es-tu si triste et déprimé ? Pourquoi les millions d'êtres humains dorment-ils, déprimés ? Pourquoi absorbent-ils le poison du matérialisme et de l'apathie ? Pourquoi s'oublient-ils les uns les autres ?

kālattin kaiviraltttumbāl viracicca
chāyā citraṅgaḷō manuṣyan
uyarttiyatalakaḷ! tāzhttiya talakaḷ
viraḷunna - viḷarunna mukhaṅgaḷ! eviṭeyum
maraviccu-maruvunna manuṣyan?

Sommes-nous de simples images, dessinées par les doigts du temps ? Des humains, la tête levée, humains, la tête baissée, des visages pâles et effrayés, Partout les humains mènent des vies frigides.

niṅgalkku kaṇikāṇān niṅgaḷe kaṇikāṇān
innī jagattil manuṣyaruṇḍō?
uṇḍenkiloru tāmara-malarmoṭṭupōle
mizhiyaṭaccuraṅgunnatentē hṛdayam
itaḷ-viṭarttīṭāttatentē?

Vois-tu des êtres humains en ce monde, à ton réveil ? Te voient-ils lorsqu'ils ouvrent les yeux ? Si oui, pourquoi fermes-tu les yeux et dors-tu, tel un bouton de lotus ? Pourquoi ton cœur n'ouvre-t-il pas ses pétales pour s'épanouir ?

Tāḷ paṇintōm (tamoul)

tāḷ paṇintōm tāḷ paṇintōm tankamuttumārī
vēdanayai pōkkiḍuvāy vēppilaikkāri
kāṇavantōm kāṇavantōm kāḷi mahāmāyi
kāṇpatellām unnuruvē kaṇkaḷ vēṇḍum kōḍi

O Muttumari, Tu tiens des feuilles de *neem*, nous nous prosternons à Tes pieds, daigne nous libérer de nos chagrins. O Kali, O Mahamayi, nous sommes venus Te voir ; donne-nous, je T'en prie, un million d'yeux pour voir toute chose, qui n'est autre que Ta forme.

ālakāla viṣamuṇḍa ādiśivanmēni
aravaṇaittu kāttiḍum em annaikoṇḍāḷ pāti
pāraṇaittum pātukākkum pārvatiyum nīyē
āḷavantāy āḷavantāy ārumukhan tāyē

Tu es notre Mère qui nous étreint et nous protège. Tu occupes la moitié du corps de Shiva, Celui qui a avalé le poison mortel. Tu protèges l'univers entier sous la forme de la déesse Pārvatī. O Mère de Muruga, Tu es venue nous gouverner.

sintanayil vantiḍuvāy selvamuttumārī
santatamum sentamizhil pāḍivantōm dēvī
anparkaḷai āṭkoṇḍiḍum ammā śivaśakti
nāḍivarum bhaktarnalam kākkum abhirāmi

O Muttumari, daigne demeurer dans nos pensées. O Déesse, nous ne cesserons jamais de venir à Toi en chantant Tes louanges en pure langue tamoule. O Mère, Tu es l'union de Shiva et de Shakti, Tu prends les dévots dans Ton giron. O Abhirami, Tu protèges ceux qui ont pris refuge en Toi.

Tañcamena vantōm (tamoul)

tañcamena vantōm dayaipuri vēlā
vañcamilā neñcamatil
mañcamkoḷḷa vārāy - murugā

O Muruga ! Nous implorons Ta protection, daigne faire preuve de compassion. O Toi qui brandis une lance. O Seigneur, viens demeurer dans nos cœurs innocents.

arivirkkaṇiśēr aranār makanē
piravippiṇitīr piraiyōn makanē
turavikaḷ paṇiyum maraiyin poruḷē
iruvinai nīkkum saravaṇabhavanē

O Fils du dieu qui porte un serpent en guise de collier (Shiva), Tu es la Vérité suprême qui ajoute de la beauté à toute connaissance. Daigne nous guérir de la maladie de la naissance et de la mort. O Fils de Shiva qui porte le croissant de Lune dans les cheveux ! Les sages se prosternent devant Toi, Tu es l'essence des Vedas, O Sarana bhava, Tu nous libères des effets de nos actions.

anpin vaṭivē arivin sudarē
iruḷai akaṭri oḷiyai perukkiṭu

O Incarnation de l'amour, Flamme de la connaissance, daigne dissiper les ténèbres (de l'ignorance) en nous apportant la Lumière (de la Connaissance) !

aṭiyārkkaruḷ sēr jñānakkumarā
eḷiyār maruḷtīr śaktikkumarā
oruvāy mozhiyilai unpēr anṭri
varuvāy vēṇḍiṭa manatil onṭri

O Incarnation de la sagesse, daigne répandre Ta grâce sur Tes dévots et délivrer de la peur les malheureux que nous sommes, O Fils de Shakti ! Je ne puis rien répéter d'autre que Ton nom divin. O Seigneur, quand nous prions du fond du cœur, Tu accours.

inpam tunpam immai marumai
irumai akaṭri prumai uṇarttiṭu

Daigne nous emmener au-delà de la dualité, au-delà de la souffrance et de la joie, de la naissance et de la mort. Elève-nous jusqu'à Toi, jusqu'à Ta gloire !

vēlvēl murugā veṭrivēl murugā
vaṭivēl azhakā śakti umai bālā

Gloire à Toi, O Muruga, Toi qui brandis une lance, divine Beauté, Fils d'Uma.

Tañcam undan (tamoul)

tañcam undan pādamenṭru
śaraṇaṭaindēn dēviyē... nān śaraṇaṭaindēn dēviyē
neñcam undan kōyilenṭru
nī amarvāy dēviyē... adil nī amarvāy dēviyē

O Devi, Tes pieds sacrés sont mon seul refuge. Je m'abandonne à Toi. Fais de mon cœur Ton temple. Daigne venir résider dans mon cœur.

munnam seyda vinaikaḷ ellām
muṭṭimōdippārkkutē... enai muṭṭimōdippārkkutē
enna solvēn undan seviyil
ēzhaiyin kural kēṭkutā – inda ēzhaiyin kural kēṭkutā

Les fruits des actions passées tentent de me tourmenter. Que Te dirai-je, O Mère, aie la bonté d'écouter les faibles réflexions de ce pauvre enfant.

enda niramtān undan niramō
enakku colvāy dēviyē... nī enakku colvāy dēviyē
enda vaṭivam undan vaṭivō
eṭuttu colvāy dēviyē... nī eṭuttu colvāy dēviyē

O Devi, dis-moi quelle couleur est Ta vraie couleur ? O Devi, montre-moi, je T'en prie, quelle forme est Ta vraie forme.

kaṇkaḷ ceyta payan anṭrō
kāḷi unnai kāṇpadu – annai kāḷi unnai kāṇpadu
paṇ amaittu pāṭum inda
bālanai nī kāttiṭu... inda bālanai nī kāttiṭu

Contempler Ta forme, ce serait le vrai mérite d'avoir des yeux. Daigne protéger Ton enfant qui chante Ta gloire !

Tandam tānannai (malayalam)

tandam tānannai tānai tandanai
tānai tandanai tānannā
tandam tānannai tānai tandanai
tānai tandanai tānannā
veḷḷi malamēlē vāṇaruḷunnoru
indu kalādharā kaitozhunnēn
bhūtiyaṇiññuḷḷa bhūtavidhāyaka
bhūvitinennum abhayamēkū

Salutations à Celui qui réside au sommet de la montagne d'argent, qui porte le croissant de Lune sur la tête. Son corps entier est enduit de cendre (vibhuti), Il commande les fantômes et les esprits ; nous Le prions d'accorder refuge à la terre entière.

mūnnu purangaḷerichuḷḷa mukkaṇṇan
mōdamāy ceyyunna narttanavum
viśvatteyākeyaṭakkum svarūpavum
viśvanātha prabhū kumbiṭunnēn

Le dieu aux trois yeux, qui a réduit en cendres les trois cités de Tripura, danse, et sa danse nous enchante. Salutations à Celui qui maîtrise l'univers entier.

tandanittannāna tānai tānai tandam tānittannāna
tandam tānittāna tānai tandam tānittānnānā -
teyyattām
pīlittirumuṭiyum māril tūvanamālikayum
ōṭakkuzhalumēnti kaṇṇan uḷḷam kāvarnnu
nilkkum

Une plume de paon dans les cheveux, le Seigneur Krishna porte une belle guirlande. Il tient à la main une flûte et Il a dérobé nos cœurs.

gōpījanapriyanē giridhara gokula pālakanē
rādhikā vallabhane murārē nityam
namichiṭunnēn

Bien-aimé des gopis, Tu as soulevé le mont Govardhana, Protecteur des gopis, Seigneur de Radha, Tu as tué le démon Mura ; c'est Toi que nous prions.

tannēnāne nanē nānē tannannānā tāne
tānānai tānakatittai tannannānā – takitai
rāma nāmam japichīṭu kōṭi puṇyam – janmam
ennumennum ariyunna kāruṇyapūram – tai tai

Chantons le nom de Rama pour acquérir des mérites (punya) et recevoir toute notre vie une pluie de compassion.

janmamākum alayāzhi taraṇamceyyān – bhakta
hanumānde pādamennum abhayamākum tai tai

Pour franchir l'océan de la vie, le seul refuge, ce sont les pieds du grand dévot Hanuman.

vāṇiṭunna vāṇīdēvi uḷttaṭāttil – ennāl
vāṇaruḷum arivallō abhayamākum – tai tai

Quand Sarasvati, Déesse de la sagesse, demeurera dans votre cœur, alors la connaissance qui discerne vous sera accordée.

mangaḷangaḷ bhavichīṭān tozhutīṭuka – lōka
mangaḷattināy nityam namichīṭuka – tai tai

Prosternons nous, pour obtenir ce qui est propice, pour obtenir des bénédictions pour nous-mêmes et pour le monde entier.

Tāṇḍavamāṭi (tamoul)

tāṇḍavamāṭi dayāpari varuvāy
dharaṇiyil piravippiṇi tīrkka
tāmarai malarmītē vīttiṭum mā dēvi
tāmarai idayattil naṭamāṭi vā kāḷi

Viens en dansant, O déesse de compassion, pour mettre fin au cycle des naissances et des morts ! Mère Devi, assise sur une fleur de lotus! Mère Kali ! Viens en dansant dans le lotus de mon cœur.

vañcanaiyāl enkum adharmam perukutē
nañcāka koṭuñceyalē enkum vaḷarutē
kāḷiyāy vantu nī dharmam uṇarttavē
adharmmattai ozhittiṭa tāṇḍavamāṭi vā

Sous l'effet de l'illusion, l'adharma (injustice) augmente partout. La cruauté se répand telle un poison. Viens sous la forme de Mère Kali pour nous permettre de trouver le dharma. Viens en dansant mettre fin à l'adharma (injustice).

jadi colli kavipāṭa kaḷiyāṭa manamāṭa
dēvi nīyō naṭanamāṭa
salankai kiṇukiṇunka virikūntalāka
kaṇṇāyirattāl āṭum tiruttāṇḍavam
dēviyāṭu... ādiparāśaktiyāṭu

Les poèmes rythmés apportent la joie dans mon mental. O Mère Devi – Tu danses. Tes bracelets de cheville tintent et Tes cheveux flottent librement. O déesse aux mille yeux qui danse divinement ! O Energie primordiale !

māyā svarūpiṇi māyaiyil vaśappeṭṭē
māyayai āṭṭivaikkum ādiparāśakti
manattirai vilakkiyē māyai kaṭattiṭavē
maṇṇulakil dharmam tazhaikka vanta tāy nī

Tu prends la forme de Maya (l'illusion) et sembles soumise à Maya. Tu gouvernes Maya – O Energie Primordiale ! Tu es venue sur terre ôter le voile qui recouvre le mental et mettre fin à Maya ! Ainsi, le dharma refleurira.

maṇṇāti uyirkaḷum makizhntē āṭiṭa
maṇṇilum viṇṇilum mankaḷam niraintiṭa
dēvādi dēvarum iśaimīṭṭi malar tūva
tiruḷḷattōṭu nī āṭum pukazhttāṇḍavam

Pour que les créatures terrestres dansent joyeusement, pour que ce qui est propice remplisse la terre et les cieux, pour que les dieux répandent des fleurs au son d'une musique divine, Ta danse dans les cœurs nobles est célèbre !

Tannanna tannanna (malayalam)

tannanna tannanna tannanna tannanna
tannanna tannanna tānannā
tannanna tannanna tannanna tannanna
tannanna tannanna tānannā

Refrain rythmique...

kuttikozhiccuḷḷa tāvalavalini
keṭṭipotiññiṭṭu pōkaṇam
kēṭṭarivuḷḷa madhurāpurikkini
keṭṭariññaṅg-cennettaṇam

J'emporterai un peu de riz cru et .....dans un petit paquet. Je dois aller jusqu'au royaume de Madhura dont j'ai simplement entendu parler.

kālarivillātta dūramoṇennālum
nāvilāy nāmamuṇḍennumē
nārāyaṇā hare nārāyaṇā harē
nārakīyāganiyil kākkaṇē

Mes jambes ignorent le chemin mais dans mon cœur résonne sans cesse l'écho de Son nom Narayana hare Narayana Hare Protège-moi de la souffrance de ce monde.

kuṭṭicceruppattilkkaṇḍuḷḷa kaṇṇane
kāṇmatiṅgippozhinnorkkavē
uḷḷam virakkyunnu tuḷḷituḷambunnu
kaṇṇunirayunnatentinō

J'ai connu Kanna quand il n'était encore qu'un petit enfant. Je vais maintenant Le revoir. Mon cœur en tremble de bonheur. Quand Te reverrai-je, mon Seigneur!

vēgam naṭakkunnu kālukaḷentitu
kālam pazhayatinnōrkkayō
nārāyaṇā harē nārāyaṇā harē
kāṇukil nīyenneyōrkkumō

« O mes jambes, marchez vite ! Ne tardez pas de peur que nous ayons été séparés trop longtemps. » Narayana Hare Narayana Hare. « Te souviendras-Tu de moi en me voyant ? » Lorsque j'ai franchi les magnifiques portes du palais, Govinda a regardé droit vers moi.

gōpuradvāram kaṭakkunnanērattu
gōvindan eṅgannu nōkkavē
nēreyaṇayunnu nārāyaṇan tānum
nāriparivāram-oppamāy

Je suis resté fasciné, à contempler Narayana. Il était entouré de Ses épouses. Il est venu vers moi et m'a serré dans Ses bras. Il m'a murmuré à l'oreille : « Pourquoi as-tu tardé si longtemps à venir ? »

keṭṭippiṭiccaṅg kātilāyōtunnu
ettuvān vaikiyatentu nī
nārāyaṇā hare nārāyaṇā hare
nīyariyāttatāyentinī

Narayana Hare Narayana Hare « Ignores-Tu quoi que ce soit en ce monde ? »

kālukazhukiccu kaiyyilpiṭiccittu
cālēyakattekkyupōnnitā
talpattilāyitā oppamirikkavē
kaṇṇuniraññatumentinu

Il a lavé mes pieds fatigués et m'a pris la main. Il m'a escorté à l'intérieur du palais et m'a préparé un siège. Il s'est assis à côté de moi, des larmes dans les yeux.

tāmarakkaṇṇande kaṇṇuniraññatu
rugmiṇidēviyum kaṇḍuvō
nārāyaṇā harē nārāyaṇā hare
ninneyariññavarāruṇḍu

Pourquoi ces larmes ? Le Seigneur Krishna cherchait-Il Rukmini Devi ? Narayana Hare Narayana Hare « Qui donc, en ce monde, T'a jamais connu ? »

pāzhavilkkeṭṭatu kaiyyileṭukkunnu
pinneyum pinneyum nōkkunnu
pāṭṭilkkazhiccatāyitōnnumō
yillinitaṭṭikkuṭaññā lumonnumillā

Le Seigneur a regardé encore et encore le paquet d'aval (flocons de riz battus) vieux et rassis que je tenais dans mes mains. « va t-il penser que j'en ai mangé ? » « Non, il le saisit de mes mains. »

pāribharikkunna tamburānāyoru
pāzhtuṇikkeṭṭē kaiyyiluḷḷu
nārāyaṇā harē nārāyaṇā harē
nīyariyāttatāyentinī

Le Seigneur gouverne le monde. Il tient maintenant une poignée de flocons de riz rancis enveloppés dans un tissu vieux et déchiré. » Narayana hare Narayane Hare « Ignores-Tu quoi que ce soit en ce monde ? »

keṭṭuturakkunnu pāramkotiyōṭe
pāzhaviluṇṇunnu śauriyum
tāvala vilalla tāvaka
snēhamāṇennumenikkatu priyamām

Il a ouvert le paquet et a regardé mon offrande. Il l'a mangée avec délices. Il a dit « C'est Ton amour que j'aime le plus dans cette offrande. »

kaiyil piṭicci ṭṭarutennu colliyō
rugminideviaṅgānoṭi
nārāyaṇā hare nārāyaṇā harē
ninneyariññavarāruṇḍu

Rukmini Devi a retiré le paquet des mains du Seigneur en disant : « Cela suffit et est partie en courant.Lords hands. Narayana Hare Narayana hare « « Ignores-Tu quoi que ce soit en ce monde » ?

kaṇḍumaṭaṅgumbozhuḷḷam piṭakkyunni
tonnum parayāte pōnnitā
tāmarakkaṇṇane kaṇḍuḷḷanērattil
paṇḍuḷḷakālattil muṇgiyō

Me voilà maintenant sur le chemin du retour, et je ne Lui ai rien dit de mes chagrins. Lorsque j'ai regardé dans Ses yeux de lotus, suis-je redevenu un enfant ?

jīvitadukhaṅgaḷ onnum paraññilla
tannemarannatu tanneyā
nārāyaṇā harē nārāyaṇā harē
nīyariyāttat-entuṇḍu

Je ne Lui ai rien dit de mes chagrins. Baigné de Son amour, j'ai tout oublié. « Ignores-Tu quoi que ce soit en ce monde ? »

Tāraka nāma (kannada 2015)

tāraka nāma mahā
mahimā śrī rāma
jaya-rāma raghu-rāma
sītā-rāma

Le glorieux nom de Rama permet de transcender le samsara (le cycle des naissances et des morts). Gloire à Rama, de la dynastie des Raghus ! Gloire à Rama, l'époux de Sita !

manavemba markaṭa
– ō rāma

O Rama, le mental ressemble à un singe

nina nāma ninda
nina prēmadinda
nina dhyāna dinda
nina sēvayinda

O Rama, grâce à la récitation de Ton nom, à l'amour pour Toi, à la méditation et au service désintéressé,

manavemba markaṭa
āyitalla hanuma

le singe du mental a atteint l'état de perfection d'Hanuman.

jaya-rāma
raghu-rāma
sītā-rāma

Gloire à Rama de la dynastie des Raghus ! Gloire à Rama, l'époux de Sita !

kānana kusuma – ō rāma

O Rama, la fleur sauvage

nina nāma ninda
nina prēmadinda
nina dhyāna dinda
nina pūjayinda

O Rama, grâce à la récitation de Ton nom, à l'amour pour Toi, à la méditation et au service désintéressé,

kānana kusuma
āyitalla śabari

la fleur sauvage est devenue Shabari (une grande dévote qui vivait dans la forêt).

jaya-rāma raghu-rāma sītā-rāma

Gloire à Rama de la dynastie des Raghus ! Gloire à Rama, l'époux de Sita !

jagadagala cerisi
carācarava porede
jaṭāyu sampāti
jāmbavara porede

Tu as traversé le monde entier. Tu as nourri tous les êtres, animés et inanimés. Tu as pris soin de Jatayu, de Sampati et de Jambavan.

manujara porede
amānuṣara porede

Tu as pris soin du bien-être des humains et de toutes les autres créatures.

nammante nakke
nammante ate

Tu as ri et pleuré comme nous, mais Tu ne t'es pas laissé prendre au piège du monde.

nammante silukade
viśva-vibhu-vāde

Tu es devenu l'Empereur de l'univers !

jaya-rāma
raghu-rāma
sītā-rāma

Gloire à Rama de la dynastie des Raghus ! Gloire à Rama, l'époux de Sita !

Tārakanāmamu (telugu)

śrī rāma rāma rāmēti
ramē rāmē manōramē
sahasranāma tattulyam
rāma nāma varānanē

Médite sur Sri Rama sous la forme du nom, Sri Rama Rama Rama. Dire trois fois le nom de Rama équivaut à réciter les mille noms de Vishnu (Vishnu Sahasranama).

tāraka nāmamu taluvara manujā
bhava-nāśaka mantramu maruvakurā

O Homme, sans faillir chante le mantra de Rama ; ce nom nous fait traverser l'océan du samsara.

kancarla gōpuni kācina mantram
rāmadāsugā mārcina mantram
annamācāryulu nutincinadi
śabarī-mātaku varamaina mantram

Ce mantra protégea Kancharlagoppanna et fit de lui Ramadasa. Le grand poète Annamacharya célébra ce même mantra. Il fut la grâce de Shabari.

bhōgā-saktuni tulasīdāsuni
yōga-yuktuni cēsina mantram
pōtanā-mātulya brōcina mantram
tyāgarājula madi koluvuṇḍinadi

C'est grâce à ce mantra que Tulsidas, tourné vers les plaisirs du monde, devint un grand dévot. Il protégea le poète Potana et vibra dans le cœur de Tyagaraja.

duḥkhālalō dānini viḍuvakurā
sukhālalō asalu maruvakurā
anni vēḷalā taluvara manujā
adiyē manaku ēkarakṣrā

O Homme, n'abandonne pas le mantra dans les moments difficiles, ne l'oublie pas dans les instants de bonheur. Chante le mantra constamment, c'est seulement ainsi que l'on trouve le salut.

rāmā rāmā jaya jaya rāmā
rāmā rāmā jaya śrī rāmā
gaṭṭiga piluvara rāmā rāmā
prēmatō palukara rāmā rāmā
bhaktitō piluvara rāmā rāmā
śraddhatō taluvara rāmā rāmā

Chante à pleins poumons Rama, Rama.
Chante avec amour Rama, Rama.
Chante avec dévotion Rama, Rama.
Chante avec foi Rama, Rama!

Taṭaikalai Nikkiṭum (tamoul 2015)

taṭaikaḷai nīkkiṭum dēva dēvā
taḷarum manankaḷai kākkum dēvā

O Seigneur, Tu es Celui qui élimine les obstacles ; Tu protèges le mental qui se lasse.

varam onṭru kēṭṭēn vallabhanē
varadā undan ninaivuṭan vāzhndiṭa

O Seigneur bien-aimé, je ne demande qu'une seule faveur, celle de vivre en pensant constamment à Toi, afin que ma vie ait un sens.

vallamai pettriṭa vaiyyagam pōttriṭa
vaḷankaḷ yāvaiyum vāri nī tandiṭa

Sans cette faveur, qui est la véritable richesse, je ne pourrai pas mener une vie prospère.

piravi mēl piravi eṭuttu calittēn
piravā varam vēṇḍum enṭrunnai tudittēn

Je suis las de renaître sans fin. Je prie afin que Tu me libères de ce cycle des naissances et des morts.

nallavai nāṭiṭa tīyavai tēyndiṭa
nanneri nāṭiyē nānilam uyndiṭa

O Seigneur, accorde-moi de voir le bien en tout ; fais que les tendances négatives en moi se fanent et disparaissent, afin que je devienne un réceptacle digne de Ta grâce.

gajamukha vadanā gajānanā
garvita madahara śubhānanā

O Dieu au visage d'éléphant, Toi qui détruis l'ego, la vision de Ton visage accorde ce qui est favorable.

pārvati nandana parātparā
paripālayamām pāpaharā

O Fils de la déesse Pārvatī, Tu es suprême, Tu détruis tous les péchés.

Tāttinantam teytārā (malayalam)

tāttinantam teytārā takatinantinam teytārā
tāttinantinam takatinantinam takatinantinam teytārā
tāttinantinam takatinantinam takatinantinam teytārā

pārvatinandanane karirūpamiyannavane
ādipūjita namaravandita
namṛtamānasanennayyan
kāttukoḷḷaṇam-iniyivanoru vazhiyaruḷaṇam-enneykkum

Oh fils de Pārvatī, toi qui as la forme d'un éléphant et que l'on vénère avant d'entreprendre quoi que ce soit, Toi devant qui les êtres immortels se prosternent, daigne me protéger et me montrer éternellement la voie.

nānmara nalporuḷē naṭamāṭum gaṇapatiyē
kāvyalōlupanamaranāṭaka
naṭanarasikanennayyan
kāttukoḷḷaṇam-iniyivanoru vazhiyaruḷēṇam-enneykkum

Oh Ganesha, essence des quatre Vedas, Tu apprécies la danse, la poésie et le théâtre. Oh mon Seigneur, daigne me protéger et me montrer éternellement la voie.

surajana vanditane munimānasa pūjitane
kāñcanaśobhita nadhikakōmaḷa natula
mohitanennayyan
kāttukoḷḷaṇam-iniyivanoru vazhiyaruḷēṇam-enneykkum

Toi que vénèrent les êtres célestes et les Rishis (sages) et dont le corps brille comme de l'or, O mon Seigneur, daigne me protéger et me montrer éternellement la voie.

ṣaṇmukha-sōdarane siddhivināyakanē
nāradapūjita mānasavandita vighna-vināśakan-ennayyan
kāttukoḷḷaṇam-iniyivanoru vazhiyaruḷēṇam-enneykkum

Frère de Shanmukha, Oh Siddhi Vinayaka. Toi que vénère le sage Narada, tu détruis tous les obstacles. O mon Seigneur, daigne me protéger en me montrant éternellement la voie.

śankaranandanane koṭum sankaṭanāśakanē
jñānadāyaka namalamānasa
nilayamarnnāṭumennayyan
kāttukoḷḷaṇam-iniyivanoru vazhiyaruḷēṇam-enneykkum

Oh fils de Shankara (Shiva), tu détruis le chagrin le plus profond. Tu accordes la sagesse, toi dont le cœur est pur. Oh mon Seigneur, daigne me protéger et me montrer éternellement la voie.

pāśānkuśadharane perumūṣika vāhananē
sūryasannidha nabhaya dāyakan-
ārttihārakanennayyan
kāttukoḷḷaṇam-iniyivanoru vazhiyaruḷēṇam-enneykkum

Tu tiens la corde (pasha) et l'aiguillon (ankusha), ton véhicule est une petite souris qui brille comme le soleil. Toi qui nous protèges, qui détruis toute avidité, daigne me protéger et me montrer éternellement la voie.

Taye tava (version kannada)

tāye ninna makkaḷali
kāruṇya tōrammā
tāpadi hṛdaya tapisutide
kāruṇya rūpāngane

mōda bandu divākara prabheyu
mareyāguvantē
mōhakkai siluki nāsōlladirali
kāruṇya rūpāngane

taruvu lateyū jalavu akhila
jīva jālagaḷū
nina sṛṣṭi entu nānintu arite
kāruṇya rūpāngane

Tāyillā piḷḷayō (tamoul)

tāyillā piḷḷayō nān
nīyillayō enakku?
pārammā un makanin paritavippai
yārammā gati enakku?

Suis-je un orphelin ? N'es-Tu pas là pour moi ? O Mère, daigne voir la souffrance de Ton enfant, qui d'autre serait mon refuge ?

āyiram mukhankaḷ-iḍaiyil - nān
annai mukham tēḍinēn
anbozhukum mozhikaḷ iḍaiyil - nān
ātmārta mozhi vizhaindēn

J'ai cherché le visage de Mère parmi des milliers de visages. Parmi tant de paroles aimables (superficielles), je me languissais d'entendre des paroles d'Amour pur.

āyiram uravu vandālum - adu
annaikku īḍiṇaiyāmō?
aravaṇaikkum un kaikaḷināl en
ārāda tuyar nīnkumō?

Même si nous avions des milliers de relations, laquelle égalerait la relation avec Amma ? Ton étreinte mettra-t-elle fin à mon inconsolable douleur ?

Teyyom taka (tamoul 2015)

teyyōm taka tārōm tittōm ttaka
teytaka tārōm tittōm

rārikkam rārō rērikkam rērō
rārikkam rārō rērikkam rērō
nalluma maintanallē murukā
valli maṇāḷanallē
māmala mōḷilāyi vāzhunnoru

Fils de Pārvatī, O Seigneur Muruga, époux de la déesse Valli, Tu résides au sommet des hautes montagnes

māmayil vāhakanē murukā
ninpadam kumbiṭunnēn murukā
nin kumbiṭunnēn

O Muruga, Toi qui chevauches le grand paon, nous adorons Tes pieds.

nal paḷanimalayil murukā
vāzhunnadēvatamē
māmarutāmalayil amarum
dēvasēnāpatiyē

Tu résides dans le temple Palani, Tu demeures à Maruthamalai (temple situé sur une colline près de Coïmbatore) en tant que général en chef des devas (demi-dieux).

murukā ninpadam kumbiṭunnēn
murukā ninpadam kumbiṭunnēn

Muruga, nous adorons Tes pieds divins.

kāvaṭicintupāṭām murukā
āṭiyulaññiṭāmē
pālkkuṭakāvaṭiyāy kumārā

Nous chantons le kavadi sindhu (chant populaire dévotionnel) et nous dansons en portant sur la tête des pots (kavadi) remplis de lait.

kōvilaṇaññiṭunnē murukā
ninpadam kumbiṭunnēn murukā
ninpadam kumbiṭunnēn

Et nous arrivons à Ton temple, Muruga. Nous adorons Tes pieds.

āraṇa rūpanallē murukā nīraṇa āryanallē
vēlēnti villēntiyum murukā
ērivarikayillē vēlā

O Muruga, Tu as six têtes, Tu es un grand guerrier et Tu tiens un arc, une flèche et une lance. Ne viens-Tu pas ?

ninpadam kumbiṭunnēn murukā
ninpadam kumbiṭunnēn

Nous adorons Tes pieds divins.

tārakabhañjakanē mānasa
tārilamaraṇamē
pāritaruḷuvōnē murukā
jñānamaruḷiṭaṇē vēlā

Toi qui as tué le démon Tharaka, daigne demeurer dans nos cœurs. Toi qui accordes la grâce au monde, daigne nous donner la sagesse (jnana).

ninpadam kumbiṭunnēn murukā
ninpadam kumbiṭunnēn

Nous adorons Tes pieds divins.

Tintaka Tintaka (malayalam 2015)

tintaka tintaka
teyyam tārō taka
tintaka tintaka

teyyam tārā
kaṇṇottu nōkkuvān
pattunnatallende
kaṇṇende ceytikaḷattaramē

Pour voir Krishna, deux yeux ne suffisent pas, tel est Son jeu divin.

Kuṭṭittaraṅgaḷāṇenkilum
ammaykku
tiṭṭattil vīṭṭilirunniṭāmō

Ces jeux ont beau ressembler à ceux d'un enfant, sa mère peut-elle rester à l'intérieur de la maison ?

muttattu ninnonnu
cuttikkaḷicciṭum
tettannu kāṇilla pinnavane

L'enfant Krishna joue dans la cour, pour disparaître l'instant d'après.

veṭṭattil ninnonnu māriyālāyavan
cettennu kāṭakamēriṭumē

S'il disparaît, c'est pour aller grimper dans la forêt.

kalluṇḍu muḷḷuṇḍu kuññinde kālaṭi
ennuḷḷa cintayavaykkuṇḍāmō

Là, les épines et les pierres aux arrêtes coupantes savent-elles que c'est le pied d'un enfant qui se pose sur elles ?

kuṇḍukaḷ pārakaḷuṇḍava kāṭṭilāy
kuññavanennavayorttīṭumō

Les trous et les rochers, dans la forêt, se rappellent-ils qu'Il n'est qu'un enfant ?

paikkaḷōṭottavanōṭi kaḷikkumbōḷ
payyeyirunnatu nōkkiṭāmō

Quand Il joue avec les vaches, peut-on Le voir de loin ?

payyummarannavanōṭi kaḷikkumbōḷ
vayyennu connaṅgirinniṭāmō

Les vaches aussi jouent avec Lui et oublient tout au monde.

veṇṇa kavarnnavanuṇṇum parātikaḷ
peṇṇuṅgaḷeppōzhum conniṭunnu

Les femmes de Vrindavan viennent toujours se plaindre qu'Il leur vole du beurre.

kaṇṇanennallavar collunnatippōzhāy
kaḷḷanennākiliṅgentu ceyyum

Au lieu de L'appeler Krishna, elles L'appellent le petit voleur.

taṇḍupiṇaccuḷḷa pīliyumāycennu
talluvānonnu tuṭaṅgiyālō

Quand Il prend une posture de combat, avec une plume de paon en guise de bâton,

taṇḍukaḷ kāṭṭi kaṭannu
pōminnavan
paṇḍillātuḷḷoru bhāvamāṇē

Il continue par une démonstration de fierté encore jamais vue chez Lui.

cellakkārkoṇḍatil pīlitirukumbōḷ
cinnicciriccavan vanniṭumbōḷ

en mettant la plume de paon sur sa couronne. quand Il s'approche avec un sourire innocent,

onnu koṭuttiṭumōṭattaṇḍonnināy
allāte colliyāl ettiṭilla

alors je Lui donne une de Ses flûtes de bambou, sinon Il ne m'écouterait jamais !

maññayuṭuttavan celammē ciriccuko-
ṇḍammēyennōtiyaṭuttiṭumbōḷ

Avec Ses habits jaunes, quand Il arrive en appelant « maman ».

ellām marannaṅgu ninnupōmuḷḷilāy
ammayennuḷḷoru puṇyamallē

j'oublie toutes Ses espiègleries, c'est l'avantage et le mérite d'être Sa mère.

ambāṭi paitalām nīlakkārvarṇṇanum
ammayumārnnuḷḷa līlakaḷe

L'enfant d'Ambadi, Celui au teint bleu couleur de nuages, tels sont Ses jeux divins (lilas) avec Sa mère.

ambōṭeyōrkkunnu mānasameppazhum
ambāṭiyāyi vilasiṭunnu

En se rappelant avec amour les jeux divins du petit Krishna, le mental devient Ambadi, le paradis.

Tintinnam tintinnam (malayalam)

tintinnam tintinnam takatimi tā
tintinnam tintinnam takatimi tā
takataka takataka takatimi tā
takataka takataka takatimi tā
takataka takataka takatimi tā

Sons de joie

ceñcōra cempaṭṭu cilambaṇiyum
caṇḍikē pōrkkali kaḷiyāṭu nī
kaṭal pōle kaṭannēri kaḷiyāṭu nī
neṭumala tiṭam pōle naṭamāṭu nī
asurande gaḷamaruttaṭi vaykku nī

Des bracelets lourds de cuivre rouge aux chevilles. Ô Chandika, tu joues au jeu de la guerre. Tu mènes le combat comme l'Océan qui déferle. Tu tues les démons en dansant.

teccippūmālayum aramaṇiyum
caṇḍikē pōrkkali kaḷiyāṭu nī
koṭunkāttu cuzhiyum pōl cuzhiññāṭu nī
kaṭutalaraṭikaḷāl naṭamāṭu nī
kaliyārnnu karaṅgaḷiṅgeṭuttāṭu nī

Tu portes des chaînes tintantes à la taille et une guirlande de fleurs rouge. Ô Chandika, tu joues au jeu de la guerre. Comme un tourbillon qui ravage tout, c'est ainsi que tu joues avec Tes ennemis. Tu les saisis avec colère et danses victorieusement.

kolliyānoḷiyātta karavāḷavum
caṇḍikē pōrkkali kaḷiyāṭu nī
caṇḍamuṇḍa niṣudini naṭamāṭu nī
muṇḍamāla yulacculaccucculaññāṭu nī
mahiṣande śirassaruttaṭi vaykkū nī

L'éclair est ton épée. Ô! Chandika, joue au jeu de la guerre. Tu détruis les démons Chanda et Munda ! Danse, une guirlande de crânes pendant à ton cou, Tu as manifesté la destruction du démon Mahishasura. Danse, une guirlande de crânes pendant à ton cou, Tu as manifesté la destruction du démon Mahishasura.

kaṇkaḷil kaliyērum kanaloḷiyum
caṇḍikē pōrkkali kaḷiyāṭu nī
manassinde pōrkkaḷattilaṭi vaykku nī
duritaṅgaḷarutteriññuzhiññāṭu nī
uyirēkiyulakatte yuyarttīṭu nī

Tes yeux brûlent comme des charbons ardents. Chandika, joue au jeu de la guerre ! S'il te plaît, danse dans le champ de bataille de mon cœur ! Fais disparaître les malheurs de ma vie. Accorde une vie nouvelle et élève le monde.

Tiruvaḍi pukazhppāḍa (tamoul)

tiruvaḍi pukazhppāḍa varam tā ammā
dinamunnai manamnāḍa aruḷvāy ammā

O Mère, accorde-moi la faveur de chanter la gloire de Tes pieds divins. O Mère, je T'en prie, bénis-moi afin que mon mental soit toujours en quête de Toi.

aṇaiykkum nin abhayakkarankaḷ
karuṇai migunda nayanankaḷ
bhaktarai īrkkum un azhakum - ammā
ānandattēnssuvai un bhāvam
ānandattēnssuvai un bhāvam

Tes bras nous étreignent et nous accordent refuge. Tes yeux débordent de compassion. O Mère, Ta beauté attire les dévots. Tes manifestations divines, pleines de béatitude, ont la douceur du miel.

oppillā oḷiviḷakkē nī
omkāra tiruviḷakkum nī
māṇikkya maṇiviḷakkum nī
mangaḷankaḷ aruḷum viḷakkē
mangaḷankaḷ aruḷum viḷakkē

Tu es la Lumière incomparable. Tu es la Lumière divine du son « Om » Tu es la Lumière des pierres précieuses. Tu es la Lumière qui accorde tout ce qui est propice.

Tori koler chele āmi (bengali)

tori koler chele āmi
ori doyay khāi-pori
shongshar mājhe karmo kore
dekhish tore bhule na jāi

Je suis un bébé dans Ton giron. C'est par Ta grâce que j'obtiens nourriture et vêtements. Daigne T'assurer que je ne T'oublie pas, plongé dans les activités du monde.

ekti shukno patar mato
hava dilei jhore jaai
mātir shonge jabo mishe
bidāy na chai tore bhule

Le moindre souffle de vent peut me faire tomber comme une feuille morte et retourner à la terre. Mais je ne veux pas finir ainsi et T'oublier complètement.

ekla pother pothik āmi
mayar shuray neche jaai
hāriye moner pralobhane
poth hāriye chede na jāi

Je vais solitaire sur un chemin solitaire. Je continue à danser sur la musique de maya. Il ne faut pas que je me laisse distraire et m'égare, tenté par le mental.

ghare eka bandho kopāt
kāndbo tore mone kore
ghadir kanta thamlo bole
āy ma chole amāy nite

Derrière la porte close, je verse des larmes en pensant à Toi, seul dans ma chambre. L'horloge est sur le point de s'arrêter, (la mort vient) daigne m'emmener avec Toi.

Tum ho māte (hindi)

tum ho māte varadā laḷite
dīnoddhāriṇi devī
karuṇādhārā ban śailsute
de sāre var jaldī

O Mère Lalitha – Toi qui accordes des faveurs, Devi qui relève ceux qui ont chuté. Fille de la montagne, Fleuve de compassion. Daigne nous accorder sans délai toutes les faveurs.

jay jay mā jay jay mā
jay jay jay jay mā
jay mā mā mā mā
jay mā mā jay jay jay mā

Victoire à Mère !

ham hai tere śaraṇāgat mā
tere āge-śīś-jhukātte
abhay de – māte śaraṇ de – māte
tum hame – māte
nirupam sukh de tumī bacāvo

Nous nous abandonnons à Toi, Mère Nous inclinons la tête devant Toi, daigne demeurer à jamais dans nos cœurs, Mère. Mère, daigne nous protéger en nous accordant le bonheur incomparable.

girije gaurī gatidāyini tū
sabko mangaḷ denā mā
abhay de – māte
śaraṇ de – māte
tum hame – māte
caraṇ kamal me sadā basāvo

O Fille de la montagne, Gauri qui accorde des incarnations supérieures, Mère, accorde-nous à tous ce qui est propice. O Mère, daigne promettre de nous protéger et de nous accorder refuge. O Mère, daigne nous accorder refuge à Tes pieds de lotus.

Ulagamāga māri nirkkum (tamoul)

cētanā adhiṣṭhitam jagat sarvam
inda pārellām paramporuḷin palarūpangaḷ

L'univers entier est la conscience suprême. Dans cet univers, tout ce que nous voyons est une manifestation du Divin.

ulagamāga māri nirkkum ulaga annaiyē
inda ulagam vēru nī vēru embatillaiyē
idanai ariyum nālvarayil amaidiyillaiyē
idai arinda pinnar arindiṭavē onṭrum illaiyē

O Mère qui es à la fois l'univers et la Mère universelle, Tu n'es pas séparée de cet univers, Tu es l'univers même. Nul ne trouve la paix tant qu'il n'a pas réalisé cette vérité. Ensuite, n'y a plus rien à obtenir en ce monde.

arindu seyyum pizhaikaḷum agalavē illaiyē
ariyāda pizhaikaḷum vilagavē illaiyē
unnai nānum arindiṭa vāyppum illaiyō
vidhiyai māttrum unnaruḷ enakkillaiyō

Je n'ai pas réussi à me libérer des erreurs commises consciemment, pas plus que de celles commises inconsciemment. N'y a-t-il pas un moyen de Te réaliser ? Ne suis-je pas digne que Ta grâce change mon destin ?

aṭankāda manadil nī oḷirvadē illaiyē
manadai aṭakkum vazhiyum teriyavē illaiyē
vāzhum nāṭlkaḷ ovvonṭrum undan maṭiyilē
un dayavanṭri vērēdum vazhiyum illaiyē

Tu ne brilles pas dans un mental qui n'est pas maîtrisé et j'ignore comment contrôler mon mental. Chaque jour de ma vie se passe dans Ton giron. Et il n'y a pas d'autre moyen d'obtenir Ta grâce.

Ulakāḷum nāyakiyē (tamoul)

ulakāḷum nāyakiyē ōmkāra rūpiṇiyē
uḷḷanpāl manamkuḷirum navagraha nāyakiyē
umayavaḷē karpagamē paruvattu māriyē
uṇarvinil kalaintiṭum karuṇaimiku māriyammā

O Déesse qui règne sur le monde ! O Déesse du son « Om » ! O Déesse des neuf planètes ! Tu Te délectes de notre amour ! O Uma, (épouse de Shiva) ! O Déesse des richesses ! O Déesse des saisons ! Tu es la Déesse Mariamma, la trame de mon expérience !

māriyammā muttumāriyammā
vārivazhankum aruḷ māriyammā
varuvāy malarvāy anpu malarē
paramē tiruvē kanivuttāyē

O Mariamma ! Tu accordes la grâce ! Daigne venir, afin que la fleur de mon amour s'épanouisse. Tu es la Mère miséricordieuse, O Toi l'Éternelle !

jñāna oḷi cintiṭum ulakin ponnoḷiyē
pannezhuta tunnaipuriya tī pantam ēntiyē
kaviyin karam turitamāy kannattil iśayavē
kavitayinai azhakura inmukhamāy mozhintāy

Tu es la lumière dorée de cet univers, Tu répands la lumière de la connaissance. Tu tiens le flambeau qui m'aide à écrire de la poésie. Dès que j'écris un poème, Tu le chantes. Tu le chantes avec Amour, c'est magnifique.

ūśikkuttum iṭamillātē niraivāyē muttāka
iśaikēṭkka mēniyilē āṇmīka vittāka
āśaiyuṭan vantiṭuvāḷ anpāna viruntuṇṇa
diśayeṭṭum niraipavaḷē kāvalākum māriyammā

O Mariamma ! Tu m'inondes de perles de sagesse. Daigne venir avec amour Te délecter de ma dévotion. Gardant les huit directions, protège-moi !

āyiramkaṇ pānayilē māviḷakku arppaṇam
āyimakamāyikku tamaraiyāl arccanam
agnikalaśam tānkiṭavē agni rūpamākavē
muktinalam cērttiṭavē jñānavaṭivākavē

J'offre des lampes de farine (prasad traditionnel) dans des pots à mille yeux ; je récite l'archana à la déesse Mariamma avec des fleurs de lotus, afin d'obtenir la flamme de la connaissance, et d'atteindre la libération, de devenir la connaissance même.

māriyammā muttumāriyammā
māriyammā enkaḷ kāḷiyammā

O Déesse Mariamma ! Notre Mère Kali !

Ulakattin tāyenṭru (tamoul)

ulakattin tāyenṭru unaipōttriccolvārē
uttamarellōrum tāyē - atan
uṭkaruttariyēn un sēyē
uṭalukku tāyāka ulakattil palaruṇḍu
uyirukku tāyānatālē - enkaḷ ulakattāy ānāyō nīyē

Les grands êtres Te célèbrent comme la Mère universelle. Le sens de ces mots n'est pas clair pour cet enfant. Il existe de nombreuses mères biologiques. Es-Tu la Mère de la vie même ? Es-Tu la Mère universelle ?

pullirkkum pūvirkkum bhuvitannil yāvirkkum
purikinḍra mozhiyonḍru tāyē - adai
purindanbai pozhipavaḷ nīyē
kallirkkum uḷḷēyum īrattai kaṇḍinku
kanivōṭu anaittiṭum tāyē - emmai
karaisērkkum tōṇiyum nīyē

Il existe un langage que comprennent tous les êtres de la création (l'amour). Sachant cela, Tu répands l'amour sur tous les êtres. O Mère, Toi qui étreins avec amour même ceux qui ont un cœur de pierre, Tu es le bateau qui nous fera traverser cet océan du samsara (le cycle des naissances et des morts).

nimmatiyai tēṭi nirkkāmalē ōṭi
niraivinḍri māniṭam taḷarum - tan
ninaivizhandiravil kaṇ āyarum
tammirkkuḷ tāmākum tanitta annilaiyilē
tavarāmal nī vandaṇaippāy - amaidi
tarukinṭra muttam padippāy

Sans relâche, l'humanité court vainement, en quête de la paix. Épuisé par cette quête stérile, l'être humain entre dans l'état de sommeil profond, où la dualité n'existe pas, Tu ne manques jamais alors de venir nous donner un baiser, nous apportant ainsi la paix.

Unai maravā varamonḍru (tamoul)

unai maravā varamonḍru unniṭam kēṭṭēn - unai
enḍrum vaṇankiṭum nal manamonḍru kēṭṭēn

Daigne m'accorder une faveur afin que jamais je ne T'oublie, donne-moi un cœur qui se prosterne éternellement devant Toi.

sollonnā tūyarattil tūvaṇḍiṭum pōtum
cañcalankaḷ en manadai sūzhndiṭumbōtum

piravāda nilai kāṇa vazhiyinai kāṭṭi
piraviyadu kaṭaittēra padamalar taruvāy

Alors que mon esprit est tourmenté par des chagrins sans fin, alors que le désir s'engouffre dans mon mental, montre-moi le chemin qui mène hors de ce cycle des naissances et des morts, en m'accordant refuge à Tes pieds de lotus.

ulakirkku unaiyanṭri uyvadu uṇḍō
uyirukku unaiyanṭri uravadu uṇḍō
sērāda iṭam sērndu uzhanṭriṭum ennai
sērttiṭuvāy un pādakamalattil inḍru
sērttiṭuvāy un pādakamalattil inḍru

Y a-t-il en ce monde un refuge autre que Toi ? Existe-t-il un autre être cher à cette âme, hormis Toi ? Même si je languis dans un entourage défavorable, permets-moi de me fondre en Tes pieds divins.

manamōhana madhusūdhana rādhā ramaṇā
kaṇṇā kaṇṇā

O Krishna à la beauté enchanteresse, vainqueur du démon Madhu et Bien-aimé de Radha.

Undan tōḷil (tamoul)

undan tōḷil nānum sāyndu tūnkavēṇḍumē
undan anbukkāga maṭṭum ēnka vēṇḍumē
pārppatellām nīyenṭruṇarum pānku vēṇḍumē
bhavatāriṇi un tiruvaṭi tale tānka vēṇḍumē

Mère, je veux dormir sur Ton épaule. Je ne veux aspirer qu'à Ton amour. Je veux comprendre que Tu es tout ce que je vois. O, Bhavatharini, je veux poser sur ma tête Tes pieds de lotus.

unnai tēṭi nāṭum nalla uḷḷattinaippeṭrēn
ennai nāṭi nīyum tēṭum pēṭṭrinaippeṭṭrēn
unnai tēṭi amaidi koḷḷum manadinaippeṭṭrēn
ennai tēṭi ammā nīyum enna tānpeṭṭrāy
ennai tān peṭṭrāy

J'ai le désir de Te chercher et de Te connaître. Tu m'as cherché(e) et Tu m'as trouvé(e), quelle bénédiction !

enkē nānum irundapōdum ennai pārkkinṭrāy
edanai nānum pēsinālum nīyum kēṭkinṭrāy
tankum namadu uravu enṭru tāyum solkinṭrāy
tazhaikkum undan vāzhvu enṭru dayavum seykinṭrāy
dayavum seykinṭrāy

Tu affirmes que notre relation est éternelle. Pour que ma vie soit fructueuse, Tu répands sur moi Ta compassion.

Underneath a Kalpataru (anglais)

Underneath a kalpataru
Wish granting banyan
I pray for it to listen to me
Pray for it to see

Sous un Kalpataru, un arbre banyan qui exauce les désirs. Je prie pour qu'il m'entende, je prie pour qu'il lise

Deep into my heart and hear it
Sing a distant melody
Take me in your arms Devi
Take me back to thee

au plus profond de mon cœur et l'entende chanter une lointaine mélodie. Prends-moi dans Tes bras, Devi ramène-moi à Toi.

I wish there would be harmony
And within it a place for me
I wish I had the eyes to see
The oneness around me

J'aimerais que l'harmonie règne et qu'il y ait en elle une place pour moi. J'aimerais avoir les yeux pour voir l'unité autour de moi.

Aranyani Aranyani
Goddess of this banyan tree
Take me in your heart Devi
Take me back to thee

Aranyani Aranyani, déesse de cet arbre banyan. Prends-moi dans Ton cœur, Devi, ramène-moi à Toi.

I wish the world would pray with me
And think about our destiny
I wish we could be like this tree
Giving shade impartially

J'aimerais que le monde prie avec moi et pense à notre destin. J'aimerais être comme cet arbre qui donne de l'ombre à tous, impartial.

Unnarumai (tamoul 2015)

unnarumai mukham kāṇa
kaṇṇā nān tavamirundēn

O Krishna, je me suis livré à des austérités pour contempler Ton visage divin.

untanatu varavālē
en piravippayanaṭaindēn

Quand Tu es enfin venu, j'ai eu le sentiment que le but de ma vie était accompli.

kaṇkaḷum kāṇāmal gangayāy ponkiyatē
kaṇḍapinnum mārāmal ennilaiyai sollituṭē

Les yeux remplis de larmes, comme le Gange au flot éternel, je n'ai pas pu Te voir, vois ma situation pathétique !

un madhura nāmamatai
uṇavāga uṇḍirundēn
uḷḷam kavar un ninaivai
uyirāga koṇḍirundēn

Tes doux noms étaient pour moi une délicieuse nourriture ; je n'ai survécu que grâce aux pensées enchanteresses que je nourrissais à Ton propos.

kanavilum kaṇḍatellām
un mukham adanālē
kanavilum kaṇḍatellām
un mukhamē adanālē

Même en rêve, je ne voyais que Ton visage divin. Etait-ce un rêve ? Étais-je éveillé ? Comment l'aurais-je su, ne percevant plus que Ton visage sacré ?

mālaiyēndi unakkāka nāninku kāttirundēn
mālaitōrum mālaivāṭa nānuminku vāṭi ninṭran

Je T'attendais chaque jour avec une guirlande, mais au crépuscule, Tu n'étais pas venu et les fleurs étaient fanées comme mon visage.

pūmālai kōrkkavillai unaikkāṇum innēram
pūmalai kōrkkavillai unnaikkāṇum innēram

Mais quand Tu es venu aujourd'hui, je n'avais pas fait de guirlande,

pāmālai ennuyiril kōrtteṭuttu cūṭṭukinṭrēn

alors je T'offre une guirlande de chants à Ta gloire, tressée avec mon cœur.

Uṇṇi gaṇapatiye (malayalam)

uṇṇi gaṇapatiye uḷḷam vaṇaṅgānāy
entaṭā kuññāṇē nammaḷum pōvēṇḍē

O petit frère, ne devrions-nous pas nous aussi aller adorer le bébé Ganesh, de tout notre cœur ?

uḷḷamazhiññu tozhām meyyitulaññu tozhām
uḷḷilezhunniṭaṇē uṇṇi gaṇapatiyē

Nous prions avec ferveur, nous prions en nous balançant. O bébé Ganapati, sois présent en nous, nous T'en prions.

mālarum mauli tozhān mānattil nōkkiṭunnē
pārāte pādam tozhān pāritil vīṇiṭunnē

Pour nous prosterner devant Sa couronne purificatrice, nous regardons vers le ciel. Pour nous prosterner à Ses pieds, nous regardons la terre.

ambiḷikkīraṇiyum vambezhum kēśabhāram
tumbōṭu kaṇṇariññē mumbāyikkaitozhunnē

Nous nous prosternons en regardant Sa chevelure épaisse ornée d'un croissant de lune.

embāṭu mumbartozhum mānpezhum nalpadaṅgaḷ
vembalakattiṭānāy nambivaṇaṅgiṭunnē

Pour être libérés de la douleur, nous nous prosternons avec foi à Ses pieds, adorés par les dieux.

tumbamakanniṭānāy tumbikku kumbiṭunnē
imbamiyanniṭānāy kumbayum kaitozhunnēn

Pour être libérés du chagrin, nous nous prosternons devant sa trompe ; pour trouver la joie, nous nous prosternons devant son ventre.

vambezhum kombatinē anpināy kaitozhunnēn
lambōdharanivane ambōṭu kumbiṭunnēn

Pour obtenir la grâce nous nous prosternons devant sa défense; nous nous prosternons avec amour devant Ganapati au gros ventre.

nallavil śarkkarayum veṇmalar kēramatum
nanpezhum nalpazhavum mātaḷam nīḷkarimbum

Nous T'offrons des brisures de riz, du jaggery, du riz soufflé, de la noix de coco, d'excellentes bananes plantain, des grenades et de la canne à sucre.

nallaṭa mōdakavum kalkkaṇḍa muntiriyum
añcāte nēdichiṭām ayyanē kāttiṭanē

Nous T'offrons des crêpes de riz, des sucreries (modaka) du sucre candi et des raisins. Daigne nous protéger !

nalluma yankamatil ārnnirunnennumennum
nanmayaruḷiṭaṇē uṇṇivināyakanē

O petit Ganapati, assis dans le giron de la déesse Pārvatī, accorde-nous toujours ce qui est bon.

ādi vaṇaṅgiṭuṇē ādhikaḷattiṭaṇē
śankara nandananē śakti nīyēkiṭaṇē

Nous nous prosternons au tout début pour mettre fin à toutes nos inquiétudes. O Fils du Seigneur Shiva, donne-nous de la force !

Ūraṭankum (tamoul)

anpu kuzhantai urankiṭa tālāṭṭum annai
āruyirai tālāṭṭi uḷḷam teḷivākkum kāḷī
imaippozhutum kāppāḷ enum nambikkaiyilē
īndra makkaḷ urankiṭukaiyil ulāvarudam
makākāḷī

Mère chante une berceuse pour endormir Son enfant chéri. Mère Kali chante une berceuse pour l'âme, pour rendre le mental clair. Tandis que Ses enfants dorment en ayant foi qu'Elle les protègera toujours, Maha Kali part en promenade.

ūraṭankum vēḷayilē ūrvalamāy vārāḷē
uttamiyām bhattirakāḷi namme kākka vārāḷē
urakkamatu vizhitazhuva akamuṇara umāśankarī
urankātu nammiṭaiyē ānandamāy vārāḷē
ammā om kāḷī makākāḷī
ammā om śaktī parāśaktī

Au crépuscule, quand s'apaise l'agitation de la ville, Elle vient en procession. Bhadra Kali, incarnation de la pureté, vient nous protéger. Pour que le sommeil nous caresse les yeux, pour nous permettre de comprendre, Uma Sankari (épouse de Shiva) vient joyeusement à nous, sans Elle-même dormir. O Mère, Kali, Énergie primordiale !

pañcam paśi tīravē gaṇapati tāy vārāḷe
mañcamākum manatinilē paḷḷikoḷḷa vārāḷē
añcum manatai amaidiyākka vārāḷē
pañcabhūtam āḷpavaḷāy vārāḷē

La Mère du dieu Ganesha vient dissiper la pauvreté et la faim. Elle vient s'asseoir sur le siège du mental. Elle vient apaiser le mental remplit de peurs et gouverner les cinq éléments de la nature.

kanimālai tānkiyē kanivuṭanē vārāḷē
piṇitīra vēppilai vīśi vēlavan tāy vārāḷē
paccaipayar śezhittiṭavē vārāḷē
icchayellām kaḷaintiṭavē vārāḷē

Elle vient pleine de compassion et porte une guirlande de fruits. La Mère du dieu Muruga vient, elle agite des feuilles de nim pour guérir les maladies.

muḷaippāri śiram tānka bhaktiyāka vārāḷē
viḷainilattai ponnilamāy māttriṭavē vārāḷē
bhānakāram paṭayalērka vārāḷē
manataiyāḷa makēsvarī vārāḷē

Elle vient avec dévotion porter le mulaipari (pot de terre traditionnel rempli de neuf graines germées différentes) sur la tête. Elle vient transformer les terres agricoles en terres d'or. Elle vient accepter les offrandes de breuvage épicé (traditionnel). Makeswari (la déesse Durga) vient gouverner notre mental.

Uyara uyara (tamoul)

uyara uyara pōkum manam āzhntu pōkavē
sōrntu pōyviṭāmal atai nī kākkavē
vāzhkayil uttama tattuvam nī
makattuvam nirainta māmaṇi nī

Le mental qui s'élève très haut doit aussi plonger dans les profondeurs. Lorsque je fais cela, daigne me protéger afin qu'il ne perde pas sa vigueur et ne sombre pas dans l'indifférence. Oh Maître, dans notre vie, Tu es la vérité suprême. En Toi demeure la perle d'excellence.

ganamāna ninaivukaḷ varumbōtellām
guruvē un vārttaikaḷ itamānatē
mārā vicāraṇai seytīṭavē
vairāgyaṁ nī tūṇḍa nalamākutē

Lorsque je suis en proie aux affres de ma quête spirituelle, O guru, Tes paroles de réconfort seules me redonnent force. Tu m'insuffles la détermination nécessaire pour que la quête intérieure se poursuive sans cesse.

anubhavamām peru vīthiyil naṭattum guruvē
pūvō vazhi muḷḷō viral piṭi pōtumē
ituvē nān nitaṁ seyyuṁ or prārtthanai
guruvē un aruḷ vākku balamānavai

Dans ce vaste monde d'expériences, Tu me guides sur le chemin parsemé de fleurs et d'épines. Peu importe comment se déroule le voyage, tant que Tu tiens au moins un de mes doigts, cela me suffit. Telle est ma prière constante : daigne me donner de la force par Tes paroles remplies de grâce.

Uyirōṭuyirāy (tamoul)

uyirōṭuyirāy uṇarvōṭuṇarvāy
uravāṭiṭa vā kaṇṇā
siraiyil piranda maraiyin poruḷē
piravippayanē kaṇṇā

O Krishna ! Viens T'unir à mon être et à ma conscience ! Tu es né dans une prison, Tu es l'essence des Védas et l'accomplissement de la vie.

pettravar anbum suttravar tuṇaiyum
uttravanum nī kaṇṇā
kattratu koṇḍu pattradu viṭṭu
pettradum unaiyē kaṇṇā
pettradum unaiyē kaṇṇā

Tu es l'incarnation de l'affection parentale, de l'aide reçue par la famille et les amis, Tu es l'être le plus proche. C'est Toi que l'on atteint grâce au détachement conféré par la connaissance.

akalāden manam tudittiṭum un padam
ānirai mēykkum kaṇṇā
ayarādoru kaṇam ninaittiṭum un mukham
ālilai tuyilum kaṇṇā
ālilai tuyilum kaṇṇā

O Krishna, petit bouvier ! Sans cesse, mon mental vénère Tes pieds. O Krishna qui dort sur la feuille de banyan ! Mon esprit se rappelle inlassablement Ton visage.

kaṇṇā... kaṇṇā... kaṇṇā... kaṇṇā...

Oh Kanna (nom de Krishna enfant)

Vandavar ettanai (tamoul)

vandavar ettanai cenṯravar ettanai
janmankaḷ ettaneyō?
vāzhndavar ettanai? vīzhndavar ettanai
māyndavar ettaneyō?

Combien sont venus, combien sont partis ! Combien de vies ont passé ! Combien ont prospéré, combien ont traversé des moments difficiles et combien sont morts !

ettanai svantankaḷ ēdēdō bandankaḷ
ettanai sōdanaigaḷ ēdēdō vēdanaigaḷ
mīṇḍum mīṇḍum tāybandam
viṇḍu pōgum sēybandam
koṇḍu pōgum nōynoṭigaḷ
namakku inkē yār sondam

Combien de relations, d'attachements, d'épreuves et de souffrances nous traversons ! Le lien entre la mère et enfant, nous le forgeons sans cesse de nouveau, mais c'est toujours pour qu'il se dissolve. Dans la mesure où cette maladie nous emporte tous, qui pouvons-nous qualifier de « nôtre » ?

vāzhum murai turanduviṭṭu
kurai śollal murai tānō
vāzhum pōdu pala uravu iranda pinnē yār uravu
manamadu kōyilām uḷ uraivadu kāḷiyām
dinamadai nām uṇarndu vaḷarachaiyvōm irai uṇarvu

Est-il juste d'abandonner son dharma et de blâmer ensuite Dieu pour les conséquences ? Tant que nous vivons, nous avons de nombreux parents ; une fois que nous sommes morts, qui est « nôtre » ? Le mental est un temple et Kali est la déité qui demeure dans le sanctuaire. Rappelons-nous constamment cette vérité et éveillons en nous cette conscience du Divin.

O Toi, forme de mon âme éternelle, que la pensée ne peut atteindre ! Lune radieuse de la vérité, Conscience, béatitude de mon cœur, Tu résides dans Chintamani.

dhanyamām janmam ānandasāndram
dhanyamām janmam ānandasāndram

Cette vie, si elle est bénie par Ton contact, devient un océan de béatitude.

Vandē vēdamayīm (sanskrit)

vande vedamayīm vande devamayīm
vande śāstramayīm vande stotramayīm
vande amṛtamayīm vande yogamayīm
vande prāṇamayīm vande pūrṇamayīm

Célébrons l'incarnation de la Connaissance, du Divin, des Écritures, de la Louange, L'incarnation du nectar immortel (amrita mayi), de l'union divine, de la vie et de la plénitude.

bhāratabhuvamāgatya narāṇām hitam-
udbodhayasi
tvam hitamudbodhayasi
mānava-sevanatyāgakarmaṇā racayasi
navacaritam
iha janayasi navakiraṇam
tvam asmākam dharmarūpiṇi poṣaṇakartri sadā
jagadāśrayadātrī sadā
praṇamati tava śatakōṭi sutāvaliranupama
padakamalam
tava nirmalacaraṇayugam

Tu t'es incarnée dans ce pays de Bharat (l'Inde) et tu éveilles la bonté chez les êtres humains. Tu mènes une vie de sacrifice au service de l'humanité, écrivant ainsi une nouvelle page de l'histoire.

Tu crées ici de nouveaux rayons de lumière. Tu es notre forme du dharma, toujours tu accordes refuge, toujours tu donnes ce qui nourrit. Tes millions de fils et de filles se prosternent devant toi, à tes pieds de lotus, à tes pieds d'une pureté immaculée.

karuṇāpūrṇaiḥ smitavacanaistvam
āmayamapanayasi
mama āmayamapanayasi
duḥkhita-dīnajanān-uddhartum jīvanamarpayasi
tvam jīvanamarpayasi
mañjuḷahāsini karmavilāsini hṛdi mama-
nivasasadā
tvam parilasa manasi sadā
ānandāmṛta-sneham pūraya pālayamām aniśam
bhuvi poṣayamām aniśam

Par tes paroles et ton sourire emplis de compassion, tu ôtes ma peine. Ta vie est une offrande, un sacrifice destiné à élever l'esprit et le cœur des gens tristes et perdus. Avec ton beau sourire, tes actions pleines de charme, daigne demeurer dans mon cœur, daigne apparaître constamment dans mon mental. Répands sur moi l'amour immortel et joyeux, protège-moi jour et nuit, nourris-moi jour et nuit.

Var de (hindi)

mānav janm diyā hai tu ne
terī carano ki chāv bhī
bas var ye tu de de maiyā
saphal ho jīvan merā bhī
ek prārthanā sun le merī
nisvārth bhāvanā bhar de
aisā mujh ko var de mā
aisā mujhkō var de

Tu m'as donné une forme humaine ainsi que le refuge de Tes pieds. Daigne écouter ma prière, O Mère, et me remplir d'une abnégation totale ; ma vie aura ainsi atteint son sommet. Telle est la faveur que je souhaite, O Mère.

var de var de - maiyyā
var de var de - aisā
var de var de, vardān tū de

Accorde-moi une faveur, O Mère.

var de mā
man aisā de
duḥkh duḥkhiyōn kā jān sakū

Accorde-moi cette faveur, O Mère, que mon mental puisse reconnaître les problèmes de ceux qui souffrent.

var de mā
samajh aisā de
duḥkh aurō kā
samajh sakū

Que je puisse comprendre le chagrin d'autrui.

aisā var de aise vichār de
aurō kā bhalā soch sakū
nisvārth cintan jagā sakū

Accorde-moi une faveur, donne-moi des pensées telles que je puisse concevoir des pensées altruistes.

var de mā nain aise de
duḥkh aurō ka dekh sakū

Accorde-moi cette faveur, O Mère, que mes yeux voient la souffrance d'autrui.

var de mā kar aisa de
dukhiyon ko sehlā sakū

Accorde-moi cette faveur, que mes bras caressent et consolent les malheureux.

aisā var de dil aisā de
dūsron ko apnā sakū
nisvārth karam nibhā saku

Accorde-moi cette faveur, que mon cœur accepte tous les êtres comme mes proches et que je puisse agir avec abnégation.

Vaṭavṛkṣmām (malayalam)

vaṭavṛkṣmām ninnil paṭarān kotikkunna
oru ceruvalli ñān ammē
onnu taḷiriṭṭu pūviṭum munpe nī
onnu taḷiriṭṭu pūvidān enne nīmārōḍu cērttīḍēṇē
enne pādattil cērttīḍēṇē

Je suis une liane minuscule qui désire grimper le long de Ton tronc, Toi qui es pareille à un arbre banyan. Je T'en prie, garde-moi près de Toi, afin que je puisse croître et m'épanouir, ne me déracine pas.

etrayō nāḷayi ñān pūjiccu nin pādam
bhakti ennil ankuriccū
taḷiriṭṭu pūviṭṭu kaniyāy nin padatāril
patiyānāy ennē anugrahikkū ammē
patiyānāy ennē anugrahikkū

Après T'avoir vénérée pendant si longtemps, le bouton de fleur de la dévotion s'est développé dans mon cœur. O Mère, bénis-moi, afin que je puisse germer, fleurir et donner des fruits qui pourront être offerts à Tes pieds.

azhalinte veyilēttu vāṭumen taṇḍum
taḷirum nīyillāte pōyāl
viṭarātaṭarumen moṭṭukaḷ vyathayōḍe
kēzhum nīyillāte pōyāl vāḍi

vīzhum nīyillāte pōyāl

Si Tu ne viens pas, ma tige et mes feuilles se dessècheront sous la chaleur torride du chagrin. Mes fleurs en bouton se faneront et tomberont avant d'avoir pu fleurir.

picca naṭakkuvānāvātta kuññine
mātāvu kaiviṭṭu pōyāl
oru tuḷḷi pālināy kēzhumā kuññinte
vazhiyentu? pizhayentendammē piñju
kuññinte gatiyentendammē

O Mère, si Tu délaisses cet enfant qui apprend encore à marcher, qui pleure pour une goutte de lait, que ferai-je ? Quel mal ai-je fait ? Quel sera le destin de ce tout-petit ?

Vazhimēl vizhi (tamoul)

vazhimēl vizhi vaittu pārttirundēn
varuvān kaṇṇan ena kāttirundēn
manadil avan amara puttirundēn
malaraṭi en neñcil sērttirundēn

Les yeux rivés sur le chemin, j'ai attendu Krishna sans ciller. La fleur de mon cœur s'est épanouie. Elle est devenue le sanctuaire des pieds de lotus du Seigneur.

karunīla niramellām avan terindān
kaḷḷamillāchirippil enai kavarndān
manatinil avan maṭṭum niraindirundān
matiyinil ninaivukaḷāy uraindirundān

Tout ce qui avait la couleur des nuages bleus, c'était Lui ! Un sourire innocent, c'était Lui qui me captivait ! Lui seul remplissait mon cœur, Lui seul habitait mes souvenirs.

rādhayāy nāninku ēnki ninṭrēn
nandanai emmanatil tānki ninṭrēn
kaṇṇanin kuzhal kēṭṭu enai marandēn
karutiyen arukil vara ninaivizhandēn

J'étais absorbé comme Radha dans le souvenir de Krishna, la mélodie de Sa flûte m'a fait tout oublier. Lorsqu'Il s'est approché inopinément, je suis resté pétrifié.

Vāzhkaiyoru (tamoul)

vāzhkaiyoru nīṇḍadūra payaṇam sāmbaśivanē
vazhiyainangu amaittukoḷḷa vēṇum sadāśivanē
cinnadoru punnagaiyum nalla nālu vākkugaḷum
seydiḍumē arppudankaḷ sorggamākkum bhūmiyaiyum

O Samba Shiva, la vie est pareille à un très long voyage. Daigne rendre le chemin facile. Un sourire, quelques paroles de bonté peuvent faire des miracles et transformer cette terre en Paradis.

tanakku enna vēṇḍumenḍru
manadu sollittarumō – adu
aṭuttavarkkum vēṇḍumenḍru arivu sollittaraṇum
kaṇakku pārttu varuvatuṇḍō
naṭpum nalla uravum nalla
idayampārttu varuvadilē iruppatuṇḍō pirivum ō śivanē aruḷvāy haranē

Le mental nourrit des désirs égoïstes, mais l'intellect devrait nous enseigner que les autres ont des désirs semblables. Les bons amis ne viennent pas à nous avec un esprit calculateur. Quand la relation vient du cœur, il n'est pas question de séparation. O Shiva, Hara, daigne nous bénir !

maraṇadēvan payaṇamadan irudiyilē varuvān
manam naḍunka kayiradanai urudiyoḍu erivān
mārkkaṇḍēyan pōla anda śivanaḍiyai paṇindāl
maraṇamilā peruvāzhvin arivadanai aruḷvān
ō śivanē aruḷvāy haranē

Le dieu de la Mort viendra nous chercher à la fin du voyage. Il lancera sans hésiter son nœud coulant pour nous attraper, et notre cœur tremblera. Comme Markandeya, si nous prenons refuge aux pieds de Shiva, Il nous bénira en nous accordant la Connaissance ; nous atteindrons ainsi la béatitude éternelle. O Shiva, Hara, daigne nous bénir !

śiva śiva śiva śiva śiva śiva śankarā
hara hara hara hara hara hara śankarā
śiva śiva śiva śankarā
hara hara hara śankarā

Vicalita vāgade (kannada)

vicalita vāgade irali ī manavu
nina caraṇa dhyānadindinitu
hariyali mananadi ninneḍege satata
acalavāgali ī manavu

Ne permets pas que mon mental dévie d'un cheveu de sa méditation constante sur Tes pieds. Puisse le flot de mes pensées couler sans fin vers Toi. Puisse le mental devenir calme.

cañcala cittake prapañca nīḍide
miñci miruguva māyālōka
kāmakrōdhada kēkekēḷiyō!
madamātsarya aṭṭahāsavō!
kūtalu konkadirali initu
ninadū... ī manavu

Le mental chancelant trouve dans le monde d'illusion un monde chatoyant : le rire de la luxure et de la colère. Le rire délirant de l'orgueil et de la jalousie... Puissé-je ne pas être troublé, que pas un de mes cheveux ne soit affecté. Ce mental T'appartient.

cañcala cittake manadalē sikkidē
ēri iḷiyuva bhrāntibhramē
duḥkha duguḍada cakravyūhavō!
vyathe vāsanē ālasyavō!
kūdalu konkadirali initu ninad ī manavu

Ce mental chancelant retrouve l'équilibre à l'intérieur. L'illusion apparaît et disparaît. Le cercle vicieux du chagrin et de la peur. La souffrance, les vasanas (tendances latentes) et la léthargie. Puissé-je ne pas être troublé, que pas un de mes cheveux ne soit affecté. Ce mental T'appartient.

Vighnanāśaka śrivināyaka

vāgīśādyāḥ sumanasaḥ
sarvārtthānām upakrame
yam natvā kṛtakṛtyāḥ syuḥ
tam namāmi gajānanam

Tous les dieux t'adorent avant d'entreprendre quoi que ce soit. Bénis par toi, ils te rendent hommage avec gratitude, O Gajanana (dieu à la tête d'éléphant).

vighnanāśaka śrīvināyaka
mudati pālisunammanu
ninnabēḍuta stutiyagaivevu
sumukhane surapramukhane

O Ganesh, toi qui détruis les obstacles, prends soin de nous avec amour. Nous t'en prions en chantant tes louanges, O toi dont la forme est magnifique, O chef des Ganas (êtres célestes) !

pārvatisuta pāpa nāśaka
pāśānkuśadhara pādasevita
pāhi pāhi lambodara
sumukhane surapramukhane

O fils de Pārvatī, tu détruis les péchés ! Tu brandis la corde (qui symbolise le pouvoir de l'amour divin) et l'aiguillon (qui contrôle les forces du mal) ; nous t'adorons. Protège-nous, O Lambodara, dieu au gros ventre,-toi qui accepte tout ! O toi dont la forme est magnifique, O chef des Ganas (êtres célestes) !

kleśagaḷaniśśeṣa harane
śaraṇu śaraṇusarvātmane
caraṇakeraguve śūrppakarṇṇane
sumukhane surapramukhane

Tu mets fin à tous les conflits. Nous prenons refuge en toi, l'Omniprésent. Nous vénérons tes pieds sacrés, O dieu aux grandes oreilles (symbole de l'acquisition de la sagesse spirituelle grâce à l'écoute adéquate).

vignanāśaka... jai jai jai śrī vināyakā... jai jai jai
pāvanacaritā... jai jai jai mokṣadāyakā... jai jai jai

Victoire au Seigneur, à celui qui détruit les obstacles ! Victoire à celui qui est pur, à celui qui donne la libération !

Vinavite (marathi)

vinavitē bālakṛṣṇā manamōhana vanamālī
madhur bāsurī surānē tū
madhur bāsurī surāne sād malā ghālī
sād malā ghālī sād malā ghālī

Petit Krishna, Toi qui captives les cœurs, paré d'une guirlande de fleurs sauvages, je T'adresse cette prière : daigne m'appeler en jouant sur Ta flûte une douce musique.

vṛndāvanī zāsī tū gōdhan tsārāyā
muralī nādāne vallarī harṣāyā
āsamant sārē pulakit hōṇyā
hēts sūr bāsarītsē maz mōhavī

Tu vas à Vrindavan faire paître les vaches, et Tu remplis la forêt des mélodies de Ta flûte. Le son de cette flûte, qui éclaire tous les alentours, me ravit.

kuñjavanī gōpāl savaṅgaḍī zamavunī
sarvānmukhī kālā ghās bharavūnī
bhagavant rūp pari zāsī misaḷūnī
hētsī rūp sukhavī māzhyā nayanī

Dans la forêt, O petit pâtre, Tu rassembles Tes petits amis et leur donnes du *kala* (un plat préparé en mélangeant ce que chacun a apporté). Cette vision me remplit de joie.

sakhī rādhārāṇī gōpikāñcyā ghēryāt
rāsalīlā karunī vasē sarva hṛdayāt
sarvānsange rangūnī ēkatva antarāt
bhēṭṭē asācī mājhyā vyākuḷ manī

Radha et toutes les *gopis* sont autour de Toi. Tu danses avec elles et demeures dans leur cœur. Tu joues avec chacun, et Tu vois l'Un en tout. J'ai le désir ardent de Te rencontrer.

rādhākṛṣṇā rādhikaramaṇā rāsavihāri kṛṣṇā
gōkulabālā gōpīkāntā kuñjavihāri kṛṣṇā
kuñjavihāri kṛṣṇā
rādhē kṛṣṇā rādhē kṛṣṇā
kṛṣṇā rādhe kṛṣṇā

Vināyaka (tamoul)

karuvizhi umaiyāḷ tirumaganē
virisaḍai śivanārkkiniyavanē

karimukha kaṭavuḷ gaṇapatiyē – un
tiruvaṭi vaṇanki paṇindōmē

O Fils d'Uma, Toi dont les beaux yeux sont noirs, Enfant chéri de Shiva, le Dieu aux cheveux emmêlés, O Ganapati, Seigneur au visage d'éléphant, nous nous prosternons à Tes pieds sacrés.

vināyaka enkaḷ vināyakā
vinaikaḷai tīrppāy vināyakā
vināyakā enkaḷ vināyakā
vettriyai taruvāy vināyakā

O Vinayaka, détruis les effets de nos mauvaises actions, O Vinayaka, accorde-nous la victoire !

alayum manadai aṭakkenḍrē
eli vāhanattāl uṇarttukirāy
adhikam kēḷ nal vākkenḍrē
ānaiceviyāl uṇarttukirāy

La souris, Ton véhicule, nous rappelle la nécessité de maîtriser le mental ; Tes oreilles d'éléphant nous rappellent la nécessité d'écouter de sages paroles.

siruvāhanamum peruntalayum
sīrāy ceppumun tattuvamē
nuṇniyatil nī nuṇniyanē
periyatil ellām periyōnē

Ta monture minuscule (la souris) et Ta tête énorme symbolisent Ta nature réelle : Tu es plus petit que le plus petit et plus puissant que le plus puissant.

tōrkkum karaṇam māyaiyadan
īrkkum piṭiyil enḍruṇarndē
tōppukkaraṇam pōṭṭiṭavē
kākkum daivam gaṇapatiyē

Nos sens sont aveuglés par le charme de Maya (l'illusion) ; grâce à Toi, nous en prenons conscience. O Ganapati, nous nous prosternons devant Toi, notre Sauveur.

Viṭhal smaraṇ karā

śrutvā viṭhalasya abhangam mānasam prasannam
hari darśanenāpi, mānasam prasannam

O Sri Vithala, Tu incarnes les six qualités divines, Toi l'époux de Lakshmi.

viṭhal smaraṇ karā
viṭhal bhajan karā
viṭhobhāce dhyān karā
hṛday premāne bharā

Rappelle-toi Vithala, chante la gloire de Vithala! Rappelle-toi et chante le Nom sacré de Sri Hari

vāṭ pāhū mī kitī varṣāne
mantr japū mī aho din rātrī
taṭpat āhe jīv hā māzā
ās lāgalī tujhyā darśanācī

Au bout de milliers d'années, tu as obtenu cette vie humaine. Rien ne garantit qu'une telle chance se présentera de nouveau ;

jayahari viṭhala pāṇḍuranga jayaśrīranga pāṇḍuranga
paṇḍarīnātha pāṇḍuranga pāhipāhimām pāṇḍuranga

O Vithala, Panduranga, gloire à Toi ! O Seigneur de Pandari, daigne nous protéger !

samsārācī nāhī icchā
caraṇ vandan hīc apekṣā

yeśīl kadī tū paṇḍarīnāthā
sāyujy sukh de rakhumāyīnāthā

Réveille-toi, réveille-toi, Homme ! Avance sur la voie du Bhakti yoga. Si tu as de la chance, tu auras la bénédiction de la compagnie d'êtres vertueux, Saisis la chance de chanter la gloire de Pandharinatha. Profite des bienfaits de la grâce du vrai Sadguru !

jayahari viṭhala pāṇḍuranga
jayaśrīranga pāṇḍuranga
viṭhala viṭhala viṭhala viṭhala

Vṛndāvana kuñjavihāri (hindi)

vṛndāvana kuñjavihāri
gopī jan sang milā hai
bansī dhun cheḍ rahā hai
brajme madhu baras rahā hai

Le Seigneur de Vrindavan est avec les gopis. (dévotes de Krishna à la dévotion intense). Jouant une musique merveilleuse sur sa flûte, Il répand un doux nectar sur le pays sacré de Braj.(la flûte : l'appel éternel du Divin Suprême pour tous)

jai rādhika pyāre gopabāla nanda nandanā
śyāma sundarā... bansi gāyakā
hare kṛṣṇā hare śyāma muraḷi mohanās

Victoire au bien-aimé de Radha, le berger, fils de Nanda ! Magnifique et sombre comme le crépuscule, le joueur de flûte... Gloire à Krishna dont le teint est sombre et qui joue la flûte enchantée.

kālindi thirak uṭhī hai
malayānil mand bahā hai
rettīle jamunā taṭpar
bāsantī rang jamā hai

La rivière Kalindi danse joyeusement. Une brise apaisante nous vient des montagnes. Sur les berges sablonneuses de la rivière Yamuna, Les ravissantes couleurs du printemps se réjouissent.

rāsotsav maṇḍal sohe
gopījan nāc rahī hai
muraḷīdhar maddhya khaḍā hai
rādhājī sāth juḍī hai

Toutes les gopis dansent, rassemblées dans la célébration de la rasa lila. Tenant la flûte, Il se tient an centre accompagné de Radha. Dans la divine Danse d'amour éternel avec le Seigneur, les gopis dansent autour de Lui. Le divin joueur de flûte se tient avec Radha au centre, symbolisant le Paramatman.

madhuban kā nāc sabhī ke
nainon ko soh rahā hai
devon ko jogījan ko
bhagaton ko moh rahā hai

Cette danse divine est magnifique et captivante pour les Dévas (demi-dieux).

kalpon se calttā āttā
rāsotsav manko bhāttā
merī yeh cāh kanayyā
nācūm sang tere mein bhī

La divine danse d'Amour s'est déroulée au cours des âges, pour le ravissement de tous. Tel est mon désir O Krishna. Je souhaite danser cette danse divine à Tes côtés.

Yād rakh bande (hindi)

yād rakh bande mere
jag musāfir khāna
kuch dino ke mehamān ham

ek din hai jānā

O mon ami, rappelle-toi que ce monde n'est qu'une auberge qui accueille les voyageurs. Nous en sommes les hôtes pour quelques jours. Il nous faudra un jour partir.

saje ḍhaje kāye ko
miṭṭi me mil jānā
miṭṭi me mil jānā
tan man dhan sab
choḍ ke hai jānā
choḍ ke hai jānā

Ce corps que nous avons orné avec soin retournera inévitablement à la poussière. Le corps, le mental et la richesse nous quitteront un jour.

sage sambandhi tere
kām na ānā koyi
kām na ānā
citā jale
citā jalte hī unko
vāppas hai jānā - ghar
vāppas hai jānā

Ce corps que nous avons orné avec soin retournera inévitablement à la poussière. Le corps, le mental et la richesse nous quitteront un jour. Une fois que le bûcher est consumé, il leur faut rentrer chez eux.

jīna uskā jīna hai jo
satko pehacāna
satko pehacāna
maraṇ ke ānepar
āttā hai hasna - use
āttā hai hasna

Seul vit réellement celui qui connaît la Vérité. Celui qui peut sourire lorsque vient la mort.

Yād teri vic (punjabi)

yād teri vic dil par āyā
hañcu ḍul ḍul nirantar pende
agan birhādi lāge dil vicc
daras nīr barsā de
daras nīr barsā de

Je pense à Toi, et mes larmes ne cessent de couler. Je me consume dans le feu de la douloureuse séparation. Daigne me rafraîchir en m'accordant Ton darshan.

o maiyyā merī maiyyā
o maiyyā pyārī maiyyā

O ma Mère, ma Mère chérie

e sūraj prakāś tere nū
hāl merā suṇā de
lāl terā rāh takdā teri
dhaḍkan rukdi jāve
dhaḍkan rukdi jāve

O Soleil, daigne avec tes rayons transmettre mon message: « Ton enfant chéri souffre l'agonie, séparé de Toi. Même le battement de mon cœur est insupportable. »

jīvan de har rang de utte
rang terā he caṭayā
bin tere har pal iñc lāge
jugjug bīte jāvaṇ jugjug bīte jāvaṇ

Dans chaque couleur de la vie, je ne vois que Ta couleur. Sans Toi, chaque instant n'est que tourment et paraît aussi long que de nombreuses vies.

murjhā rahā hai phullo terā
khuśbu uṭdi jāve
der na kari o maiyyā meri
pattiyā chaṭdi jāvaṇ
pattiyā chaṭdi jāvaṇ

Toutes les fleurs se fanent. Leur parfum s'évanouit. Toutes les feuilles tombent. Ne tarde plus, O Mère.

Yaśodānā lāl (gujarati)

yaśodānā lāl nāgar nandnā kumār prabhu
ṭhumak ṭhumak cāl sāthe cālyā kyā
ṭhumak ṭhumak cāl sāthe cālyā kyā

Ô Krishna, le fils adoré de Yashoda et Nanda, Toi qui marches avec élégance, où vas-tu?

māthe mor pankh dhari pīḷā pītāmbar ōḍhi
matvāli cāl sāthe cālyā kyā
koyinī maṭkī phoḍi koyinā mākhaṇcoryā
dekhi yaśodāne doḍi gayā kyā
dekhi yaśodāne doḍi gayā kyā

Revêtu d'habits jaunes, une plume de paon dans les cheveux, où vas-tu? Tu as cassé les pots chez certains, chez d'autres, Tu as volé le beurre et, à la vue de Yashoda, où cours-tu te cacher?

bhaktonā dilmā vase ānkhothi ojhal rahe
śodhe yaśodā dekhāy nahi
triloknā nāth prabhu em kem āvehāth
premthi pokāro doḍi āve kān
premthi pokāro doḍi āve kān

Tu résides dans les cœurs de Tes dévots et Tu restes invisible aux yeux physiques. Yashoda Te cherche partout mais en vain.

Comment attraper le Seigneur des trois mondes? Appelez-le avec amour, Krishna viendra en courant.

premthi pokāro kān
premthi pokāro nām

Appelez Krishna avec amour. Appelez Son nom avec Amour.

yaśodānā lālni – jay kanaiyā lālki
bālgopālni – jay kanaiyā lālki
he līlādhāmni – jay kanaiyā lālki

Victoire au fils de Yashoda, Victoire au bébé Krishna, Victoire à celui qui joue aux jeux divins.

Yellā daiva ondē (kannada)

yellā daiva ondē manujā yellā daiva ondē
adondē iruva śāśvata caitanya śaktiyū
rāmā annu kṛṣṇā annu śivā annu śivē annu

O Homme, toutes les déités ne sont que différentes manifestations de la seule et unique Conscience divine. Cette Puissance est la seule force qui triomphe éternellement dans l'univers. Nous pouvons L'appeler « Rama », « Sita », « Shiva » ou « Shive » (Shakti), mais il n'existe qu'une seule Conscience divine.

sītā rām sītā rām rādhē śyām rādhē śyām
śiva śankara śiva śankara śivē śāradē

sūrya-bimba bēre bēre nīrakoḍadi kaṇḍarū
iruva sūrya caitanya śakti ondē
baṇṇa baṇṇada vidyut dīpa halavu bagegaḷiddarū
avugaḷalli hariva vidyut śaktiyu ondē

Le soleil se reflète dans chacun des pots remplis d'eau et exposés au soleil, mais il n'existe qu'un seul soleil. Ainsi, même si nous utilisons des ampoules de différentes couleurs, c'est la même électricité qui les fait fonctionner.

vividha rīti ākarṣaṇe ābharaṇagaḷiddarū
avugaḷa mūlādhāra cinna ondē
baṇṇa baṇṇada maṇṇina pātrē halavu
bagegaḷiddarū
avugaḷannu māḍalpaṭṭa maṇṇu ondē

Les bijoux en or aux formes variées sont faits du même matériau : l'or. Les pots d'argiles de différentes couleurs sont ainsi tous faits de terre.

Yēnu mahimē (kannada)

yēnu mahimē janani ninnadēnu māyeyō?
māyegāḷi namma mēlē bīsi naliveyō?

Ton Pouvoir d'illusion, comme il est glorieux ! Tu nous as jetés un sort, nous sommes sous le charme ; ce jeu T'amuse-t-il ?

nammagaḷikē ninnadiddu namage garvanīveyā?
hēraḷa sampatta nīḍi viṣaya sukhake dūduveyā?
elladakkū samayavittu ninna dūra gaiveyā?
ninna nāma smaraṇe koḍadē kattalige taḷḷuveyā?

Pourquoi sommes-nous si fiers de nos richesses, alors que tout T'appartient ? Pourquoi nous accordes-Tu tant de biens matériels qui nous plongent plus profondément dans les plaisirs sensuels ? Pourquoi nous faire consacrer tout ce temps à ces choses, et ainsi nous garder loin de Toi ? Pourquoi nous faire oublier Ton nom, pourquoi nous plonger dans les ténèbres de l'ignorance spirituelle ?

bēḍa tāyē bēḍa ninagananta namanavu
jai bhavāni jai śivāni jagadambikē

O Mère, je T'en prie, ne fais pas cela ! Nous nous prosternons sans fin devant Toi, l'Épouse de Shiva et la Mère de l'univers !

vidyā-dhanaveṣṭe iddaru naśvaravē tānē?
ī nijavanariva sumati vismṛtiyā gisuveyā?
ellā sukhavu kṣaṇikaviralu śāśvata-venisuveyā?
nija śāśvata sukhada mārgadinda dūra iḍuveyā?

Toute connaissance, toute richesse, ne sont-elles pas éphémères ? Pourquoi nous faire oublier cette vérité ? Les plaisirs des sens sont passagers, alors pourquoi nous donner l'illusion qu'ils sont éternels ? Pourquoi nous éloigner de la voie qui mène à la béatitude éternelle ?

svārtha buddhi manake tumbi mada-matsara-nīveyā?
dīnadalita sēve maresi bhōgadeḍege vōyveyā?
parara kaṣṭa aritu neravu nīḍō buddhi kalisu
svarga bēḍa mukti bēḍa prēma bhakti nīḍu

Pourquoi nous insuffler des pensées égoïstes et encourager ainsi l'orgueil et la rivalité ? Pourquoi tourner nos pensées vers les plaisirs des sens, au lieu de les orienter vers le service des malheureux ? Daigne nous bénir en nous inspirant le désir d'aider les autres. Je ne veux ni le Ciel ni la Libération. Je ne désire que la pure dévotion envers Toi.

Table des Matières

Abhīṣṭavaradāyikē (version en kannada) VII-7
Ādhyātmata (kannada) VII-7
Ādidaivamā (telugu) VII-8
Ādiśaktī (marathi) VII-10
Ādisivan (tamoul) VII-11
Adi sṛṣṭi lōpamā (telugu) VII-12
Ā... ē... ō... (malayalam) VII-13
Agragaṇya agrapūjya (telugu) VII-15
Aik manujā (marathi) VII-16
Aintezhuttu (tamoul) VII-17
Akatārilennennum (malayalam) VII-18
Akatāril oru nēram (malayalam) VII-19
Ālā bhāgyāca kṣaṇ (marathi) VII-20
Alaimōdum (tamoul 2015) VII-21
Ambapaluku (telugu) VII-22
Ambā śāmbhavī (Namavali) VII-23
Ammā ammā enum (tamoul) VII-24
Ammā dēvī tanidantānā (kannada 2015) VII-25
Ammā dēvi (version tulu) VII-26
Ammā hāsattu (Konkani) VII-27
Ammā nāpai aligindi (telugu) VII-28
Ammā nī baruvēyā (kannada) VII-29
Amma ninna karagaḷalli (kannada) VII-30
Ammā ninna prēmakāgi (kannada 2015) VII-31
Ammā nī (tamoul) VII-32
Amma nīvē sākṣi (telugu) VII-32
Ammē enuḷḷu (malayalam) VII-33
Amme kaṇṇu turakūle (version en kannada) VII-34
Ammē manassiloru (malayalam) VII-35
Amṛtalayam ānandalayam (malayalam) VII-36
Ānandam paramānandam (telugu) VII-37
Anbumigu endan tāyē (tamoul) VII-38

Annay maḍiyil (tamoul) VII-39
Antardarśanattinuḷḷa (malayalam) VII-40
Anudinamum (tamoul) VII-41
Anupama nina (kannada) VII-43
Aparādham-endētu (malayalam) VII-44
Apārakṛpāḷō (kannada) VII-46
Apāra kṛpālō (telugu) VII-46
Ārārum kāṇāte (malayalam) VII-47
Ārati ambaku (telugu) VII-48
Āreyāṇāreyaṇiṣṭam (malayalam) VII-49
Aridu aridu (tamoul) VII-50
Arikiluṇḍenkilum (version tamoul) VII-52
Arivenum akakkaṇ (tamoul) VII-52
Ariyāte ceytoraparādham (malayalam) VII-53
Arṇṇavam pōleyagādham (malayalam 2015) VII-55
Aruṇaiyil (tamoul) VII-56
Ārupaṭai vīṭu (tamoul) VII-57
Aśrutīrtthattāl nin (malayalam) VII-58
Āṭalarasē (tamoul) VII-59
Āṭi bā ō ranga (kannada) VII-61
Āvo mā ammā (gujarati) VII-62
Āvo mā de caraṇā (punjabi) VII-63
Āyā he sārā (hindi 2015) VII-64
Āyī bhavāni tū (marathi 2015) VII-66
Āyī tujhē dāri (marathi) VII-67
Ayntu karattanai (tamoul) VII-68
Azhaku azhaku (tamoul 2015) VII-69
Azhutāl unnaiperalāmē (tamoul) VII-72
Balē ambikē (tulu) VII-73
Bandhamu nīttō (telugu) VII-73
Bārayya śiva (kannada) VII-74
Barpēr barpēr (tulu) VII-76
Barutihaḷu (kannada) VII-77
Beḷḷi beṭṭadoḍeya shivanu (kannada 2015) VII-77

Beyond the most beautiful words (anglais) VII-79
Bhakti bhāvam (telugu) VII-80
Bhaktigē sōpāna (kannada 2015) VII-81
Bhāv phulānci (marathi) VII-82
Bhuvanasundarī (tamoul) VII-83
Birha ki in (hindi 2015) VII-85
Bomma bomma (hindi) VII-86
Brahmam okkaṭēyani (telugu) VII-87
Calitam skhalitam (malayalam) VII-88
Callaga cūḍu (telugu 2015) VII-89
Cinna cinna kaṇṇā (tamoul) VII-90
Cinnāri ponnārī (telugu) VII-91
Citta spandana (kannada) VII-92
Cuṭalayil (malayalam) VII-94
Cuṭṭri cuṭṭri (tamoul) VII-95
Dānavāntakā rāmā (kannada) VII-96
Darśanam darśanam sudarśanam (telugu) VII-97
Dayānidhiyē (kannada) VII-99
Dayatoru hē kāḷikē (kannada) VII-100
Dēvā tujhī (marathi 2015) VII-101
Dēvi dayākari (kannada 2015) VII-102
Devī mahādevī (hindi) VII-103
Devī trikālī (hindi 2015) VII-105
Dil me terī (hindi 2015) VII-106
Durge durgati harane (hindi) VII-107
Ēkantatayuṭe āzham (malayalam) VII-108
Ēlappulayēlō (malayalam) VII-109
Ēlīlēlēlō (malayalam) VII-111
Ēlō ēlō (malayalam 2015) VII-113
Enakkuḷḷē (tamoul) VII-114
Engum annaiyun (tamoul) VII-114
Enkirundu vandōm (tamoul) VII-115
En mannassiloru maunam (tamoul) VII-116
Ennadu yāvudammā (kannada) VII-117

Ennai nān maranda (tamoul) VII-118
Ennō Ennō (telugu 2015) VII-119
Ennuṭe jīvita (version kannada) VII-120
En piravi muṭindiṭumō (tamoul) VII-121
Entō tiraññu (malayalam) VII-122
Ērēri ērēri (malayalam) VII-123
Ettanai murai (tamoul) VII-126
Ettanai vēdanai (tamoul 2015) VII-127
Gajamukha pūjita (telugu) VII-128
Gajānanā he gajānanā (tamoul) VII-129
Gala gala (telugu) VII-129
Gaṇanāthā he gaṇanāthā (tamoul) VII-131
Gaṇanāyakā devā (marathi) VII-131
Gaṇapati bāppā morayā (marathi) VII-132
Gōkula bālā gōvindā (malayalam) VII-134
Gopivallabha (malayalam 2015) VII-135
Gopiyara usirē (kannada) VII-136
Gōpiyargaḷ (tamoul) VII-137
Gopiyarkoñcum (tamoul) VII-138
Gōvinda gōpāla ani (telugu) VII-139
Govinda govinda (tamoul) VII-140
Gōvinda jaya jaya jaya (namavali) VII-141
Hanumat bal do bhagvān (hindi) VII-141
Hara hara śivanē (tamoul) VII-142
Hārati gaikonumā (telugu) VII-143
Harē śankha cakra dhāri (kannada) VII-145
Harim śyāmavarṇṇam (sanskrit) VII-146
Hariyuva nadiya (version gujarati) VII-147
Har pal har kṣaṇ (hindi) VII-148
Harsut akhila (hindi) VII-149
Hē mañjunāthā (Konkani) VII-150
He śrīnivāsa (kannada) VII-151
Holi hai āyī (hindi) VII-152
Hṛdayātīl amūlya (marathi) VII-154

Hṛdoye ācho mā tumi (bengali) VII-155
Illāmai enbatilum (tamoul) VII-156
Indu nammamma (kannada) VII-157
Iniyoru janmam (version kannada) VII-158
Inkē irukkum (tamoul) VII-159
Iratte tupanaru (tulu) VII-160
Iruvudu eraḍē (kannada) VII-161
Jagamantalō (telugu) VII-162
Jagjananī ambā bhavānī (2015) VII-163
Jag janani (punjabi) VII-164
Jai jai rāma (kannada) VII-165
Jamunā ke taṭ par (hindi) VII-167
Jamuna kināre (hindi) VII-168
Janani sakal (hindi) VII-169
Janmāntarapathikan (malayalam) VII-171
Japonām japonām (bengali) VII-172
Japo re (hindi) VII-173
Jaya jagadīśvarī (marathi) VII-174
Jaya janani caitanya (telugu) VII-175
Jaya jaya rāma jānaki rāma (kannada) VII-176
Jaya māt bhavāni (Sanscrit) VII-177
Jevhā vāṭṭ (marathi) VII-178
Kadiranu enagende (kannada) VII-179
Kāla bhairavā (kannada) VII-180
Kālam kanalu (version tamoul) VII-181
Kalamurali (version tamoul) VII-182
Kala nuṇḍi kala loniki (telugu) VII-182
Kālī kālī kālī (gujarati 2015) VII-184
Kāḷi karuṇākarī (tamoul) VII-185
Kāḷi māteyē (kannada) VII-187
Kallum Avanē (tamoul 2015) VII-188
Kānalēkunnānu ammā (telugu) VII-188
Kanasu maṇigaḷa (kannada) VII-189
Kaṇḍariyātana (tamoul) VII-190

Kaṇṇā kaṇṇā kaṇṇā (tamoul) VII-191
Kaṇṇan kaḷḷa kaṇṇan (tamoul) VII-192
Kaṇṇanu naivēdyam (malayalam) VII-194
Kaṇṇā un ninaivil (tamoul) VII-195
Kaṇṇeḍuttu pārammā (tamoul) VII-196
Kaṇṇē kalankātē (tamoul) VII-197
Kaṇṇinakattoru (malayalam) VII-198
Kaṇṇīruṇangātta (malayalam) VII-199
Karīndra vadanā (hindi) VII-200
Karuṇaiyil pirandu (tamoul) VII-202
Kāruṇya murtte (version kannada) VII-203
Kārunya rupiṇi (malayalam) VII-204
Kaṭaikkaṇ pārvai (tamoul) VII-204
Kāttrāka nān (tamoul) VII-205
Kāvaṭiyām kāvaṭi (tamoul) VII-206
Kayilaiyilē śivaperumān (tamoul) VII-208
Kehendā hai mukh (punjabi) VII-209
Kēḷiraṇṇā (kannada) VII-210
Ke rādhā mane tu (gujarati) VII-211
Kēśava bēgane (kannada) VII-213
Kēśava nāmamu (telugu) VII-214
Koṭānukoṭī (version gujarati) VII-215
Kōṭṭaiyenṭrē (tamoul) VII-216
Koyi sūṇe nā sūṇe (gujarati) VII-217
Kṛṣṇa kanaiyyā (malayalam) VII-217
Kṛṣṇā karuṇadi kṛpe (kannada) VII-218
Kṣaṇakṣaṇavu (kannada) VII-219
Kūgi karedē (kannada) VII-220
Kuzhandaiyena (tamoul) VII-221
Lālāli lālalē (malayalam) VII-222
Lāl cunar (hindi 2015) VII-225
Lallē Lallē (tamoul 2015) VII-226
Lemmu nara kishōramā (telugu 2015) VII-229
Madhura mohanam (Sanscrit) VII-230

Mādhuri (gujarati) VII-231
Mahāmahima (kannada) VII-233
Mahāmāyi mahākāḷi (telugu) VII-234
Māhā nāṭakam (telugu) VII-235
Māi bhavānī (marathi) VII-236
Manadinuḷḷil (tamoul) VII-237
Manakkōyil (tamoul) VII-238
Manamirukka ahankāram (tamoul) VII-239
Manan karo man (hindi 2015) VII-240
Manasavāca karmaṇā (kannada) VII-241
Manasā vācā (version marathi) VII-242
Mānasavīṇiya (telugu) VII-243
Manasē kēḷū (kannada 2015) VII-244
Mandahāsavadane (namavali) VII-245
Mangal vadana (hindi) VII-246
Manitā iraivan (tamoul) VII-247
Mano nā visāri (punjabi) VII-247
Mantirattirkkilla (tamoul) VII-249
Manujkāy hāthī (hindi) VII-250
Manuṣyan-iviḍe (malayalam) VII-251
Mariyamma Mariyamma (Samayapurattale) (tamoul 2015) VII-252
Māya lōniki neṭṭakamma (telugu) VII-255
Māyā ulagam (tamoul) VII-256
Māye embāḷata (kannada) VII-257
Mayilirakaṇi mādhavanē (tamoul) VII-258
Mayil pīlī (malayalam) VII-258
Mere guruvān di vāṇi (punjabi) VII-259
Mizhinīrilāzhnna (malayalam) VII-260
Mōḍa musukide (kannada) VII-261
Mōkēda ammanu (tulu) VII-262
Muraḷī manohara (hindi 2015) VII-263
Murugā vēlmurugā (tamoul) VII-264
Muttamizh-nāyakī (tamoul) VII-265

Muttu mūkkutti (tamoul) VII-267
Muttu muttu vēlavanē (tamoul) VII-268
Nāce tū (hindi) VII-269
Nā eda kōvelalō (telugu) VII-271
Nā guṇḍe (telugu) VII-272
Nallanivāḍu (telugu) VII-273
Nāḷnallatākum (tamoul) VII-274
Nām ek rūp (hindi) VII-275
Nam japo (hindi 2015) VII-276
Namo namah (telugu) VII-277
Nanda nandanā (tamoul) VII-278
Nānē ariyāta ennai (tamoul) VII-280
Nān enbatai (tamoul) VII-281
Nānendu kāṇuve (kannada) VII-282
Nannad-ennuvu-dilla (kannada 2015) VII-283
Nanna hudōṭṭada (kannada) VII-284
Nannōḍeya (kannada) VII-285
Nānu nānallavembante (kannada) VII-286
Narahari narayaṇa (kannada) VII-287
Narttana māṭō naṭarāja (kannada 2015) VII-288
Nāṭakam onṭru (tamoul) VII-291
Navanita corā (hindi) VII-292
Navavidha bhakti (telugu 2015) VII-293
Navilu gariya nayanada (kannada 2015) VII-295
Neñcakaṁ ventiṭunnu (malayalam) VII-296
Nēnu yavaranu (telugu) VII-296
Nijavanariyadē (kannada) VII-298
Nijava nariyadē (version en telugu) VII-299
Nīlakamala (telugu) VII-299
Nīlakkadamba (malayalam) VII-300
Nīlāmbuja nayane (version gujarati) VII-301
Nīlāmbuja nayane (version tamoul) VII-302
Nīlavaṇṇā (tamoul) VII-303
Nirmala jīvana (kannada) VII-304

Om śrī aho (marathi 2015) VII-305
Only love (anglais) VII-306
Oru nalil nyan (tamoul) VII-307
Orunāḷum piriyātta (version kannada) VII-308
Oru nimisham (tamoul) VII-308
Oru pazhutumillāte (malayalam 2015) VII-309
Oru piṭi cāramāy (malayalam) VII-310
Pādāravindakē (kannada) VII-312
Pañcēndriya (kannada) VII-313
Pāṇḍuranga nām gyā (marathi) VII-314
Panipaṭarnda Malaiyin (tamoul 2015) VII-315
Parayuvānāvatilla (malayalam) VII-316
Parinamamiyallatta (version kannada) VII-317
Paripāvana (marathi) VII-318
Paritiyinmun paniyai (tamoul) VII-319
Paurṇṇamirāvil (kannada) VII-320
Paurṇṇamirāvil (telugu) VII-320
Ponnammā en ammā (tamoul) VII-321
Ponnūñcal āṭāyō (tamoul) VII-322
Pōṭṭadellām ponnākkum (tamoul) VII-323
Prabhū pyār kī (hindi) VII-324
Prāṇeśvarī (malayalam 2015) VII-325
Prati lēdu (telugu) VII-327
Premasandāyini (marathi) VII-328
Prēmasūrya (kannada) VII-329
Puṇḍalika varadā (marathi) VII-330
Puṭṭa kṛṣṇa (kannada) VII-332
Queen of my heart (anglais) VII-333
Rādhā gōvinda (telugu) VII-334
Rādhārāṇī ke pyāre (hindi) VII-335
Rādheśyām rādheśyām (hindi 2015) VII-336
Rāga vairikaḷ (version en telugu) VII-337
Rāmā jaya jaya rāmā (kannada) VII-338
Rām nām ras (hindi) VII-339

Rasika rāj (hindi) VII-340
Sādi tōjāle (tulu) VII-342
Sāgara cēpaku (telugu) VII-343
Sāmbasadāśiva (tamoul) VII-344
Samsāraduḥkha (version telugu) VII-345
Śankaranandana (hindi) VII-346
Sānnu pīkh (punjabi) VII-347
Santāpa hṛttinnu (malayalam) VII-348
Śaraṇennirō (kannada) VII-349
Satyam jñānam (tamoul) VII-351
Satyattin sāram (tamoul) VII-350
Seḷeyadirali ninna (kannada) VII-352
Śēṣaśayana (kannada) VII-353
Sēvaiyenum (tamoul) VII-355
Seyda seyalgaḷ (tamoul) VII-356
Sinnañciru kuzhandai (tamoul) VII-357
Sirikka connāḷ (tamoul) VII-358
Sirikka connāḷ (version en marathi) VII-360
Siṭrinbam nāṭum (tamoul) VII-361
Śivane nīnu (kannada) VII-362
Śivanē śankaranē (kannada) VII-363
Śivaśakti aikyave (kannada) VII-364
Śiva śiva rudra śivā (telugu) VII-365
Śivke (hindi) VII-366
Some say love (anglais) VII-368
Śri dēvi laḷitā (tamoul) VII-369
Śrīkṛṣṇādeva (malayalam 2015) VII-370
Śrī laḷitāmbikē sarvaśakte (version kannada) VII-371
Śrī rāma nāmamē (tamoul) VII-374
Śrī rāma rāma rāmetī (marathi) VII-375
Śrīvāri pādālu (telugu) VII-376
Sṛṣṭi vēru (telugu) VII-377
Sukh kartā (hindi 2015) VII-378
Sūryanobbane (kannada) VII-380

www.ingramcontent.com/pod-product-compliance
Lightning Source LLC
Chambersburg PA
CBHW070949160426
43193CB00012B/1816
9781680379174